中国化马克思主义理论概论

主　编　喻　冰　侯　微
副主编　阚　迪　张慧欣

东北大学出版社
·沈　阳·

图书在版编目（CIP）数据

中国化马克思主义理论概论 / 喻冰，侯微主编. —沈阳：东北大学出版社，2014.6（2025.7重印）

ISBN 978-7-5517-0653-7

Ⅰ.①中…　Ⅱ.①喻…　②侯…　Ⅲ.①马克思主义—发展—研究—中国　Ⅳ.①D61

中国版本图书馆 CIP 数据核字（2014）第 143346 号

出 版 者：东北大学出版社

地址：沈阳市和平区文化路 3 号巷 11 号

邮编：110004

电话：024—83687331（市场部）　83680267（社务室）

传真：024—83680180（市场部）　83680265（社务室）

E-mail：neuph @ neupress. com

http：//www. neupress. com

印 刷 者：三河市天润建兴印务有限公司

发 行 者：东北大学出版社

幅面尺寸：170mm×240mm

印　　张：17.5

字　　数：266 千字

出版时间：2014 年 8 月第 1 版

印刷时间：2025 年 7 月第 3 次印刷

组稿编辑：刘振军

责任编辑：潘佳宁

责任校对：叶　子

封面设计：刘江旸

责任出版：唐敏智

ISBN 978-7-5517-0653-7　　　　定　　价：49.00 元

前　言

根据《中共中央宣传部、教育部关于进一步加强和改进高等学校思想政治理论课的意见》和实施方案，结合高等教育的内在规律，我们遴选长期担任一线教学任务、具有高校教育教学经验、能够充分把握教学特点的老师共同编写了《中国化马克思主义理论概论》一书，作为高等教育的政治理论课教材，供教学使用。

本书坚持党的实事求是思想路线，解放思想，与时俱进，对毛泽东思想和中国特色社会主义理论体系进行了系统阐述，阐明了中国特色社会主义理论体系与马克思列宁主义、毛泽东思想的关系，突出了中国化马克思主义理论的继承发展，体现了教材的时代性与科学性。全书分总论、上编和下编。具体内容，总论为马克思主义中国化的理论成果；上编为毛泽东思想，包括新民主主义革命的总路线和基本纲领，新民主主义革命的道路和基本经验，新民主主义的国家政权理论，社会主义改造的理论，中国社会主义建设道路的初步探索等内容。下编为中国特色社会主义理论体系，包括社会主义本质论，社会主义初级阶段理论和党的基本路线，建设和谐的国际关系与对外开放的基本国策，社会主义市场经济理论，社会主义政治文明建设理论，社会主义精神文明建设理论，社会主义和谐社会建设理论，实现祖国完全统一的构想，中国特色社会主义事业的领导核心和依靠力量等内容。本书不仅具有完整的理论体系、可靠的理论依据、严谨的逻辑结构、贴近学生的语言表达，而且吸收了中国特色社会主义理论体系的最新成果，体现了马克思主义与时俱进的理论品质，适合高等院校学生学习马克思主义理论，培养马克思主义理论素质和科学的世界观方法论。本书不仅可用于教学，也可以作为关注中国特色社会主义事业发展的理论工作者学习研究中国化马克思主义理论的通俗读物。

尽管我们做了很大努力，但由于时间仓促及水平有限，书中难免还有不足之处，敬请同行专家、教师和广大读者批评指正。

编　者

2014 年 5 月

目　录

上编　毛泽东思想

下编　中国特色社会主义理论体系

总论：马克思主义中国化的理论成果

近代先进的中国人向西方寻求救国救民真理的逻辑结果，就是找到了能够拯救中国的马克思主义。要使马克思主义在中国发挥作用，必须使马克思主义与中国具体实际相结合。这种结合，表现为相互联系的两个方面：马克思主义中国化和中国化马克思主义。马克思主义中国化，是中国共产党把马克思主义基本原理同中国具体实际相结合的历史进程；中国化马克思主义是马克思主义中国化的理论成果：毛泽东思想、中国特色社会主义理论体系。毛泽东思想是马克思主义中国化历史性飞跃的第一大理论成果；中国特色社会主义理论体系是马克思主义中国化历史性飞跃的第二大理论成果。它包括邓小平理论、“三个代表”重要思想和科学发展观。中国特色社会主义理论体系是马克思主义中国化的最新理论成果。在当代中国，坚持中国特色社会主义理论体系就是真正坚持马克思主义。

第一节　马克思主义中国化的历史进程

对中华民族来说，“旗帜问题至关紧要。旗帜就是方向，旗帜就是形象。”旗帜竖起来了，全民族才有一个明确的方向和目标，才能形成一种合力。历史的教训非常深刻：一盘散沙的中国，是一个懦弱的中国，一个屈辱的中国；而一个团结的富有凝聚力的中国，才能在世界民族之林中挺胸抬头，扬眉吐气。毛泽东思想和中国特色社会主义理论体系，就是近代以来中国人民在探索国家民族出路的过程中竖立起来的旗帜，这既是中国人民艰辛探索、长期实践的结果，也是马克思主义中国化发展的结果。

一、马克思主义中国化的提出

马克思主义作为认识世界、改造世界的世界观、方法论，它揭示了人类社会发展的一般规律，克服了人类对社会发展方向的盲目性，能动地推进人类社会的进步。马克思主义虽然发源于欧洲，但它具有世界历史性的意义，所以，马克思主义在中国的发展具有客观必然性。自近代先进的中国人把马克思主义介绍到中国开始，经过新文化运动和俄国十月革命的影响得到广泛传播。以李大钊、陈独秀为代表的先进的中国人，适应中国革命的需要，致力于介绍和传播马克思列宁主义，使马克思列宁主义迅速上升为我国思想界的主流思想，并于1921年中国共产党成立时确定为中国共产党的指导思想。但是，找到了马克思列宁主义，并不意味着能够自然而然地解决中国革命的具体问题。实践证明，必须把马克思主义的基本原理同中国的具体实际结合起来，实现马克思主义中国化，马克思主义才能起到有效的指导作用。中国共产党人对这个问题的认识，经历了一个过程。

中国共产党的早期领导人对“马克思主义中国化”问题的探索，以李大钊为起点，经蔡和森到1930年毛泽东《反对本本主义》文章的发表，初步形成。他们都提出要把马克思列宁主义应用到中国的实践中去。李大钊在1919年发表的《再论问题与主义》一文中指出：“一个社会主义者，为使他的主义在世界上发生一些影响，必须要研究怎么可以把他的理想尽量应用于环绕着他的实境。”① 随着中国共产党的建立和国民革命的兴起，如何发挥马克思列宁主义的指导作用问题更加突出，1926年，蔡和森在《中国共产党史的发展》中指出：“马克思主义列宁主义与世界各国共产党是一致的。但当应用到各国去，应用到实际上去才行的。要在自己的争斗中把列宁主义形成自己的理论的武器，即以马克思主义列宁主义的精神来定出适合客观情形的策略和组织才行。”② 当时，他还预言：中国共产党思想的形成要经过长期的奋斗才能实现。经过国民革命失败的教训和建立农村革命根据地的实践，中国共产党迫切需要对这一问题有

① 李大钊文集：第3卷［M］. 石家庄：河北教育出版社，1999：3.
② 中共党史报告选编［M］. 北京：中共中央党校出版社，1982：24.

进一步的认识。1930 年，毛泽东发表《反对本本主义》一文，反映了党在初期奋斗中对这一问题的最高理解，他指出："中国革命斗争的胜利要靠中国同志了解中国情况"，"马克思主义的'本本，是要学习的，但是必须同我国的实际情况相结合。我们需要'本本'，但是一定要纠正脱离实际情况的本本主义。"直到 1935 年遵义会议后，党的中央领导才真正认识到这个问题的极端重要性，邓小平说："我党自从 1935 年 1 月遵义会议之后，在以毛泽东为首的党中央领导下……把党的事业完全放在中国化的马列主义。"①

遵义会议确立了毛泽东在全党的实际领导地位，并开始在理论上系统总结中国革命进程中正反两个方面的实践经验，为中国革命提供适合中国实际的理论、路线、方针和政策。1938 年，毛泽东在党的六届六中全会上作的《论新阶段》的政治报告中，首先提出了"马克思主义中国化"这一命题。他指出："没有抽象的马克思主义，只有具体的马克思主义。所谓具体的马克思主义，就是通过民族形式的马克思主义，就是把马克思主义应用到中国具体环境的具体斗争中去，而不是抽象地应用它。成为伟大中华民族之一部分而与这个民族血肉相连的共产党员，离开中国特点来谈马克思主义，只是抽象的空洞的马克思主义。因此，马克思主义的中国化，使之在其每一表现中带着中国的特性，即是说，按照中国的特点去应用它，成为全党亟待了解并亟须解决的问题。"② 经过延安整风运动，马克思主义中国化的思想成为全党共识。刘少奇代表中共中央在七大的党章修改报告中，从理论上对"马克思主义中国化"作了进一步阐述，并指出毛泽东思想，是马克思主义中国化的第一个重大理论成果，是"中国化的马克思主义"③。

实现马克思主义中国化，不仅是解决中国问题的需要，而且是马克思主义理论品质的内在要求。马克思主义作为具有普遍性的真理，必须与具体实际相结合，才能呈现出正确的指导意义。中国问题解决的逻辑发展又内在地需要马克思主义的指导。因此，必须使马克思主义与中国实际相结合，与中国革命、建设和改革的实际相

---

① 中共党史报告选编［M］. 北京：中共中央党校出版社，1982：24.
② 中共中央文件选集：第 11 册［M］. 北京：中共中央党校出版社，1991：658-659.
③ 刘少奇选集：上卷［M］. 北京：人民出版社，1981：335.

结合。同时，马克思主义的“整个世界观不是教条，而是方法。它提供的不是现成的教条，而是进一步研究的出发点和供这种研究使用的方法。”① 马克思主义的这种理论品质，要求它必须与各国具体实际相结合，才能开辟自身的发展道路。马克思主义要在中国发挥指导作用，就必须同中国的实际相结合，实现马克思主义中国化，而中国化的马克思主义又为马克思主义理论宝库增添了新的内容。从这个意义上讲，马克思主义的中国化与中国化的马克思主义，将是一个永无止境的发展过程。

二、马克思主义中国化的科学内涵

马克思主义中国化，就是将马克思主义基本原理同中国具体实际相结合。具体地说，就是把马克思主义的基本原理更进一步地同中国实践、中国历史、中国文化结合起来，使马克思主义在中国实现具体化。它从三个方面展现出来：基本目的、基本过程、基本形式。1942 年，毛泽东曾经在一次讲话中说过：“我们要把马、恩、列、斯的方法用到中国来，在中国创造出一些新的东西。只有一般的理论，不用于中国的实际，打不得敌人。但如果把理论用到实际上去，用马克思主义的立场、方法来解决中国问题，创造些新的东西，这样就用得了。”② 在这里，“解决中国问题”就是基本目的；“创造些新的东西”就是基本过程；民族文化表示就是基本形式。

（一）从基本目的上看，马克思主义中国化就是运用马克思主义解决中国革命、建设和改革的实际问题

旧中国是一个半殖民地半封建的东方大国，农民占人口的绝大多数，经济和文化都比较落后。在这样的条件下进行革命，必然遇到许多特殊的复杂问题，靠背诵马克思主义一般原理和照搬外国经验，是不可能解决这些问题的。

同样，中国进行社会主义建设和改革，也不能把马克思主义当作教条，更无法照抄别人的经验。要真正运用马克思主义来指导中国革命、建设和改革，必须紧密结合中国国情和时代条件，寻找适合中国实际的道路，制定正确的方针政策。

① 马克思恩格斯选集：第 4 卷［M］. 北京：人民出版社，1995：742-743.
② 毛泽东文集：第 2 卷［M］. 北京：人民出版社，1993：408.

马克思主义中国化，就是为了解决中国的具体问题，把马克思主义应用到中国具体环境的具体实践中去，从而用“具体的马克思主义”来指导中国的具体行动。这可以说是提出马克思主义中国化思想最根本的目的。

（二）从基本过程上看，马克思主义中国化就是把中国革命、建设和改革的实践经验和历史总结提升为理论

马克思主义中国化不是关起门来搞纯粹的理论工作，而是运用马克思主义的立场观点方法来解决中国的实际问题，它的基础是中国人民的实践。在解决中国实际问题的过程中，必然会产生许多具有独创性的实践经验，通过对这些经验的总结和提炼，就会创造出新的东西，从而丰富和发展马克思主义，形成适合中国实际的马克思主义。

马克思主义中国化与中国实际的马克思主义是一种辩证统一的关系。中国革命、建设和改革的实践积累了丰富的带有独创性的经验，以马克思主义为指导，通过对这些经验的总结和概括，把实践经验提高到马克思主义的理论程度。这种理论既是合乎马克思主义基本原理的，又融进了中国的实践经验。实际上，中国实际的马克思主义化是马克思主义中国化的题中应有之义，马克思主义中国化的理论成果就是中国化的马克思主义。

（三）从基本形式看，马克思主义中国化，就是把马克思主义根植于中国的优秀文化之中，以民族文化的形式表现出来并被中国人民所接受

马克思主义作为一种外来思想文化，要使它为中国人民广泛接受，并在实践中发挥指导作用，必须寻找到一种为中国人民所能理解和接受的民族形式。毛泽东指出：“马克思主义必须和我国的具体特点相结合并通过一定的民族形式才能实现。”① 马克思主义中国化，既不是对马克思主义的照搬，也不是对中国文化的复制，而是将马克思主义的基本原理同中国文化中的优秀成分结合进而达到融合。在这个过程中，以马克思主义为指导，对中国文化进行认真清理，剔除糟粕，吸收精华，又用中国优秀文化的表达方式和中国老

① 毛泽东选集：第2卷［M］. 北京：人民出版社，1991：534.

百姓喜闻乐见的语言形式，来深入浅出地阐明马克思主义的基本原理。这样做的结果，就使马克思主义植根于中国优秀文化的土壤之中而得以生长和繁荣起来。

马克思主义中国化的科学内涵，概括地说，就是用马克思主义来解决中国的问题，同时又使中国丰富的实践经验上升为理论，并且同中国的历史传统、中国的优秀文化相结合，以形成具有中国特性、中国作风和中国气派的中国化的马克思主义理论。

三、马克思主义中国化的历史进程

马克思主义中国化的历史进程，是指中国共产党把马克思主义的基本原理同中国人民的具体实践相结合的过程。从这种“相结合”的逻辑结果看，实现了中国化马克思主义的两次历史性飞跃，形成两大理论成果。第一次飞跃的理论成果是毛泽东思想，第二次飞跃的理论成果是中国特色社会主义理论体系。

（一）马克思主义中国化的第一次历史性飞跃

1921 年中国共产党的成立，开辟了中国革命的新局面。党的早期领导人在革命实践中，开始运用马克思列宁主义的指导作用。但处于幼年时期的党，由于理论准备和实践经验不够，对中国革命的特点和规律了解不够，还没有意识到马克思主义中国化这一问题的重要性，致使中国革命出现了严重的曲折。直到遵义会议上确立了毛泽东在党内的领导地位，党的理论和实践才逐步走上了正确的发展轨道。

以毛泽东为代表的中国共产党人，在领导中国革命和建设的过程中，从中国的具体实际出发，总结中国革命曲折发展的经验教训，揭示中国革命的特点和规律，反对把共产国际决议神圣化、把十月革命经验教条化，全面致力于把马克思主义的基本原理同中国革命的具体实践结合起来，创立了毛泽东思想，实现了马克思主义中国化的第一次历史性飞跃。此后，在毛泽东思想的指引下，中国共产党领导全国各族人民，取得了新民主主义革命的胜利，建立了中华人民共和国；顺利地进行了社会主义改造，确立了社会主义基本制度；发展了社会主义的经济、政治和文化，初步探索了社会主义建设的道路。

（二）马克思主义中国化的第二次历史性飞跃

中国社会主义制度的建立与社会主义建设的初步探索，在取得成就的同时也充满着曲折。20 世纪 50 年代末之后的 20 年间，由于毛泽东晚年错误地发动了“文化大革命”，使马克思主义中国化的进程中断。中共十一届三中全会是一次伟大的转折，标志着马克思主义中国化的重新奋起，开启了实现马克思主义中国化的第二次历史性飞跃。

党的十一届三中全会以后，以邓小平为主要代表的中国共产党人，在总结国内外社会主义建设的历史经验特别是改革开放以来的新鲜经验的基础上，恢复了党的实事求是的思想路线，初步回答了“什么是社会主义、怎样建设社会主义”这个首要的基本理论问题，并在党的十二大上提出了建设有中国特色社会主义的崭新命题。中共十三大论述了我国社会主义初级阶段理论，阐明了在中国建设社会主义、巩固和发展社会主义的基本问题，逐步形成了建设中国特色社会主义的路线、方针、政策，开辟了建设中国特色社会主义的正确道路。邓小平理论的创立，是马克思主义中国化发展的新阶段。

中国共产党十三届四中全会以后，国内外形势发生了重大变化。在新的历史条件下，如何保证党的执政能力和领导水平不断提高，如何不断提高党的拒腐防变能力和抵御风险能力的问题十分突出。以江泽民为主要代表的中国共产党人，根据国内外形势和党的历史方位的新变化，面对建设什么样的党、怎样建设党的问题，深化了对中国特色社会主义的认识，形成了“三个代表”重要思想，实现了党的指导思想的又一次与时俱进，进一步推进了马克思主义中国化的发展。

党的十六大以来，以胡锦涛为总书记的党中央立足于社会主义初级阶段基本国情，根据我国的发展实践，借鉴国外发展经验，提出了科学发展观等战略思想，回答了发展什么、怎样发展这一关系到中国未来前途和命运的问题，深化了党对执政规律、社会主义建设规律、社会发展规律的认识，继续推进着马克思主义中国化的发展进程。

胡锦涛指出：“30 年来，以邓小平同志为核心的党的第二代中央领导集体、以江泽民同志为核心的党的第三代中央领导集体和党的十六大以来的中央领导集体，团结带领全党全国各族人民，承前启后，继往开来，接力推进改革开放伟大事业，谱写了中华民族自强不息、顽强奋进新的壮丽史诗。我们党先后召开6次全国代表大会、45次中央全会，及时研究新情况、解决新问题、总结新经验，集中全党全国各族人民智慧，形成了党的基本理论、基本路线、基本纲领、基本经验，制定和作出了指导改革开放和社会主义现代化建设的一整套方针政策和工作部署，成功开辟了中国特色社会主义道路。”①

中国特色社会主义理论体系同毛泽东思想虽然形成于不同历史时期，面对着不同的历史任务，但在精神上是一致的，是一脉相承又与时俱进的。实事求是、群众路线和独立自主，是它们共同的基本点。

四、马克思主义中国化的重要意义

马克思主义中国化，是中国共产党把马克思主义的基本原理同中国具体实际相结合的过程。实践证明：中国共产党没有马克思主义中国化的理论认识，就不会有推动马克思主义中国化的实践过程；没有马克思主义中国化的实践过程，就不会产生中国化马克思主义的理论成果。中国共产党在领导中国革命、建设和改革中，马克思主义中国化有着极为重要的理论和实践意义。

（一）马克思主义中国化理论成果指引着党和人民的伟大事业不断取得胜利

列宁说过：“没有革命的理论，就不会有革命的运动。”② 在毛泽东思想指引下，中国共产党领导全国各族人民，经过长期的反帝反封建斗争，取得了新民主主义革命的胜利，建立了中华人民共和国。新中国成立以后，成功地进行了社会主义改造，完成了从新民主主义到社会主义的过渡，确立了社会主义基本制度。在毛泽东思想、邓小平理论和“三个代表”重要思想的指引下，我国又不断推进了中国特色社会主义建设和改革的进程，国民经济持续快速发展，社会主义民主政治和精神文明建设成效显著，人民生活总体上达到

① 胡锦涛：《在纪念党的十一届三中全会召开30周年大会上的讲话》（2008年12月18日）。

② 列宁选集：第1卷［M］．北京：人民出版社，1995：241．

小康水平。在新世纪新阶段，党领导全国各族人民深入贯彻落实科学发展观，构建社会主义和谐社会，正朝着实现富强民主文明和谐的社会主义现代化目标迈进。实践证明：如果离开了马克思主义中国化的不懈探索，离开了马克思主义中国化理论成果的指导，我们的实践就会陷入盲目性，我们的事业就会遭受挫折和失败。

（二）马克思主义中国化理论成果是凝聚全党和全国各族人民的强大精神支柱

一个民族，一个国家，如果没有自己的精神支柱，就等于没有灵魂，就会失去凝聚力和生命力。在当代中国，中国化的马克思主义理论是全党和全国各族人民的精神支柱。马克思主义中国化的一系列理论成果，代表着广大中国人民在不同历史时期的意志和愿望，是中华民族优秀文化的结晶，是凝聚党心民心的强大精神力量，是一定历史条件下中华民族智慧的最高表现和理论上的最高概括。特别是在世界多极化和经济全球化的今天，在全面建成小康和构建社会主义和谐社会的伟大征程中，我们面临着难得的历史性机遇，同时也有很多困难，需要用中国化的马克思主义来统一思想、凝聚人心、凝聚力量。只有这样，中华民族才能以崭新的面貌自立于世界民族之林。

（三）马克思主义中国化倡导和体现了对待马克思主义的科学态度和优良学风，不断开拓着马克思主义在中国发展的新境界

马克思主义中国化进程中形成的理论成果，是马克思主义与中国社会不同时期实践相结合的产物，体现了理论与实际的统一、坚持与发展的统一。既反对轻视甚至背离马克思主义的错误倾向，又反对教条式地对待马克思主义和静止地孤立地研究马克思主义的错误倾向；既反映了马克思主义基本理论在中国的传承，又体现了马克思主义是一个不断发展的、开放的科学体系。它们不但以新的形态发展了马克思主义，而且展示了马克思主义强大的生命力。

第二节　毛泽东思想

在中国革命和建设历史上，以毛泽东为代表的第一代共产党人，实现了马克思主义中国化的第一次历史性飞跃，创立了毛泽东思想，为中国革命和建设提供了以马克思主义为理论基础的指导思想，开辟了马克思主义与中国实际相结合的科学道路。

一、毛泽东思想的形成和发展

恩格斯指出："每一时代的理论思维，从而我们时代的理论思维，都是一种历史的产物，在不同的时代具有非常不同的形式，并因而具有非常不同的内容。"① 毛泽东思想的形成与发展，同样是一种历史的产物，是历史发展的必然。

（一）毛泽东思想形成和发展的客观条件

理论总是适应时代的需要而产生的，毛泽东思想的形成和发展是近代中国社会发展的必然产物，主要包括：基本国情、国际背景、理论源泉和实践依据等方面。

1. 毛泽东思想形成的基本国情

毛泽东说："认清中国的国情，乃是认清一切革命问题的基本的根据。"② 所谓国情，从广义上说，是指一个国家的社会制度、意识形态、发展阶段、发展水平、人口、国土面积与位置、自然资源、自然环境、历史传统以及所处的国际环境等基本情况的综合。概括起来，可分为自然条件、经济结构、政治结构、历史文化传统和国际环境等方面。从狭义上看，国情是指一个国家在某一历史时期的社会性质、社会结构及其文化传统的总和，它既是一个国家自然情况和社会情况的统一，又是历史情况和现实情况的统一。

近代中国国情，有两个基本特征：一个是落后，一个是挨打。落后引发挨打，挨打加剧落后。到20世纪初，中国成了一个领土被瓜分，主权受践踏，经济被掠夺，人民受欺凌的贫弱国家，救亡图存成为近代中国的强音。为此，先进的中国人开始了向西方学习，探索救国救民的真理。从林则徐、魏源"师夷长技以制夷"开始，经洪秀全的太平天国运动，康有为、梁启超领导的戊戌维新运动，到孙中山领导的资产阶级革命，都没有改变中国半殖民地半封建的贫弱地位，"中国人向西方学得很不少，但是行不通，理想总是不能

① 马克思恩格斯选集：第3卷［M］. 北京：人民出版社，1972：465.
② 毛泽东选集：第2卷［M］. 北京：人民出版社，1991：633.

实现。”① 由此可见，要想完成救亡图存的历史伟业，必须寻求和探索适合中国具体国情和革命实践的新理论。

其次，随着外国资本的入侵，近代中国工人阶级也开始产生。19 世纪 60—70 年代，随着洋务运动的开展和民办工业的兴起，中国工人阶级队伍数量不断增加。甲午战争后至第一次世界大战期间，中国工人阶级的力量得以壮大。中国工人阶级在其诞生、成长和发展过程中，总是伴随着自身的经济斗争与民族的政治斗争，因而在很大程度上促进了工人阶级由自发到自觉发展的历史进程。1919 年，五四运动的胜利显示了中国工人阶级的伟大作用，标志着工人阶级由自在阶段到自为阶段的政治转变，中国工人阶级开始作为一支重要的政治力量登上历史舞台。中国工人阶级的成长壮大和工人运动的发展，为毛泽东思想的形成和发展奠定了客观的阶级基础。

2. 毛泽东思想形成的国际背景

毛泽东思想形成的国际背景表现为：一方面，俄国十月革命的胜利，推动了马克思主义在中国的广泛传播；另一方面，帝国主义国家发动第一次世界大战及其给各国人民带来的深重灾难，使中国先进分子对西方资本主义由向往变为失望。

1917 年，俄国十月革命的胜利与苏俄政府对中国的友好态度，不仅给中国送来了马克思列宁主义，而且使先进的中国人看到了中国社会发展的新曙光。十月革命后，中国的先进分子通过各种渠道逐渐了解十月革命以及苏维埃俄国的真相。他们逐渐认识到十月革命是在马克思列宁主义指导下成功的，正是在马克思列宁主义的指导下，俄国才摆脱落后的农业国地位以及帝国主义强国的压迫，走上独立自主的强国之路。中国的先进分子认为俄国的国情与中国相似，中国要想摆脱压迫，独立富强，必须效仿俄国发动革命，必须学习马克思列宁主义并以之作为中国革命的指导思想，“十月革命帮助了全世界的也帮助了中国的先进分子，用无产阶级的宇宙观作为观察国家命运的工具，重新考虑自己的问题。走俄国人的路——这就是结论。”②

另一方面，从 1914 年开始并持续 4 年之久的第一次世界大战，

① 毛泽东选集：第 4 卷［M］．北京：人民出版社，1991：1470.

② 毛泽东选集：第 4 卷［M］．北京：人民出版社，1991：1471.

充分暴露了西方资本主义制度内部存在的尖锐矛盾和严重缺陷。经过第一次世界大战浩劫的欧洲，整个社会状况是“生产力之缺乏，经济界之恐慌，生活之窘困”①。此种满目疮痍和萧条混乱的景象，使西方许多资产阶级的思想家对资本主义制度的信心产生了动摇，他们认为：人类从16、17世纪开始走错了路，现代文明把过去的精华都丢失了，现在应当以古典时代的衰落为借鉴。西方的这种政治危机、社会危机反映在中国思想界，使长期以来倡导向西方学习的先进知识分子感到震惊，于是“怀疑产生了，增长了，发展了”，“西方资产阶级的文明，资产阶级的民主主义，资产阶级共和国的方案，在中国人民的心目中，一齐破了产”②。

因此，中国人选择了马克思列宁主义，这是中国思想界在第一次世界大战和十月革命的新形势下，对西方资本主义制度进行反思后的必然抉择。

3. 毛泽东思想形成的理论源泉

马克思列宁主义是毛泽东思想的主要来源。毛泽东思想的主创者毛泽东及其战友们，不断学习马克思主义原理，领会马克思主义精髓，将马克思主义原理与中国具体实践结合起来，完成马克思主义中国化的伟大历史使命。以毛泽东为代表的中国共产党人开始尝试运用马克思列宁主义关于无产阶级革命、民族殖民地斗争、暴力革命、工农联盟、统一战线等方面的理论来研究和分析中国革命过程中出现的具体问题，在不断总结积累经验的基础上，将马克思主义理论与中国具体实践相结合，创立了毛泽东思想。

中国的民族优秀文化是毛泽东思想的另一源泉。毛泽东与他同时代的知识分子都受到中国传统文化的熏陶，中国传统文化对他们的影响十分深刻。就毛泽东本人而言，熟读中国经史典籍，具有深厚的民族文化底蕴。以毛泽东为代表的中国共产党人是在马克思主义指导下，对中华民族的传统思想进行批判性吸收，去芜存菁，把马克思主义融入中华民族优秀文化中，使其更加适合中国的具体国情，赋予马克思主义以鲜明的中国特色，从而达到将马克思主义中国化的目的；而对中国古代经史典籍、民间故事甚至神话传说的引

---

① 赴法勤工俭学运动史料：第3册［M］. 北京：北京出版社，1979：3.

② 毛泽东选集：第4卷［M］. 北京：人民出版社，1991：1470-1471.

用，是为了更好地说明马克思主义以及毛泽东思想的基本原理，使之更加容易被中国的大众所理解和接受，从而推动马克思主义中国化的进程。

4. 毛泽东思想形成的实践依据

中国共产党领导中国革命和建设的历史进程，是毛泽东思想形成和发展的实践依据。中国共产党成立后，在领导和推动中国革命的历史进程中，经历了北伐战争的风起云涌，遭受了国民革命失败的沉痛教训，开展了不屈不挠的土地革命战争，掀起了轰轰烈烈的抗日战争，获得了解放战争的伟大胜利，实施适合中国特点的“三大改造”，建立社会主义制度。以毛泽东为代表的中国共产党人，坚持一切从实际出发的立场和原则，反对主观主义、教条主义、经验主义，科学总结中国革命和建设的经验教训。毛泽东思想正是对这些经验教训进行深刻总结而形成的理论概括。因此，没有中国革命和建设的实践及其实践经验的总结，就不可能有毛泽东思想。正是在同各种错误思想的斗争中，经过实践的反复比较，党和人民选择了毛泽东作为自己的领袖，选择了毛泽东思想作为自己的指导思想。

（二）毛泽东思想形成和发展的历史过程

马克思主义同中国革命实际相结合的历史过程，同时也是毛泽东思想形成和发展的过程。

第一次国内革命战争时期，毛泽东以马克思列宁主义为指导，通过调查研究，深刻论证了中国社会各阶级在革命中的地位和作用。土地革命战争时期，以毛泽东为代表的中国共产党人成功地开辟了以井冈山为根据地的农村包围城市、武装夺取政权的道路。毛泽东同党内一度盛行的把马克思主义教条化、把共产国际决议和苏联经验神圣化的错误倾向进行了斗争，在理论上论证了中国革命的新道路，强调马克思主义必须同中国实际相结合。这标志着毛泽东思想开始形成。

遵义会议以后，毛泽东在理论上系统地总结了党领导中国革命特别是抗日战争的实践经验，逐渐形成了比较系统的哲学思想、军事思想、统一战线思想和党的建设思想，科学地阐述了中国新民主主义革命的基本理论、基本路线和基本纲领，精辟地论证了党的政策和策略。这标志着毛泽东思想走向成熟。1945 年党的七大把毛泽东思想确立为党的指导思想。

解放战争时期和新中国成立以后，毛泽东进一步提出了人民民主专政理论、社会主义改造和建立社会主义制度的基本方略，提出了要把马克思列宁主义的基本原理同中国革命和建设的具体实际进行“第二次结合，找出在中国怎样建设社会主义的道路”的任务，并进行了艰辛的探索。这是毛泽东思想的继续和发展。

二、毛泽东思想的科学含义和科学体系

毛泽东思想作为马克思主义中国化基础上产生的中国化马克思主义的第一大理论成果，在许多方面以其独创性理论贡献丰富和发展了马克思列宁主义，构成了一个博大精深的科学理论体系。它有着坚实的中国化马克思主义哲学思想的理论基础，其核心和精髓就是实事求是；它紧紧围绕中国革命和建设理论主题，提出了一系列相互关联的理论观点。这些理论观点经过中国革命和建设实践的长期检验，已被证明是正确的理论体系。

（一）毛泽东思想的科学内涵

1981 年 6 月，中国共产党十一届六中全会通过的《关于建国以来党的若干历史问题的决议》，对毛泽东思想的科学含义作出了准确的表述。决议指出：“以毛泽东同志为主要代表的中国共产党人，根据马克思列宁主义的基本原理，把中国长期革命实践中的一系列独创性经验作了理论概括，形成了适合中国情况的科学的指导思想，这就是马克思列宁主义普遍原理和中国革命具体实践相结合的产物——毛泽东思想。毛泽东思想是马克思列宁主义在中国的运用和发展，是被实践证明了的关于中国革命的正确的理论原则和经验总结，是中国共产党集体智慧的结晶。我党许多卓越领导人，对它的形成和发展都做出了重要的贡献，毛泽东同志的著作是它的集中概括。”① 在上述决议的基础上，党的十二大对毛泽东思想的含义又作了重要补充，指出：毛泽东思想“是被实践证明了的关于中国革命和建设的正确的理论原则和经验总结”②。这就完整、准确、全面地

---

① 关于建国以来党的若干历史问题的决议［M］. 北京：人民出版社，1986：64.

② 十二大以来重要文献选编：上册［M］. 北京：人民出版社，1986：64.

揭示了毛泽东思想的科学内涵。

1. 毛泽东思想是马克思主义在中国的运用和发展

马克思主义是科学的世界观方法论。但是，马克思主义提供的只是一般的指导原理，而这些基本原理的应用，在各个不同的国家也不相同。这就要求任何国家的无产阶级政党在坚持马克思主义一般原理的同时，必须根据本国的社会历史条件和具体特点来运用它，正确地解决革命的道路、战略和策略等实际问题，引导革命走向胜利，并以新的内容丰富和发展马克思主义。毛泽东思想就是以毛泽东为代表的中国共产党人把马克思主义一般原理创造性地运用于中国具体实际的优秀典型。

2. 毛泽东思想是被实践证明了的关于中国革命和建设的正确的理论原则和经验总结

在中国革命和建设的具体实践中产生的毛泽东思想，又在指导中国革命和建设的实践中积累了丰富的经验。这些关于中国革命和建设的正确理论原则和经验总结，是被反复检验证明了的客观真理，并构成了一个完整的科学体系。因此，凡是被实践证明是错误的理论观点，无论是毛泽东本人的言论还是党的文件，都不属于毛泽东思想，都不能纳入毛泽东思想的科学体系。

3. 毛泽东思想是中国共产党集体智慧的结晶

理论来源于实践，任何社会变革的实践都是千百万人民群众的行动，都是人民群众聪明才智的集中体现。中国革命和建设的实践，是中国共产党领导的广大人民群众的历史活动。毛泽东思想作为指导中国革命和建设的理论，就是对党领导人民的历史活动的科学的经验总结，都凝聚着党和人民的集体智慧，是全党的宝贵精神财富。

（二）毛泽东思想的主要内容

毛泽东思想不仅有其科学内涵，而且包括着反映科学内涵的多方面内容，并以独创性的理论丰富和发展了马克思列宁主义。

1. 关于新民主主义革命的理论

毛泽东从中国的历史状况和现实国情出发，深刻研究中国革命的特点和规律，创造性地丰富和发展了马克思列宁主义关于无产阶级在民主革命中的领导权的思想，创立了无产阶级领导的，工农联盟为基础的，人民大众的，反对帝国主义、封建主义和官僚资本主义的新民主主义革命的理论。其主要表现如下。

（1）提出中国革命既不是一般的旧式的资产阶级民主革命，也不是无产阶级领导的社会主义革命，而是新式的特殊的资产阶级民主革命——新民主主义革命。

（2）创造性地提出了农村包围城市、武装夺取政权的理论，开辟了一条有中国特色的革命道路。中国的武装斗争是无产阶级领导的以农民为主体的革命战争，建立革命根据地，发展和壮大革命力量，通过农村包围城市，最后武装夺取全国政权。

（3）丰富和发展了马克思列宁主义关于无产阶级在民主革命中的领导权的思想。提出了中国的资产阶级有两个部分：依附于帝国主义的大资产阶级和既有革命要求又有动摇性的民族资产阶级。无产阶级领导的统一战线，要争取民族资产阶级的参加，并且在一定条件下可以把大资产阶级包括在内。在同资产阶级结成统一战线时，要保持无产阶级的独立性，实行又团结又斗争、以斗争求团结的策略。

（4）提出了中国特色的引导中国革命胜利的“三大法宝”理论。中国革命的现实，决定了坚持武装斗争，建立统一战线的必然性，“统一战线和武装斗争，是战胜敌人的两个基本武器，”加上党本身的建设是中国共产党在中国革命中战胜敌人的三个主要法宝，“正确地理解了这三个问题及其相互关系，就等于正确地领导了全部中国革命。”①

（5）提出了新民主主义社会的政治、经济、文化纲领，以及人民民主专政的理论和基本制度，解决了中国革命胜利之后建立一个什么样社会的问题，丰富和发展了马克思列宁主义的社会学说、国家学说和革命转变理论。

总之，新民主主义理论不仅明确了中国革命的性质，还解决了半殖民地半封建的中国如何进行革命的重大问题，它是反映中国革命客观规律的完备的理论形态，是毛泽东思想达到成熟的主要标志。

2. 关于社会主义革命和建设的理论

毛泽东思想在社会主义革命理论方面的贡献主要表现为：一是

① 毛泽东选集：第2卷［M］. 北京：人民出版社，1991：613，605-606.

采取社会主义工业化和社会主义改造同时并举的方针；二是提出了一系列从低级到高级的过渡形式和方针政策，完成对资本主义工商业的“和平赎买”；坚持自愿互利、典型示范和国家帮助的原则，实施对农业、手工业的社会主义改造，从而开辟了一条适合中国情况的社会主义改造道路。

毛泽东思想在社会主义建设方面的理论贡献是提出了一系列具有战略意义的正确思想和方针政策。主要表现在如下几个方面。

（1）创造性地分析社会主义社会的矛盾，提出了两类不同性质的矛盾以及正确处理人民内部矛盾的学说，明确了社会主义社会的矛盾和政治生活的主题，并指出不同的矛盾要用不同的方法去解决，从而指明了处理和解决各种不同矛盾的正确途径。

（2）政治建设方面，提出了正确处理人民内部矛盾是社会主义政治生活的主题；坚持党派之间“长期共存，互相监督”方针，实现中国共产党领导的多党合作制度；创造一个又有集中又有民主，又有纪律又有自由，又有统一意志又有个人心情舒畅的生动活泼的政治局面。

（3）在经济建设方面，提出了调动一切积极因素，走“中国工业化的道路”思想和“以农业为基础，工业为主导”的发展国民经济的总方针，勾画了中国经济发展的“四个现代化”蓝图。

（4）在科学文化建设方面，提出了“百花齐放，百家争鸣”“推陈出新”“古为今用，洋为中用”、建立一支宏大的工人阶级知识分子队伍等发展社会主义科学文化教育的理论方针政策。

3. 关于军队建设和军事战略的理论

（1）规定了全心全意为人民服务的建军宗旨，确立了党指挥枪的原则，制定了三大纪律八项注意，强调实行政治、经济、军事三大民主，实行官兵一致、军民一致和瓦解敌军的原则，提出和总结了一套军队政治工作的方针和方法，从而系统地解决了以农民为主要成分的军队如何建成一支真正的新型人民军队的问题。

（2）提出了以人民军队为骨干，依靠广大人民群众，建立农村根据地，进行人民战争的思想。把游击战提高到了战略地位，论述了战争的规律，革命军队在敌强我弱的形势下实行战略的持久战和战役、战斗的速决战，把战略上的劣势变为战役、战斗上的优势，集中优势兵力、各个歼灭敌人等一系列人民战争战略战术。毛泽东在解放战争中总结出著名的十大军事原则，从而解决了在一个经济文化落后的国家如何依靠农民等广大人民群众战胜强大敌人的问题。

（3）在新中国成立以后，提出了必须加强国防建设，建设一支现代化革命武装力量和发展现代化国防技术的重要思想。

4. 关于政策和策略的理论

（1）结合中国革命的经验教训，对马克思主义的政策策略思想作了具体阐述，反复强调政策和策略是党的生命，并把它提高到事关党生死存亡的高度来认识。

（2）把马克思主义的政策策略思想深入化、系统化，结合中国的经验系统地阐发了从实际出发的思想，把调查研究作为制定和实施政策策略的基础环节，提出了检验政策策略的实践标准和生产力标准，把真理标准和价值标准进行有机统一。

（3）在总结中国革命和建设经验的基础上，提出了许多新的政策策略思想。强调在战略上藐视敌人、战术上重视敌人，敢于斗争敢于胜利；掌握斗争的主要方向，不要四面出击；对敌人要区别对待、分化瓦解，实行利用矛盾、争取多数、反对少数、各个击破的策略；无产阶级政党要实现对同盟者的领导，必须具备两个条件：一是率领被领导者向着共同的敌人作坚决的斗争并取得胜利；二是对被领导者给予物质利益，至少不损害其利益，同时给予政治教育等。

5. 关于思想政治工作和文化工作的理论

毛泽东根据“一定的文化（当作观念形态的文化）是一定社会的政治和经济的反映，又给予伟大影响和作用于一定社会的政治和经济；而经济是基础，政治则是经济的集中体现”① 这个基本观点，提出许多具有长远意义的重要思想。

第一，突出强调了思想政治工作的极端重要性，明确提出“思想政治工作是经济工作和一切工作的生命线”，是完成一切工作的保证。第二，明确了思想政治工作的任务和内容，规定了思想政治工

① 毛泽东选集：第2卷［M］. 北京：人民出版社，1991：663-664.

作的基本方针、原则和方法，实行政治和经济统一、政治和技术统一、又红又专的方针。第三，提出了发展民族的、科学的、大众的文化，实行百花齐放、百家争鸣、推陈出新、古为今用、洋为中用等发展新民主主义、社会主义文化的方针。第四，提出要建立宏大的知识分子队伍，知识分子要同工农大众相结合，同社会实践相结合，通过学习马克思列宁主义、学习社会和工作实践，树立无产阶级世界观等思想。

6. 关于党的建设理论

（1）把思想上建党放在首位，着重于从思想上建党，提出党员不但要在组织上入党，而且要在思想上入党，经常注意以无产阶级思想改造和克服各种非无产阶级思想。

（2）总结出理论联系实际、密切联系群众、批评与自我批评的三大优良作风。

（3）针对历史上党内斗争中存在过“残酷斗争、无情打击”的“左”倾错误，提出“惩前毖后、治病救人”的正确方针，强调党内斗争中要达到既要弄清思想又要团结同志的目的。

（4）创造了在全党通过批评与自我批评进行马克思主义思想教育的整风形式。

（5）进一步提出加强执政党建设的方法措施，强调要继续保持谦虚谨慎、戒骄戒躁、艰苦奋斗的作风，警惕资产阶级思想的腐蚀，反对脱离群众的官僚主义。根据上述理论，中国共产党成功地把一个以农民为主体的政党，建设成一个具有广泛群众性的、马克思主义的先进政党，并在新中国成立以后保持了良好的作风。

此外，毛泽东思想还包括贯穿于上述各个理论的立场、观点和方法，即毛泽东思想的活的灵魂。它们有三个基本方面：实事求是，群众路线，独立自主。实事求是，就是一切从实际出发，理论联系实际，不断地深化对中国国情的认识，找出适合中国情况的革命和建设道路，确定我们党领导人民改造中国、建设中国的战略策略，实现推动历史前进的目标。群众路线，就是把马克思列宁主义关于人民群众是历史创造者的原理，系统地运用在党的全部活动中，形成党的根本工作路线，就是一切为了群众，一切依靠群众，从群众中来，到群众中去。独立自主，就是坚持独立思考，走自己的路，就是坚定不移地维护民族独立、捍卫国家主权，把立足点放在依靠自己力量的基础上，同时积极争取外援，开展国际经济文化交流，学习外国一切对我们有益的先进事物。

总之，毛泽东思想是中国革命和建设的指导思想，毛泽东把辩证唯物主义和历史唯物主义运用于党的全部工作，在中国革命和建设的长期艰苦奋斗中形成了具有中国共产党人特色的这些立场、观点和方法，丰富和发展了马克思列宁主义。

三、毛泽东思想的历史地位和指导意义

毛泽东思想是马克思主义与中国具体实际相结合的产物，是马克思主义中国化的典范。在党的七大上，毛泽东思想被确定为党的指导思想，指导着中国革命和建设从胜利走向胜利。邓小平指出："这个思想，从历史上证明了是好的。中国的革命，不是由别的思想引导到胜利的，而是由毛泽东思想引导到胜利的。革命胜利以后，也正是在毛泽东思想的指导下，我们的社会主义建设才获得了这样伟大的成就，并且继续胜利地前进着。"① 由此可见，毛泽东思想在马克思主义中国化的历史进程中占有崇高的历史地位。

（一）毛泽东思想是马克思主义中国化第一次历史性飞跃的理论成果

在中国这样一个国情与欧美、俄国完全不同的半殖民地半封建的东方大国，如何进行无产阶级革命，对于马克思主义来讲是一个崭新的课题。以毛泽东为代表的中国共产党人，以敢为天下先的政治勇气和理论创新的气魄，第一次明确提出把马克思主义基本原理同中国实际相结合，深刻论证了马克思主义中国化的必要性和重要性，系统阐述了马克思主义中国化的科学内涵和实现马克思主义中国化的正确途径，开辟了马克思主义在中国发展的道路，使马克思列宁主义在中国深深地扎根、开花、结果。毛泽东思想所确立的马克思主义中国化的奋斗方向、基本原则和基本方法，指导着中国共产党不断把马克思主义中国化的进程推向前进。

1. 毛泽东思想是中国革命和建设的科学指南

党的七大确立毛泽东思想的指导地位后，毛泽东思想就是中国

---

① 邓小平文选：第1卷［M］. 北京：人民出版社，1994：298.

共产党领导中国革命，指导中国社会主义建设的一面旗帜。在毛泽东思想的指引下，中国共产党领导全国各族人民完成了反对帝国主义、封建主义、官僚资本主义的任务，结束了中国半殖民地半封建社会的历史，建立了中华人民共和国，找到了一条从新民主主义向社会主义过渡的道路，确立了社会主义基本制度。在此基础上，毛泽东又对适合中国国情的社会主义道路进行了艰苦探索，提出了许多很有启发性的论断。他不仅领导我们建立起独立的比较完整的工业体系和国民经济体系，而且积累了在中国这样的社会生产力水平十分落后的东方大国进行社会主义建设的重要经验。虽然今天的形势有了重大的变化，但是毛泽东思想中关于中国革命和建设的科学论述，为我们正在进行的事业继续提供着十分宝贵的理论指导。

2. 毛泽东思想是中国共产党和中国人民宝贵的精神财富

毛泽东思想形成和发展的历史条件，与我们今天面临的形势和任务有很大的不同，但这丝毫没有减弱和降低毛泽东思想的科学价值。历史是不能割断的，如果不了解毛泽东思想，就不能对中国特色社会主义理论体系有深刻的认识。毛泽东思想的基本原理、基本原则和科学方法，具有普遍的意义。毛泽东追求和倡导的中华民族重新自立于世界民族之林的远大理想、实事求是的思想路线、全心全意为人民服务的宗旨，自力更生、艰苦奋斗的精神，等等，依然是中国人民不断奋进的精神动力。

（二）科学地评价毛泽东和毛泽东思想的关系

“文化大革命”结束后，在对毛泽东和毛泽东思想的关系认识上，存在过两种错误倾向：一种是认为凡是毛泽东作出的一切决策、指示，都必须坚决维护、始终遵循；另一种是借口毛泽东晚年的错误，全面否定毛泽东的历史地位与毛泽东思想的科学价值和指导作用。这两种态度都是没有正确认识作为集体智慧的毛泽东思想和毛泽东的独特贡献之间的联系与区别，特别是没有把毛泽东思想同毛泽东晚年的错误区别开来。以邓小平为代表的党的第二代中央领导集体，在 1981 年党的十一届六中全会通过的《关于建国以来党的若干历史问题的决议》中，对毛泽东和毛泽东思想的历史地位作出了实事求是的评价。

一方面，毛泽东是伟大的马克思主义者、伟大的无产阶级革命家、战略家和理论家。他为中国共产党和中国人民解放军的创立和发展，为中国各族人民解放事业的胜利，为中华人民共和国的缔造和社会主义事业的发展，建立了永不磨灭的功勋，为世界被压迫民族的解放和人类进步事业作出了重大贡献。

另一方面，由于在中国建设社会主义是一项崭新的事业，人们对如何走出一条适合中国国情的社会主义道路还缺少规律性认识，加上当时复杂严峻的国际环境的影响，我们党在社会主义建设道路的探索中发生过曲折。毛泽东晚年特别是在“文化大革命”中的确犯有严重错误。但就他的一生来看，他的功绩是第一位的，错误是第二位的。他的错误是一个伟大的革命家所犯的错误。邓小平指出：“没有毛主席，至少我们中国人民还要在黑暗中摸索更长的时间。”① 我们应该珍视这半个多世纪以来在中国革命和建设过程中，把马克思主义基本原理同中国具体实际相结合所形成的科学理论成果，把毛泽东晚年的错误同经过长期历史考验形成为科学理论的毛泽东思想区别开来，完整准确地理解毛泽东思想，并在实践中运用和发展毛泽东思想。

第三节　中国特色社会主义理论体系

中国特色社会主义理论体系是马克思主义中国化历史性飞跃的第二大理论成果。胡锦涛在党的十七大报告中指出：“中国特色社会主义理论体系，就是包括邓小平理论，‘三个代表’重要思想以及科学发展观等重大战略思想在内的科学理论体系。这个理论体系，坚持和发展了马克思列宁主义、毛泽东思想，凝结了几代中国共产党人带领人民不懈探索实践的智慧和心血，是马克思主义中国化最新成果。”

一、中国特色社会主义理论体系的形成和发展

（一）中国特色社会主义理论体系形成和发展的条件

马克思、恩格斯指出：“一切划时代的体系的真正的内容都是由

① 邓小平文选：第2卷［M］. 北京：人民出版社，1994：345.

于产生这些体系的那个时期的需要而形成起来的。所有这些体系都是以本国过去的整个发展为基础的。”① 中国特色社会主义理论体系的产生，有它的时代主题、历史前提和实践基础。党的十四大报告指出：“建设有中国特色社会主义的理论，是在和平与发展成为时代主题的历史条件下，在我国改革开放和社会主义现代化建设的实践过程中，在总结我国社会主义胜利和挫折的历史经验并借鉴其他国家社会主义兴衰成败的历史经验的基础上，逐步形成和发展起来的。”②

1. 中国特色社会主义理论体系形成的时代主题

20 世纪 70 年代以来，西方资本主义出现了种种新的情况，经济全球化和世界多极化趋势快速发展，特别是新科技革命及其带来的重大科技发明和广泛应用，推动世界范围内生产力、生产方式、生活方式发生了前所未有的变化，也引起全球经济格局、利益格局和安全格局发生了前所未有的重大变化。同时，在世界范围内兴起的以增强综合国力为目标的改革调整浪潮，涉及国家之广泛、涉及领域之全面、改革调整程度之深刻、持续时间之长久，都具有标志性的时代意义。所有这些都预示着世界发展的主题，已由革命和战争转变为和平与发展，和平与发展逐渐成为时代主题。时代主题的转换，是中国特色社会主义理论体系形成和发展的时代背景。

2. 中国特色社会主义理论体系形成的历史前提

中国特色社会主义理论体系，是对我国和世界上其他国家建设社会主义的历史经验进行科学总结的理论成果。马克思主义诞生以来，社会主义在理论上、实践上都取得了历史性的伟大成就，但也发生过严重的挫折。苏联模式的僵化并成为导致苏联解体、东欧剧变的重要原因，使这个问题更加突出，也更加引人深思。邓小平指出：“社会主义究竟是个什么样子，苏联搞了很多年，也并没有完全搞清楚。” 在我国几十年社会主义建设的进程中，中国共产党人既在独立自主的实践中创造了社会主义发展的辉煌成就，积累了丰富经验，同时也经历了失误和挫折。邓小平指出：“社会主义是什么，马

① 马克思恩格斯全集：第 3 卷［M］. 北京：人民出版社，1972：544.
② 江泽民文选：第 1 卷［M］. 北京：人民出版社，2006：221.

克思主义是什么，过去我们并没有完全搞清楚。"① 中国共产党人从深刻总结国内外社会主义建设成功经验和失败的教训中，揭示了我国社会主义建设规律、共产党执政规律、人类社会发展规律并上升为理论体系。国内外社会主义建设正反两方面的历史实践与经验，为中国特色社会主义理论体系的形成提供了历史条件。

3. 中国特色社会主义理论体系形成的实践基础

改革开放以来，中国现代化建设的实践，是中国特色社会主义理论体系产生的实践基础。党的十一届三中全会以来，党带领人民坚持以经济建设为中心，坚持四项基本原则，大力推进改革开放，极大地调动了全国人民的积极性，使我国成功实现了从高度集中的计划经济体制到充满活力的社会主义市场经济体制，从封闭半封闭到全方位开放的伟大历史转折，使中国的社会生产力获得新的解放和巨大发展，也使我们的民族精神得到高度弘扬。这场历史上从未有过的大改革大开放，是中国人民生机勃勃的伟大创造，也是科学理论发展的不竭源泉。中国共产党始终站在改革开放潮流的前面，热情支持、鼓励、保护和引导人民群众的伟大创造，深刻总结人民群众的实践经验，从中把握社会主义现代化建设的规律，不断推进马克思主义中国化，先后形成了邓小平理论、"三个代表"重要思想和科学发展观等重大战略思想。中国特色社会主义理论体系，是对改革开放以来我国社会主义现代化建设伟大实践及其新鲜经验进行科学总结的理论成果。

总之，中国特色社会主义理论体系，是在党的十一届三中全会以后，在世界主题由战争与革命转化为和平与发展，国内实行改革开放和社会主义现代化建设的历史条件下，通过不断地总结我国和世界社会主义的历史经验的基础上，逐步形成和发展起来的。其中，邓小平理论是中国特色社会主义理论体系的开拓和奠基之作，"三个代表"重要思想是中国特色社会主义理论体系中承上启下的中间环节，科学发展观是中国特色社会主义理论体系的最新理论成果。它们之间既一脉相承又与时俱进，既有建设中国特色社会主义这一共同主题，又科学地回答了不同时期不同阶段所面临的新矛盾和新问

---

① 邓小平文选：第3卷［M］. 北京：人民出版社，1993：137.

题，是一个相互衔接、相互贯通的理论体系。正如恩格斯所说："我们的理论不是教条，而是对包含着一连串互相衔接的阶段的发展过程的阐明。"①

（二）中国特色社会主义理论体系形成和发展的历史进程

中国特色社会主义理论体系是对马克思列宁主义、毛泽东思想的继承和发展，"这个理论体系，坚持和发展了马克思列宁主义、毛泽东思想。"② 它是随着中国特色社会主义道路的开辟、发展而不断形成和发展起来的。这一历史过程分为形成和发展两个阶段。

1. 中国特色社会主义理论体系的形成阶段

从 1978 年党的十一届三中全会的召开至 1997 年党的十五大，是中国特色社会主义理论体系的形成阶段。以邓小平为主要代表的中国共产党人，重新树立解放思想、实事求是的世界观、方法论，围绕"什么是社会主义、怎样建设社会主义"这个首要的基本理论问题，第一次回答了中国社会主义的发展道路、发展阶段、根本任务、发展动力、外部条件、政治保证、战略步骤、领导力量和依靠力量、祖国统一等一系列基本问题，标志着中国特色社会主义理论体系的形成。党的十五大把它统称为邓小平理论，并郑重地把邓小平理论同马克思列宁主义、毛泽东思想一起，确定为党在一切工作中的指导思想写入党章，1999 年又载入宪法。

2. 中国特色社会主义理论体系的发展阶段

从党的十五大经过 2002 年党的十六大至 2007 年党的十七大这十年，是中国特色社会主义理论体系在新的历史时期获得重大发展的阶段。其中，"三个代表"重要思想、科学发展观是这一阶段取得的重大理论成果。党的十六大把"三个代表"重要思想写进了党章，2004 年又写进了宪法。党的十七大把科学发展观写入了党章。

从邓小平在党的十二大正式提出建设有中国特色社会主义的概念，到胡锦涛在党的十七大上系统论述中国特色社会主义的理论体系，标志着党探索中国特色社会主义的实践获得了丰富的内涵，并升华为中国特色社会主义理论体系。这本身说明中国特色社会主义

---

① 马克思恩格斯选集：第 4 卷［M］. 北京：人民出版社，1995：680.

② 胡锦涛：《高举中国特色社会主义伟大旗帜　为夺取全面建设小康社会新胜利而奋斗——在中国共产党第十七次全国代表大会上的报告》（2007 年 10 月 15 日）。

理论体系有一个形成和发展的历史过程，是马克思主义中国化的最新理论成果。邓小平理论、“三个代表”重要思想、科学发展观既是一脉相承又是与时俱进的、统一的科学思想体系。

二、中国特色社会主义理论体系及其主要内容

站在马克思主义立场上，判断理论是否构成科学体系的标准是：理论是否具有马克思主义世界观、方法论灵魂贯穿其中；理论所研究的领域是否具有一理论主题并以此而展开形成一系列理论观点；理论围绕主题而形成的一系列观点是否具有系统性。按照这种标准，邓小平理论、“三个代表”重要思想、科学发展观不仅自成体系，而且三者又能构成一个新的理论体系，即中国特色社会主义理论体系。

（一）邓小平理论

邓小平理论是马克思主义中国化第二次历史性飞跃的理论成果。它同样有一个贯穿始终的哲学思想，就是解放思想、实事求是的世界观和方法论，这是邓小平理论的精髓。围绕“什么是社会主义、怎样建设社会主义”这个首要的基本的理论问题，邓小平提出了一系列互相联系的基本观点，第一次比较系统地初步回答了中国社会主义的发展道路、发展阶段、根本任务、发展动力、外部条件、政治保证、战略步骤、领导力量和依靠力量、祖国统一等一系列基本问题，指导我们党制定了在社会主义初级阶段的基本路线。这些基本观点的真理性已经被中国改革开放和社会主义现代化建设的成功实践所证明。

邓小平理论的科学体系包含着丰富的内容。

1. 社会主义本质理论

社会主义的本质，是解放生产力，发展生产力，消灭剥削，消除两极分化，最终达到共同富裕。这一科学论断，从生产力、生产关系、最终目标三个层面阐述了社会主义的本质，加深了人们对社会主义的认识，它对社会主义建设具有全局性的指导意义。

2. 社会主义初级阶段理论

党的十一届三中全会以后，党通过总结历史经验教训，提出了在我国这样经济文化比较落后的国家，进入社会主义以后必然经历一个初级阶段的新的科学论断，其时间至少一百年。初级阶段的主

要特征是各方面不发达，主要任务是发展商品经济和实现现代化。这是对我国现阶段基本国情和社会主义发展阶段的科学判断。这就把党的路线、方针、政策置于现实的基础上，排除了“左”的和右的错误倾向的干扰。

3. 社会主义改革开放理论

党的十一届三中全会以后，党顺应世界发展潮流，实施改革开放。中国的改革是社会主义制度的自我完善。就我国改革引起社会变革的广度和深度来说，可以说是开始了一场新的革命。与改革相互联系和并行的是对外开放。实践证明，任何一个国家关起门来搞建设都不可能成功，中国的发展离不开世界。社会主义对外开放的实质，是吸收人类文明的一切成果。改革是解放和发展生产力的必由之路，对外开放是实现社会主义现代化的必要条件。改革开放是决定当代中国命运的关键抉择。

4. 社会主义市场经济理论

中国共产党通过长期探索，打破了把市场经济视为资本主义专属品和社会主义异己物的偏见。邓小平的一个重大贡献，就是认识到并提出社会主义和市场经济不存在根本矛盾，社会主义也可以搞市场经济的理论。江泽民进一步提出建立社会主义市场经济体制。搞社会主义市场经济，这在人类历史上是首创，它在理论上丰富和发展了社会主义经济理论，在实践上推动了社会主义经济的发展。

除了上面指出的几个方面外，邓小平理论体系中还包括社会主义现代化发展战略、社会主义民主政治建设、社会主义精神文明建设、统一战线、军队和国防建设、社会主义国家外交战略、祖国完全统一、党的建设等理论。

邓小平理论是贯通哲学、政治经济学、科学社会主义等领域，涵盖经济、政治、文化、党的建设等方面，比较完备的科学体系，又是需要从各个方面进一步丰富发展的科学体系。

（二）“三个代表”重要思想

“三个代表”重要思想在形成和发展的过程中，紧密结合新的实践，把治党和治国、执政和为民结合起来，在改革发展稳定、内政外交国防、治党治国治军各个方面，提出了一系列紧密联系、相互贯通的新思想、新观点、新论断。这一系统的科学理论在建设中国特色社会主义的思想路线、发展道路、发展阶段、发展战略、根本任务、发展动力、依靠力量、国际战略、领导力量和根本目的等重大问题上都有新的丰富和发展。“三个代表”重要思想，在邓小平理论的基础上，进一步回答了什么是社会主义、怎样建设社会主义的问题，创造性地回答了建设什么样的党、怎样建设党的问题，集中起来就是深化了对中国特色社会主义的认识。

“中国共产党必须始终代表中国先进生产力的发展要求，代表中国先进文化的前进方向，代表中国最广大人民的根本利益。”这是对“三个代表”重要思想的集中概括。

始终代表中国先进生产力的发展要求，就是党的理论、路线、纲领、方针、政策和各项工作，必须努力符合生产力发展的规律，体现不断推动社会生产力的解放和发展的要求，尤其要体现推动先进生产力发展的要求，通过发展生产力不断提高人民群众的生活水平。始终代表中国先进文化的前进方向就是党的理论、路线、纲领、方针、政策和各项工作，必须努力体现面向现代化、面向世界、面向未来的，民族的科学的大众的社会主义文化的发展要求，促进全民族思想道德素质和科学文化素质的不断提高，为我国经济发展和社会进步提供精神动力和智力支持。始终代表中国最广大人民的根本利益，就是党的理论、路线、纲领、方针、政策和各项工作，必须坚持把人民的根本利益作为出发点和归宿，充分发挥人民群众的积极性、主动性、创造性，在社会不断发展进步的基础上，使人民群众不断获得切实的经济、政治、文化利益。

“三个代表”是统一的整体，另一方面相互联系、相互促进。发展先进生产力，是发展先进文化的基础，是实现最广大人民根本利益的前提；发展先进文化，是发展先进生产力和实现最广大人民根本利益的重要思想保证；发展先进生产力和先进文化，归根到底都是为了实现最广大人民的根本利益，而人民群众则是创造先进生产力和先进文化的主体，也是实现自身利益的根本力量。

“三个代表”重要思想围绕建设中国特色社会主义这个主题，创造性地运用马克思列宁主义、毛泽东思想、邓小平理论，紧密结合新的实践，提出了一系列新思想、新观点、新论断：关于建立社会主义市场经济体制的思想；关于公有制为主体、多种所有制经济共同发展是我国社会主义初级阶段的基本经济制度的思想；关于按劳分配为主体、多种分配方式并存的思想；关于实行全方位对外开放战略的思想；关于社会主义物质文明、政治文明和精神文明协调发展的思想；关于发展是党执政兴国的第一要务的思想；关于正确处理改革发展稳定关系的思想；关于建设社会主义法治国家的思想；关于依法治国和以德治国相结合的思想；关于走中国特色的精兵之路的思想；关于巩固党的阶级基础和扩大党的群众基础的思想；等等。这些思想、观点和论断构成了“三个代表”重要思想的主要内容。

（三）科学发展观

2003 年 10 月，党的十六届三中全会提出要“坚持以人为本，树立全面、协调、可持续的发展观，促进经济社会和人的全面发展。”胡锦涛强调指出树立和落实科学发展观，对于我们更好地坚持发展是硬道理的战略思想具有重大意义。

科学发展观，第一要义是发展，核心是以人为本，基本要求是全面协调可持续，根本方法是统筹兼顾。

科学发展观的第一要义是发展。发展是马克思主义的重要范畴之一，马克思主义最注重发展社会生产力。在社会主义国家，一个真正的马克思主义政党在执政以后，根本任务就是发展社会生产力，发展是硬道理。只有紧紧抓住和不断推动发展，才能从根本上把握人民的愿望，把握社会主义现代化建设的本质，把握我们党执政兴国的关键。这就要求我们必须坚持把发展作为党执政兴国的第一要务，牢牢抓住经济建设这个中心，坚持聚精会神搞建设、一心一意谋发展，不断解放和发展社会生产力。要更加有效地实施科教兴国战略、人才强国战略、可持续发展战略，着力把握发展规律、创新发展理念、转变发展方式、破解发展难题，提高发展质量和效益，实现又好又快发展，为发展中国特色社会主义打下坚实基础。

科学发展观的核心是以人为本。以人为本，就是以最广大人民的根本利益为本。以人为本，体现了马克思主义历史唯物论的基本原理，体现了我们党全心全意为人民服务的根本宗旨和我们推动经济社会发展的根本要求。我们党的一切奋斗和工作都是为了造福人民。坚持以人为本，就要始终把实现好、维护好、发展好最广大人民的根本利益作为党和国家一切工作的出发点和落脚点，尊重人民的主体地位，发挥人民的首创精神，保障人民的各项权益，走共同富裕的道路，促进人的全面发展，做到发展为了人民、发展依靠人民、发展成果由人民共享。

科学发展观的基本要求是全面协调可持续。我们所追求的发展，不是片面的发展、不计代价的发展、竭泽而渔式的发展，而是全面的发展、协调的发展、可持续的发展。全面，是指各个方面都发展；协调，是指各个方面的发展要相互适应；可持续，是指发展进程要有持久性、连续性。这就要求我们必须按照中国特色社会主义事业的总体布局，全面推进经济建设、政治建设、文化建设、社会建设，促进现代化建设的各个环节、各个方面相协调，促进生产关系与生产力、上层建筑与经济基础相协调。要坚持走生产发展、生活富裕、生态良好的文明发展道路，大力建设生态文明，建设以资源环境承载力为基础、以自然规律为准则、以可持续发展为目标的资源节约型、环境友好型社会，实现速度和结构质量效益相统一、经济发展与人口资源环境相协调，使人民在良好的生态环境中生产生活，实现经济社会永续发展。

科学发展观的根本方法是统筹兼顾。统筹兼顾是我们在中国这样一个十几亿人口的发展中大国治国理政的重要历史经验，也是我们处理各方面矛盾和问题必须坚持的重大战略方针。坚持统筹兼顾，就是既要总揽全局、统筹规划，又要抓住牵动全局的主要工作、事关群众利益的突出问题。这就要求我们必须正确认识和妥善处理中国特色社会主义事业中的重大关系，统筹城乡发展、区域发展、经济社会发展、人与自然和谐发展、国内发展和对外开放，统筹中央和地方关系，统筹个人利益和集体利益、局部利益和整体利益、当前利益和长远利益，充分调动各方面积极性。要统筹国内国际两个大局，树立世界眼光，加强战略思维，善于从国际形势发展变化中把握发展机遇、应对风险挑战，营造良好国际环境。

三、中国特色社会主义理论体系的历史地位和指导意义

中国特色社会主义理论体系，坚持和发展了马克思列宁主义、毛泽东思想，凝结了几代中国共产党人带领人民不懈实践探索的智慧和心血，是中国共产党和中国人民宝贵的政治财富和精神财富，

是中华民族团结奋斗、振兴中华的旗帜。

（一）中国特色社会主义理论体系是马克思主义中国化的最新理论成果

恩格斯说："我们的理论是发展着的理论，而不是必须背得烂熟并机械地加以重复的教条。"① 中国共产党一贯重视理论指导和勇于进行理论创新，中国特色社会主义理论体系是不断创新中的理论成果。党的十七大指出："中国特色社会主义理论体系，就是包括邓小平理论、"三个代表"重要思想以及科学发展观等重大战略思想在内的科学理论体系。这个理论体系，坚持和发展了马克思列宁主义、毛泽东思想，凝结了几代中国共产党人带领人民不懈探索实践的智慧和心血，是马克思主义中国化最新成果。"这个理论成果在马克思主义发展史上具有重要的地位，是马克思主义中国化发展的新阶段。在当代中国，坚持马克思主义，就必须坚持中国特色社会主义理论体系；坚持中国特色社会主义理论体系，就是真正坚持马克思主义。

（二）中国特色社会主义理论体系是建设中国特色社会主义的指导思想

中国共产党坚持马克思主义的思想路线，不断探索什么是社会主义、怎样建设社会主义，建设什么样的党、怎样建设党，实现什么样的发展、怎样发展等重大理论和现实问题，不断推进马克思主义中国化进程，形成中国特色社会主义理论体系，这是我们继续前进的指导思想。在中国特色社会主义理论体系指引下，按照"三步走"发展战略，到本世纪中叶，中国基本实现社会主义现代化，中国特色社会主义的大发展，使社会主义和马克思主义在中国大地上焕发出勃勃生机，给人民带来更多福祉，使中华民族大踏步赶上时代潮流、迎来伟大复兴的光明前景。

（三）中国特色社会主义理论体系是全国人民团结奋斗的共同思想基础

中国特色社会主义理论体系是中国共产党人长期探索所取得的重大理论成果，它凝结着全党和全国人民的集体智慧，是中国共产党和中国人民宝贵的政治财富和精神财富。这一理论在发展道路、发展阶段、根本任务、发展动力、外部条件、政治保证、战略步骤、领导力量和依靠力量、祖国统一等重大问题上，形成的一系列相互

① 马克思恩格斯选集：第4卷［M］．北京：人民出版社，1995：681.

联系的基本观点，标志着中国共产党对执政规律、社会主义建设规律、人类社会发展规律等三大规律的认识提高到了一个新的高度。同时，中国特色社会主义理论体系是全国各族人民共同的思想基础，是推进中国特色社会主义事业前进的思想保证。

实践永无止境，创新永无止境。中国特色社会主义理论体系是不断发展的开放的理论体系，随着中国特色社会主义实践的不断深化，这个理论体系还将不断得到丰富和发展，并在实践中发挥重要的指导作用，更加焕发出当代中国马克思主义的强大生命力、创造力和感召力。

思考题

1. 如何正确认识马克思主义中国化的伟大意义？
2. 如何正确理解马克思主义中国化的科学内涵？
3. 怎样正确把握毛泽东思想、中国特色社会主义理论体系形成的时代背景和实践基础？
4. 怎样正确把握毛泽东思想的科学体系和主要内容？
5. 怎样正确把握毛泽东思想、中国特色社会主义理论体系的历史地位和指导意义？
6. 如何正确把握邓小平理论、“三个代表”重要思想和科学发展观的思想内涵和重大意义？
7. 如何正确理解马克思主义中国化理论成果之间既一脉相承又与时俱进的关系？
8. 如何科学理解中国特色社会主义理论体系？
9. 为什么说在当代中国，坚持中国特色社会主义理论体系就是真正坚持马克思主义？

上编　毛泽东思想

第一章　新民主主义革命的总路线和基本纲领

以毛泽东同志为主要代表的中国共产党人在领导中国革命的过程中，实现了马克思列宁主义基本原理同中国革命具体实践的结合，形成了新民主主义理论。新民主主义革命的总路线和基本纲领是新民主主义理论的重要组成部分。新民主主义革命，这一伟大而深刻的政治、经济、文化和社会大革命并非凭空产生，它既是近代中国社会自身发展的内在要求，也是中国人民历经千辛万苦的探索而作出的自觉选择。从历史演进的角度来看，它是由旧民主主义革命发展而来的。新民主主义革命的总路线和基本纲领，既是近代中国民族民主革命历史经验的总结，又是指导新民主主义革命夺取最终胜利的思想武器。

第一节　近代中国社会和中国革命

一、近代中国社会的基本国情和历史任务

近代中国的社会性质是半殖民地半封建社会。中国由一个独立的封建社会演变成一个半殖民地半封建社会经历了一个比较长的历史过程。

第一次鸦片战争和中英《南京条约》等第一批不平等条约的签订，成为中国半殖民地半封建化的起点；1856 年开始的第二次鸦片战争和《天津条约》《北京条约》等第二批不平等条约的签订，加

快了向半殖民地半封建社会的演变；中日甲午战争和《马关条约》的签订，使中国社会半殖民地半封建化进一步加深；1900 年八国联军的侵华战争和次年签订的《辛丑条约》，使清政府完全成为帝国主义控制中国的工具，标志着中国半殖民地半封建社会的形成。

鸦片战争后，西方的入侵使中国发生了两方面的变化：一方面，外国资本主义的侵入，使本来领土完整、主权独立的中国，沦为表面上独立、实际上受帝国主义列强共同支配的半殖民地国家。帝国主义列强发动一系列的侵略战争，强迫清政府签订了几百个不平等条约。通过这些不平等条约，帝国主义各国从中国攫取了许多权利。

另一方面，外国资本主义的侵入，对中国原有的延续了几千年的封建经济结构起了很大的解体作用，资本主义在中国有了初步的发展，中国由一个完全的封建社会变为有了一定程度资本主义成分的半封建社会。

由此可见，近代中国的半殖民地半封建社会，是一个特殊的过渡性的社会形态。因而有它自己的许多特点。

第一，帝国主义侵略势力日益成为统治中国的决定性力量。帝国主义列强以武力打败中国，强迫清政府签订不平等条约，从政治、军事、经济和文化各方面牢牢控制了中国，成为近代中国一切灾难和祸害的总根源，也是阻碍中国独立发展的根本原因。

第二，中国的封建势力已经同帝国主义侵略势力狼狈为奸，互相勾结，成为帝国主义奴役近代中国的社会基础。封建势力对外勾结帝国主义，对内残酷剥削人民，是近代中国最反动的势力。辛亥革命后，皇帝和贵族的专制政权被推翻了，代之而起的先是地主阶级的军阀官僚统治，接着是地主阶级和大资产阶级联盟的专政，仍然是近代中国最反动、最黑暗的势力。

第三，外国列强的入侵，使封建时代的自给自足的自然经济基础被破坏了，但封建剥削制度的根基——地主阶级对农民的剥削，不但依旧保持着，而且同买办资本和高利贷资本的剥削结合在一起，在中国的社会经济生活中，占据着明显的优势。

第四，民族资本主义有了某些发展，并在政治、文化生活中起了颇大的作用；但中国民族资本主义是在外国资本主义势力、本国官僚买办资本势力和封建势力的夹缝中产生与发展起来的，经济地位脆弱，始终没有成为中国社会经济的主要形式。

第五，由于帝国主义列强在中国划分势力范围，实行分裂、剥削政策，又由于小农经济的广泛存在，加上中国地域广大，造成中国实际上长期不统一，中国政治、经济、文化的发展表现出极端的不平衡。

第六，在帝国主义和封建主义的双重压迫下，中国广大群众尤其是农民群众，日益贫困化以至大批破产，过着饥寒交迫和毫无政治权利的生活。中国人民经济上的贫困和政治上不自由的程度，是世界所少见的。

正是基于对上述社会特点的认识，毛泽东深刻地指出：帝国主义和中华民族的矛盾，封建主义和人民大众的矛盾，这些就是近代中国社会的主要矛盾。当然还有别的矛盾，例如资产阶级和无产阶级的矛盾，反动统治阶级内部的矛盾。而帝国主义和中华民族的矛盾，乃是各种矛盾中最主要的矛盾。这些矛盾的斗争及其尖锐化，就不能不造成日益发展的革命运动。伟大的中国革命，就是在这些基本矛盾的基础之上发生和发展起来的。

中国近代社会的性质和主要矛盾，不仅成为中国革命发生和发展的根本原因，同时也决定了近代中国革命的对象、任务和性质。鸦片战争以后，中华民族始终面临着两大历史任务：一个是求得民族独立和人民解放，一个是实现国家繁荣富强和人民共同富裕。前一个任务是为后一个任务扫清障碍，创造必要的前提。可以说，中华人民共和国的成立和社会主义制度的建立，第一大历史任务已经完成，现在中国人民正在完成第二大历史任务。

二、中国革命由旧民主主义向新民主主义的转变

鸦片战争后，中国人民为了民族独立、人民解放进行了前仆后继、不屈不挠的英勇斗争。洪秀全领导的太平天国农民战争沉重打击了中国封建统治，教训了外国侵略者。戊戌变法则把近代中国挽救民族危亡和发展资本主义两大目标提到全新的高度，对中国出路进行了可贵的探索。辛亥革命开创了比较完全意义上的资产阶级民主革命，是 20 世纪中国的第一次历史性巨变。

孙中山先生第一个喊出了“振兴中华”的口号，创建了中国同

盟会——近代中国第一个资产阶级政党；在“驱除鞑虏，恢复中华，创立民国，平均地权”的基础上，提出了较完备的民族、民权、民生三民主义纲领；领导了多次武装起义，终于推翻了清王朝，结束了两千余年的封建帝制，建立了中华民国，大大推进了中国政治、经济诸方面的近代化进程。尽管辛亥革命未能改变旧中国的社会性质和人民的悲惨境遇，但为中国的进步打开了闸门，使反动统治秩序再也无法稳定下去了。

由于中国资产阶级的软弱性、妥协性，作为旧民主主义革命高潮的辛亥革命以失败而告终，辛亥革命后的二次革命、护国运动、护法运动也屡战屡败，也说明在近代中国资本主义道路走不通。而20世纪初中国经济政治文化的剧烈变动则为旧民主主义向新民主主义转变创造了条件。这些条件是：经济上，第一次世界大战期间中国民族资本主义的发展；政治上，中国工人阶级的成长和工人运动的发展；思想上，新文化运动和俄国十月革命的影响。

1919年爆发的五四运动，标志着旧民主主义革命向新民主主义革命的转变。五四运动成为中国新民主主义革命的开端。

第一，从时代特点和条件来看，五四运动发生在俄国十月革命之后，发生在无产阶级社会主义革命的新时代。十月革命改变了整个世界历史的方向，划分了整个世界历史的时代。在这个时代，殖民地半殖民地国家如果发生反对帝国主义的革命，客观上就成为无产阶级社会主义世界革命的一部分。中国的民族民主革命，在十月革命后就属于世界无产阶级社会主义革命的一部分了。五四运动的杰出历史意义，就在于它带着为辛亥革命还不曾有的姿态，这就是彻底地不妥协地反帝国主义和彻底地不妥协地反封建主义。五四运动的性质正是体现了这样一个时代特征。

第二，从领导力量看，在五四运动中，中国工人阶级已经作为一支独立的政治力量登上政治舞台，成为运动的主力军。中国工人阶级以中国历史上空前规模的政治大罢工参加运动，表现出高度自觉的爱国主义精神和反帝反封建斗争的坚定性和彻底性，对五四运动的发展起着决定作用。这一事实表明，五四时期的中国工人阶级和辛亥革命相比，其觉悟程度和组织程度已大大提高，中国无产阶级已不再作为资产阶级的追随者参加革命。中国资产阶级民主革命的政治指导者，已经不是属于中国资产阶级，而是属于中国无产阶级了。

第三，从指导思想和发展方向来看，在五四时期，已涌现出一批拥护十月革命的、具有初步共产主义思想的先进分子，成为运动的左翼和领导力量。如李大钊、陈独秀等，他们据以指导运动的武器，已经不是资产阶级民主主义，而是马克思主义的科学社会主义。

五四运动推动了马克思主义同中国工人运动的结合，在中国建立无产阶级政党的条件已基本成熟。1921 年 7 月，中国共产党第一次全国代表大会的召开，宣告了中国共产党的正式成立。中国共产党的成立是中国近代社会经济、政治发展和思想演变的结果，是马克思主义同中国工人运动相结合的产物。自从有了中国共产党，中国革命的面貌就焕然一新了。

第二节　新民主主义革命的总路线和基本纲领

一、新民主主义革命的总路线

总路线是相对于具体路线而言的根本指导路线。中国共产党在新民主主义革命时期的总路线反映了中国革命的基本规律，指明了中国革命的对象、动力、领导力量。1939 年毛泽东在《中国革命和中国共产党》一文中，第一次提出了新民主主义革命的科学概念和总路线的内容。1948 年，他在《在晋绥干部会议上的讲话》中完整地表述了总路线的内容，即无产阶级领导的，人民大众的，反对帝国主义、封建主义和官僚资本主义的革命。

（一）新民主主义革命的对象

分清敌友，这是革命的首要问题。近代中国社会的性质和主要矛盾，决定了中国革命的主要敌人，就是帝国主义、封建主义和官僚资本主义。

鸦片战争以来，中国人民从未间断过反侵略和反封建的斗争。这些斗争不能获胜的根本原因除了没有科学的理论为指导、没有广泛动员群众特别是工农群众外，就是没有认清革命的对象。

中国共产党成立以后，中共二大在全国人民面前第一次明确提出了彻底的反帝反封建的民主革命纲领，解决了80多年没有弄清楚的革命对象问题，为中国革命指明了方向。

第一，帝国主义是中国革命的首要对象，是中国人民第一个和最凶恶的敌人。

近代中国所遭受的最大的压迫是来自帝国主义的民族压迫。帝国主义发动的一系列侵略战争，给中华民族带来了无尽的战祸和灾难，使近代中国变成半殖民地半封建的社会。帝国主义通过野蛮的侵略战争，不但操纵了近代中国的财政和经济命脉，而且操纵了中国的政治和军事力量，是阻碍中国社会进步和发展的首要因素，是近代中国贫穷落后和一切灾祸的总根源。推翻帝国主义的压迫是中国走向独立和富强的前提。

第二，封建主义是中国革命的又一个主要对象。

在近代中国社会里，封建地主阶级是帝国主义统治中国和封建军阀实行专制统治的社会基础。地主阶级的政治统治也是中国经济现代化和政治民主化的主要障碍。毛泽东指出："地主阶级是帝国主义统治中国的主要的社会基础，是用封建制度剥削和压迫农民的阶级，是在政治上、经济上、文化上阻碍中国社会前进而没有丝毫进步作用的阶级。"① 反对封建主义，从根本上说，就是要在经济上消灭封建制度，在政治上消灭军阀的专制统治，消灭地主阶级，解放生产力，为中国的经济现代化和政治民主化创造条件。

帝国主义和封建主义相互勾结，残酷地压迫和掠夺中国人民，严重地阻碍着中国社会向前发展。中国革命"主要地就是打击这两个敌人，就是对外推翻帝国主义压迫的民族革命和对内推翻封建地主压迫的民主革命，而最主要的任务是推翻帝国主义的民族革命。"② 民族革命和民主革命两个基本任务，既是相互区别，又是相互统一的。因为帝国主义是封建地主阶级的靠山，如果不推翻帝国主义的统治，就不能消灭封建地主阶级的统治。反之，因为地主阶级是帝国主义统治中国的主要社会基础，如果不推翻地主阶级，就不能彻底铲除封建制度的根基，组织起强大的革命队伍，推翻帝国主义在中国的统治。

---

① 毛泽东选集：第2卷［M］．北京：人民出版社，1991：638.

② 毛泽东选集：第2卷［M］．北京：人民出版社，1991：637.

第三，官僚资本主义也是中国革命的对象。

新民民主主义革命的主要对象是帝国主义和封建主义。新民主主义革命不是一般地反对资本主义和资产阶级。相反，它允许民族资本主义在中国的发展。它所反对的资本主义，只是官僚资本主义。近代以来，中国资本主义的发展出现了两个既有严格区别又有某种联系的部分。一部分是官僚资本主义，它是中国新民主主义革命的对象；另一部分是民族资本主义，它在新民主主义革命过程中是始终要受到保护的。与此同时，近代中国的资产阶级也分成了两部分，一部分是官僚资产阶级（又称大资产阶级、买办资产阶级），它是新民主主义革命的对象；另一部分是民族资产阶级（又称中等资产阶级、中产阶级），它是新民主主义革命的力量之一。

反对官僚资本主义，并非因为它是资本主义，而是因为官僚资本主义是垄断资本和反动国家政权结合在一起的国家垄断资本主义。这个国家垄断资本主义，同外国帝国主义、本国地主阶级和旧式富农密切地结合着，成为蒋介石反动政权的经济基础。这个国家垄断资本主义，不但压迫工人、农民，而且压迫城市小资产阶级，损害民族资产阶级。它依靠帝国主义，勾结封建势力，它的存在和发展不但不会带来社会生产力的进步，相反，却严重地阻碍着社会生产力的发展。所以，没收官僚资本，消灭官僚资产阶级，便成为新民主主义革命的基本内容之一。

（二）新民主主义革命的动力

新民主主义革命的动力是工人阶级、农民阶级、城市小资产阶级和民族资产阶级。

第一，农民是中国革命的主力军，其中的贫农是无产阶级最可靠的同盟军，而中农是无产阶级可靠的同盟军。

在半殖民地半封建的中国社会里，农民占全国人口的80%以上，他们深受帝国主义、封建主义和官僚资本主义的压迫和剥削，具有强烈的反帝反封建的革命要求。农民问题是中国革命的基本问题，新民主主义革命实质上就是中国共产党领导下的农民革命，中国革命战争实质上就是党领导下的农民战争。工人阶级只有与农民结成巩固的联盟，才能形成强大的力量，才能完成反帝反封建的革命任务。工人阶级对于农民的领导，是实现革命领导权的基础。没有工人阶级及其政党的领导，农民的革命动力作用无法得到充分发挥。

第二，小资产阶级是中国的基本动力。

农民以外的小资产阶级，包括城市小资产阶级，包括广大的知识分子、小商人、手工业者和自由职业者，同样受帝国主义、封建主义和官僚资本主义的压迫。因此，城市小资产阶级同样是中国革命的动力之一，是无产阶级的可靠同盟者。

第三，民族资产阶级也是中国革命的动力之一。

民族资产阶级是一个带有两面性的阶级。一方面，民族资产阶级既受帝国主义的压迫，又受封建主义的束缚，它同帝国主义和封建主义有矛盾，是革命的力量之一；另一方面，由于它在经济上和政治上与帝国主义和封建主义有着千丝万缕的联系，没有彻底的反帝反封建的勇气，在革命的关键时刻表现出明显的动摇性。民族资产阶级的这种两重性，决定了它在一定时期中和一定程度上能够参加反帝反封建的革命，而在另一时期，又有跟在官僚资产阶级后面反对革命的危险。因此，它虽然也是新民主主义革命的力量之一，但既不能充当革命的主要力量，更不可能是革命的领导力量。中国共产党对民族资产阶级的政策是在政治上争取它，对其动摇性和妥协性进行批评和斗争，在经济上实行保护民族工商业的政策，又斗争又联合，是合乎实际的，是争取革命胜利的需要。

（三）新民主主义革命的领导

新民主主义革命的核心问题是无产阶级领导权问题。革命领导权掌握在资产阶级手中还是掌握在无产阶级手中，这是旧民主主义革命和新民主主义革命的最根本的区别。1925 年中共四大明确提出了坚持无产阶级领导权和工农联盟的思想。

中国革命的敌人是异常强大的。中国要获得民族独立和人民解放，必须要有一个强有力的领导阶级。毛泽东在《论人民民主专政》中明确指出，中国近代旧民主主义革命的失败，证明农民阶级、城市小资产阶级特别是民族资产阶级不能领导中国民主革命取得彻底胜利。中国革命客观上要求有新的领导阶级，走新的道路。中国无产阶级正是顺应了时代的要求，成为中国革命的领导阶级。

中国无产阶级除了具有与先进的生产方式相联系、没有私人占有的生产资料、富于组织纪律性等一般无产阶级的基本优点外，还具有自身的特点和优势。一是它从诞生之日起，就身受外国资本主义、本国封建势力和资产阶级的三重压迫，而这些压迫的严重性和残酷性，是世界各民族中少见的，这就形成了中国无产阶级坚决的斗争性和彻底的革命性。二是它分布集中，有利于无产阶级队伍的组织和团结，有利于革命思想的传播并形成强大的革命力量。三是它的成员中的大部分出身于破产农民，和农民有着天然的联系，使无产阶级便于和农民结成亲密的联盟，共同团结战斗。中国无产阶级的这些特点和优势，特别是它开始走上革命舞台时，就在本阶级的革命政党——中国共产党——的领导之下，成为中国社会最有觉悟的阶级，从而使它能够成为中国革命的领导力量。无产阶级及其政党——中国共产党——的领导，是中国革命取得胜利的根本保证。

无产阶级及其政党对中国革命的领导权不是自然而然得来的，而是在与资产阶级争夺领导权的斗争中实现的。毛泽东指出："领导的阶级和政党，要实现自己对于被领导的阶级、阶层、政党和人民团体的领导，必须具备两个条件：（甲）率领被领导者（同盟者）向着共同敌人作坚决的斗争，并取得胜利；（乙）对被领导者给以物质福利，至少不损害其利益，同时对被领导者给以政治教育。没有这两个条件或两个条件缺一就不能实现领导。"① 无产阶级及其政党实现对各革命阶级的领导，必须建立以工农联盟为基础的广泛的统一战线，这是实现领导权的关键。中国的新民主主义革命，实质上就是无产阶级领导下的农民革命。中国革命的一些基本理论和实践问题，都和农民问题紧密地联系着。因此，首先必须建立巩固的工农联盟。无产阶级在同资产阶级建立统一战线时，必须坚持独立自主的原则，保持党在思想上、政治上和组织上的独立性，实行又联合又斗争的方针，这是坚持领导权的基本策略。无产阶级要保持在民主革命中的领导权，就必须建立和发展人民的革命武装力量，坚持党的指挥的原则。建立无产阶级领导的以农民为主体的强大的革命武装，是保证领导权的坚强支柱；加强无产阶级政党的建设，是实现领导权的根本保证。

---

① 毛泽东选集：第4卷［M］. 北京：人民出版社，1991：1273.

（四）新民主主义革命的性质和前途

近代中国半殖民地半封建社会的性质和中国的历史任务，决定了中国革命的性质不是无产阶级社会主义革命，而是资产阶级民主主义革命。

毛泽东指出，既然中国还是一个封建经济占明显优势的半殖民地半封建社会，而现阶段的革命是为了终结这个半殖民地半封建社会形态；既然中国革命的对象主要是帝国主义和封建主义势力，革命的任务是为了推翻这两个主要敌人的民族革命和民主革命；既然这个革命还有资产阶级参加，它还曾领导过这个革命；既然这个革命的经济政策不是一般地废除私有财产，而是一般地保护私有财产，具体地说就是要把封建地主土地私有制变为农民土地所有制，为民族资本主义的发展扫清道路并保护之，所以，现阶段中国革命的性质，就不是无产阶级社会主义革命，而是资产阶级民主主义革命。但是，中国革命已不是旧式的、一般的资产阶级民主主义的革命，而是新的民主主义革命。

新民主主义革命与旧民主主义革命相比有其新的内容和特点，集中表现在中国新民主主义革命处于世界无产阶级社会主义革命的时代，是世界无产阶级社会主义革命的一部分；革命的领导力量是中国无产阶级及其先锋队——中国共产党；革命的指导思想是马克思列宁主义；革命的前途是社会主义而不是资本主义。新民主主义革命与社会主义革命性质不同。新民主主义革命仍然属于资产阶级民主主义的革命范畴，它推翻帝国主义、封建主义和官僚资本主义的反动统治，在政治上争取和联合民族资产阶级去反对共同的敌人；在经济上保护民族工商业，容许有利于国计民生的私人资本主义发展。它要建立的是无产阶级领导的各个革命阶级的联合专政，而不是无产阶级专政。社会主义革命是无产阶级性质的革命，它所要实现的目标是消灭资本主义剥削制度和改造小生产的私有制。

新民主主义革命与社会主义革命又是互相联系、紧密衔接的，中间不容横插一个资产阶级专政。毛泽东把新民主主义革命和社会主义革命比喻为文章的上篇和下篇。“两篇文章，上篇与下篇，只有上篇做好，下篇才能做好。坚决地领导民主革命，是争取社会主义胜利的条件。"① "民主主义革命是社会主义革命的必要准备，社会主义革命是民主主义革命的必然趋势。"② 只有认清民主主义革命和社会主义革命的区别，同时又认清两者的联系，才能正确地领导中国革命。

二、新民主主义的基本纲领

一个政党的纲领，是公开树立起来的一面旗帜，是表明党的性质的重要标志。1940 年，毛泽东在《新民主主义论》中阐述了新民主主义的政治、经济和文化纲领。1945 年，他在党的七大所作的《论联合政府》的政治报告中，进一步把新民主主义的政治、经济和文化与党的基本纲领联系起来，进行了具体阐述。新民主主义基本纲领是新民主主义革命总路线的具体展开和体现，为新民主主义革命指明了具体奋斗目标。

（一）新民主主义的政治纲领

新民主主义的政治纲领是：推翻帝国主义和封建主义的统治，建立一个无产阶级领导的、以工农联盟为基础的、各革命阶级联合专政的新民主主义的共和国。新民主主义共和国既不同于欧美式的资产阶级专政的共和国，又和苏联式的无产阶级专政的社会主义共和国相区别。新民主主义共和国，"这是一定历史时期的形式，因而是过渡的形式，但是不可移易的必要的形式"③。

新民主主义国家的国体是无产阶级领导的以工农联盟为基础，包括小资产阶级、民族资产阶级和其他反帝反封建的人们在内的各革命阶级的联合专政。毛泽东指出：在"全世界多种多样的国家体制中，按其政权的阶级性质来划分，基本地不外乎这三种：（甲）资产阶级专政的共和国；（乙）无产阶级专政的共和国；（丙）几个革命阶级联合专政的共和国"④。资产阶级共和国的道路已被实践证明在中国行不通，而中国社会的性质决定了中国革命的历史进程必须分两步走，第一步是建立新民主主义共和国，无产阶级专政的共和

① 毛泽东选集：第 1 卷［M］. 北京：人民出版社，1991：276.
② 毛泽东选集：第 2 卷［M］. 北京：人民出版社，1991：651.
③ 毛泽东选集：第 2 卷［M］. 北京：人民出版社，1991：675.
④ 毛泽东选集：第 2 卷［M］. 北京：人民出版社，1991：675.

国是将来才能实现的目标。与新民主主义国体相适应的政体是实行民主集中制的人民代表大会制度。新民主主义国家的国体决定了人民当家做主，由人民行使管理国家的一切权力，这是新民主主义国家制度的核心内容和基本准则，而人民代表大会制度能够最直接、最全面地体现这一核心内容和准则。总之，国体——各革命阶级联合专政，政体——民主集中制的人民代表大会制度，这就是新民主主义政治。

（二）新民主主义的经济纲领

新民主主义的经济纲领是：没收封建地主阶级的土地归农民所有，没收官僚资产阶级的垄断资本归新民主主义的国家所有，保护民族工商业。

“没收封建地主阶级的土地归农民所有”，是新民主主义革命的主要内容。在半殖民地半封建的中国，土地制度极不合理，要解放农村生产力，改变中国贫穷落后的面貌，必须废除封建地主土地所有制，进行土地革命，实行“耕者有其田”，以扫除封建的剥削关系，把土地变为农民的私产，发展农民的个体经济，解放农村生产力。党在民主革命时期，逐步认识到土地革命的极端重要性，形成了土地革命路线，这就是依靠贫雇农，团结中农，有步骤、有分别地消灭封建剥削制度，发展农业生产。

“没收官僚资本归新民主主义国家所有”，是新民主主义革命的题中应有之义。反对官僚资本主义并非因为它是资本主义，而是因为这种资本主义同外国帝国主义、本国地主阶级和旧式富农密切地结合着，是一种买办的封建的国家垄断资本主义。没收官僚资本，包含着新民主主义革命和社会主义革命的双重性质。通过没收官僚资本建立起来的具有社会主义性质的国营经济，在新民主主义社会的多种经济成分中居于领导地位，为建立新民主主义的国家政权，实现向社会主义的过渡奠定了坚实的基础。

“保护民族工商业”，是新民主主义经济纲领中极具特色的一项内容。在新民主主义条件下保护民族工商业，发展资本主义，是由中国落后的生产力和新民主主义革命的性质所决定的。新民主主义革命的对象是帝国主义、封建主义和官僚资本主义，而不是一般地消灭资本主义和资产阶级。同官僚资产阶级相比，民族资产阶级与帝国主义和封建主义联系较少。民族资本主义经济，是一种与新生产力相联系的先进的生产方式和经济成分，它对发展现代技术、发展社会生产力具有积极的作用。因此，对民族资本主义工商业必须采取保护的政策。毛泽东指出："拿资本主义的某种发展去代替外国帝国主义和本国封建主义的压迫，不但是一个进步，而且是一个不可避免的过程。它不但有利于资产阶级，同时也有利于无产阶级，或者说更有利于无产阶级。"① 在新民主主义的国家制度下，让私人资本主义经济在不能操纵国计民生的范围内获得发展的便利，有益于社会向前发展。因此，这种保护不是无条件的。需要保护和发展的资本主义，是有利于而不是有害于国计民生的私人资本主义经济，是不能操纵国计民生的资本主义。

（三）新民主主义的文化纲领

新民主主义的政治和经济，必须要有与之相适应的新民主主义文化。新民主主义文化就是无产阶级领导的人民大众的反帝反封建的文化，即民族的、科学的、大众的文化。在新民主主义文化中居于指导地位的是共产主义思想。

新民主主义文化是民族的，就其内容来说是反对帝国主义压迫，主张中华民族的尊严和独立的；就其形式来说是具有鲜明的民族风格、民族形式和民族特色，要有中国作风和中国气派。新民主主义文化是科学的，是反对一切封建思想和迷信思想，主张实事求是、客观真理及理论和实践的一致性。对于封建时代创造的文化，应剔除其封建糟粕，吸收其民主性精华。同时要尊重中国的历史，反对民族虚无主义，以历史唯物主义的态度对待古今中外文化，发展民族新文化，提高民族自信心。新民主主义文化是为全民族中 90% 以上的工农大众服务的，是人民大众的文化，也就是民主的文化。文化工作者要用革命文化教育和武装人民大众，使它成为人民大众的有力思想武器；同时又要以人民群众的实践作为创作的源泉，坚持为人民大众服务的方向。

总之，新民主主义的政治、新民主主义的经济和新民主主义的文化相结合，就是新民主主义的共和国。

---

① 毛泽东选集：第3卷［M］. 北京：人民出版社，1991：1060.

思考题

1. 怎样理解新民主主义革命是新式的资产阶级民主革命?

2. 新民主主义革命总路线的主要内容是什么?如何理解新民主主义革命的领导权问题?

3. 新民主主义的政治、经济和文化纲领是什么?

第二章　新民主主义革命的道路和基本经验

在近代中国这样一个半殖民地半封建的东方大国进行革命，中国革命应该走什么样的道路？以毛泽东为代表的中国共产党人，反对把马克思主义教条化、把共产国际决议和苏联经验神圣化的错误倾向，坚持马克思列宁主义基本原理与中国革命具体实践相结合，走出了一条农村包围城市，武装夺取政权的新道路。在总结革命经验的基础上，系统阐述了统一战线、武装斗争和党的建设问题，指出这是中国共产党在中国革命中战胜敌人的三大法宝。揭示了中国革命发展的客观规律。成为独具特色的新民主主义革命理论的重要组成部分。

第一节　农村包围城市、武装夺取政权道路和理论

一、农村包围城市的革命发展道路

中国革命应该走什么样的道路，党对这一问题的认识，经过了一个逐步探索的过程。在西方，无论是资产阶级革命还是无产阶级革命，几乎都是在大城市展开的。在马克思、列宁的著作里，无产阶级革命的重点也总是放在城市。俄国十月革命正是实践“城市中心论”成功的典型。从此，无产阶级及其政党通过中心城市的武装起义夺取政权，似乎成为一切国家共产党人夺取革命胜利的唯一道路。

国民革命的失败，促使中国共产党人深刻认识到了“枪杆子里面出政权”的道理，从此，中国共产党义无反顾地走上了独立创建人民军队和武装反抗国民党反动统治的革命道路。但是，武装斗争的主攻方向指向哪里，成为党面临的必须予以正确解决的新问题。

受巴黎公社和十月革命中心城市起义模式的影响，中国共产党从一开始就把党的工作重心放在城市。即使在国民革命失败后，党的工作重心仍然放在中心城市的暴动方面。然而，以夺取中心城市为目标的一系列武装起义接连失败的残酷现实，使中国共产党人不得不思考中国革命的道路到底应该怎样走，如何才能使中国革命到达胜利的彼岸。这是中国革命中一个最基本的问题。解决这一问题的关键，在于能不能认识到中国国情的特殊性，能不能真正认识中国革命发展的特殊规律。

1927 年秋，毛泽东在领导秋收起义的过程中，果断地放弃了攻打长沙的计划，将武装起义的主攻方向由中心城市转向了农村，创建了井冈山革命根据地。并在这一过程中，潜心研究中国革命道路的理论。1928 年 10 月和 11 月，毛泽东在《中国的红色政权为什么能够存在?》和《井冈山的斗争》等文章中，分析了处于白色政权包围的环境中，农村革命根据地政权发生、发展的原因和条件，提出了“工农武装割据”的思想，为农村包围城市道路理论的形成奠定了基础。1930 年 1 月，毛泽东针对党内对时局估量的悲观思想，在《星星之火，可以燎原》一文中，回答了“红旗到底打得多久”的疑问。毛泽东科学地分析了中国社会的各种深刻矛盾，认为当时的红色政权虽然还很小，但是中国革命肯定会很快发展起来。这篇文章初步形成了以乡村为中心、先在农村建立和发展红色政权，待条件成熟时再夺取全国政权的思想。

红军长征到达陕北后，毛泽东深入分析了近代中国的国情，论述了中国革命的长期性和不平衡性等特点，进一步丰富了农村包围城市的整体战略思想。1938 年 11 月，他在《战争和战略问题》中明确指出：“共产党的任务，基本地不是经过长期合法斗争以进入起义和战争，也不是先占城市后取乡村，而是走相反的道路。”① 从此把经过长期武装斗争，先占乡村，后取城市，最后夺取全国胜利，作为革命道路确立下来。

二、农村包围城市、武装夺取政权道路的依据及其内容

中国革命必须走农村包围城市、武装夺取政权的道路，是由中

① 毛泽东选集：第 2 卷［M］．北京：人民出版社，1991：542.

国的具体国情决定的。在近代中国这个半殖民地半封建社会里，内无民主制度而受封建主义的压迫，外无民族独立而受帝国主义的压迫。中国的无产阶级根本不可能像在资本主义国家那样，先在城市经过长期的、公开的合法斗争，然后再组织武装起义，夺取政权。中国革命的主要斗争形式只能是武装斗争，以革命的武装消灭反革命的武装，相应的主要组织形式必然是军队。

近代中国农民占全国人口的绝大多数，是无产阶级可靠的同盟军和革命的主力军。只有实行土地革命，解决农民的土地问题，才有可能把农民充分发动起来，摧毁帝国主义和封建地主阶级反动统治的基础。因此，无产阶级及其政党必须派遣自己的先锋队深入农村，从解决农民的土地问题入手，组织、发动和武装农民，使革命战争获得广大农民的支持和参加，获得广大的群众基础，为最后夺取全国政权奠定基础。

中国革命的敌人虽然建立了庞大的反革命军队，并长期占据着中心城市，而农村则是其统治的薄弱环节。无产阶级及其政党必须将工作重心放在农村，在农村长期积蓄和锻炼自己的力量。只有把农村建设成先进的、巩固的革命根据地，才能与占据着中心城市的敌人进行长期有效的斗争。以农村包围城市，逐步夺取城市，取得革命的最后胜利。

中国走农村包围城市、武装夺取政权的道路具有现实的可能性，近代中国是一个政治、经济、文化发展极不平衡的半殖民地半封建的大国。中国经济政治发展不平衡，没有统一的资本主义经济，自给自足的自然经济广泛存在，这就为在农村建立革命根据地提供了条件。由于中国是一个大国，革命力量大有回旋余地，而帝国主义国家的间接统治及其互相间的矛盾和斗争，造成了军阀割据的局面和连绵不断的军阀混战，又使红色政权获得存在和发展的缝隙。这是农村革命根据地能够在中国存在和发展的根本原因。红色政权首先发生和能够长期存在的地方，往往是在那些受过大革命影响、曾经有过高涨的革命群众运动的地方，这为农村革命根据地的建立奠定了较好的群众基础。全国革命形势的继续向前发展，是中国红色政权能够存在和发展的又一重要的客观条件。而相当力量正式红军的存在，党的领导及其正确的政策则是红色政权能够存在和发展的主观原因和条件。

中国革命走农村包围城市、武装夺取政权的道路，必须处理好土地革命、武装斗争、农村革命根据地建设三者之间的关系。土地革命是民主革命的基本内容；武装斗争是中国革命的主要形式，是农村根据地建设和土地革命的强有力的保证；农村革命根据地是中国革命的战略阵地，是进行武装斗争和开展土地革命的依托。要在中国共产党的领导下，实现土地革命、武装斗争、农村革命根据地建设三者的密切结合和有机统一。

三、中国革命道路理论的意义

农村包围城市，武装夺取政权道路理论，具有伟大而深远的意义。

第一，农村包围城市的革命发展道路，是中国革命唯一正确的革命道路。历史证明：这条道路是中国共产党人经过二十多年的流血牺牲，历经千辛万苦探索出来的，是符合中国国情的正确革命道路。只有沿着这条道路前进，革命才能顺利地发展；如果背离了这条道路，中国革命就遭受挫折或失败。

第二，农村包围城市革命道路的理论，是以毛泽东为代表的中国共产党人，坚持实事求是的原则，一切从实际出发，把马克思主义原理同中国革命实践相结合的产物，是马克思主义中国化的重要成果。

第三，农村包围城市、武装夺取政权的理论的产生、发展和完善，对马克思主义理论宝库作出了独创性的贡献，为殖民地半殖民地国家的人民进行革命夺取政权树立了榜样。

第四，这条革命发展道路的理论及其实现，自始至终贯穿的基本思想就是马克思主义原理同中国革命实践相结合，走自己的路，对于中国进行社会主义建设具有启迪意义。邓小平说："过去搞民主革命，要适合中国情况，走马克思同志开辟的农村包围城市的道路。现在搞建设，也要适合中国情况，走出一条中国式的现代化道路。"①

① 邓小平文选：第2卷［M］. 北京：人民出版社，1994：163.

第二节　新民主主义革命的三大法宝

1939 年 10 月，毛泽东在《〈共产党人〉发刊词》一文中，总结了中国革命两次胜利和两次失败的经验教训，揭示了中国革命发展的客观规律，指出："统一战线，武装斗争，党的建设，是中国共产党在中国革命中战胜敌人的三个法宝，三个主要的法宝。"① 这是对中国革命经验的科学总结，是新民主主义革命理论科学体系的又一重要组成部分。正确地理解和处理了这三个问题及其相互关系，就等于正确地领导了全部中国革命。

一、统一战线

统一战线问题是无产阶级政党策略思想的重要内容。建立最广泛的统一战线，首先是由中国半殖民地半封建社会的阶级状况所决定的。毛泽东指出："中国社会是一个两头小中间大的社会，无产阶级和地主大资产阶级都只占少数，最广大的人民是农民、城市小资产阶级以及其他的中间阶级。"② 作为无产阶级先锋队的中国共产党所领导的革命力量，要战胜作为地主阶级和官僚资产阶级集中代表的国民党所领导的强大的反革命力量，就必须把农民、城市小资产阶级以及其他的中间阶级都团结在自己的周围，结成最广泛的统一战线。其次是由中国革命的长期性、残酷性及其发展的不平衡性所决定的。中国政治经济发展的不平衡性也造成了革命发展的不平衡性，这就使得无产阶级及其政党有必要采取正确的统一战线的策略，把一切可以团结和利用的力量尽可能团结在自己的周围，以逐步从根本上改变敌强我弱的态势，夺取中国革命的最终胜利。

在半殖民地半封建的中国社会，诸多矛盾交织在一起，客观上为无产阶级及其政党利用这些矛盾建立和发展统一战线提供了可能性。近代中国社会最大的压迫是民族压迫，决定了无产阶级及其政党可以把一切爱国的、不愿受帝国主义奴役的人们团结在自己的周围。民族资产阶级深受帝国主义和封建主义的压迫，因而能够在一

---

① 毛泽东选集：第 2 卷［M］. 北京：人民出版社，1991：606.

② 毛泽东选集：第 3 卷［M］. 北京：人民出版社，1991：808.

定时期和一定程度上参加反帝反封建的革命斗争。当革命的锋芒主要是反对某一个帝国主义的时候，属于别的帝国主义系统的官僚资产阶级集团也可能在一定程度上和一定时期内参加统一战线。

中国共产党领导的革命统一战线，包含着两个联盟：一个是工人阶级同农民阶级、广大知识分子及其他劳动者的联盟，主要是工农联盟；另一个是工人阶级和非劳动人民的联盟，主要是与民族资产阶级的联盟。第一个联盟是统一战线的基础，只有争取农民、知识分子和其他劳动人民，巩固工农联盟，才能实现党对统一战线的领导权。同时，第二个联盟也非常重要，只有建立这个联盟，联合一切可以联合的力量，壮大自己，孤立主要的敌人，无产阶级及其政党才能掌握中国革命的全部领导权，中国革命的胜利才有完全的保障。

党在领导建立和巩固抗日民族统一战线的实践中，强调必须坚持独立自主的原则，保持党在思想上、政治上和组织上的独立性。在统一战线中，存在着不同阶级、不同政治力量和不同派别，由于各个阶级在不同时期有不同的要求而表现出不同的政治态度。因此，在革命进程中，必须坚持发展进步势力、争取中间势力、孤立顽固势力的策略方针。对反共顽固派采取既团结又斗争、以斗争求团结的政策，利用矛盾，争取多数，反对少数，各个击破。在同顽固派进行斗争时，坚持有理、有利、有节的原则。

新民主主义革命时期，党领导的统一战线，先后经过了第一次国共合作的统一战线、工农民主统一战线、抗日民族统一战线、人民民主统一战线等几个时期，积累了丰富的经验。其中最根本的经验就是正确处理好与资产阶级的关系。当党能够正确处理与资产阶级建立统一战线或被迫分裂统一战线问题时，党的发展和巩固就会前进；反之，党的发展和巩固就会后退。

二、武装斗争

武装斗争是中国革命的特点和优点之一。与资本主义国家不同，中国是一个半殖民地半封建社会，在内部没有民主制度而受封建制度压迫，在外部没有民族独立而受帝国主义压迫。因此，无产阶级和广大人民群众无议会可以利用，无组织工人举行罢工的合法权利。

这种特殊的国情，决定了中国共产党不可能像资本主义国家的无产阶级那样，建立公开合法的组织，通过长期合法斗争来教育人民和积蓄力量。革命人民只有武装起来，以武装的革命反对武装的反革命。毛泽东指出："在中国，离开了武装斗争，就没有无产阶级的地位，就没有人民的地位，就没有共产党的地位，就没有革命的胜利。"① 中国革命的胜利，主要是依靠中国共产党所领导的与广大人民群众血肉相连的完全新型的人民军队，通过长期人民战争战胜强大敌人取得的。坚持武装斗争必须建立一支人民军队，没有一支人民的军队，便没有人民的一切，就不可能有人民的解放和国家的独立。

这支军队只能是而且必须是在中国共产党的绝对领导下的人民军队，坚持党对军队的绝对领导，是建设新型人民军队的根本原则，是保持人民军队无产阶级性质和建军宗旨的根本前提，也是毛泽东建军思想的核心。

这支军队以全心全意为人民服务为唯一宗旨。坚持全心全意为人民服务的宗旨，是建设新型人民军队的基本前提，也是人民军队一切行动的根本准则和一切工作的出发点与归宿。它集中体现了人民军队的本质，是人民军队立于不败之地的根本所在。

由于中国革命战争长期处于敌强我弱的特殊历史条件下，面对无论在数量上还是装备上都占绝对优势的强大敌人，以毛泽东为主要代表的中国共产党人在加强人民军队建设的同时，在深入研究中国革命战争的特点和规律的基础上，形成了一整套以少胜多、以弱胜强的人民战争的理论和一系列的战略战术原则。

强调武装斗争，并不意味着忽视其他的斗争形式。武装斗争必须同其他战线上的斗争直接或间接地配合起来，才能取得革命的胜利。但必须明确，其他斗争形式都要服从和服务于革命战争这个主要斗争形式。

三、党的建设

为了实现共产党对革命的领导权，党必须不断地加强自身的建

① 毛泽东选集：第2卷［M］. 北京：人民出版社，1991：610.

设。在国际共产主义运动中，无论是马克思、恩格斯，还是列宁，都是主要在城市环境中、在工人群众中建设无产阶级政党。在半殖民地半封建的中国的农村和战争环境中开展党的建设，不仅是一个崭新的课题，而且是一项十分艰巨和复杂的历史任务。

在中国建设一个马克思主义政党，既有有利条件，也有特殊的困难。

有利条件是：第一，中国共产党是在俄国十月革命影响下，在共产国际的直接帮助下建立的。党从成立之日起，就以马克思主义理论为指导，坚持了马克思列宁主义的建党原则，党的建设有一个良好的思想基础。第二，中国的工人阶级身受帝国主义、封建主义和资本主义的三重压迫，没有欧洲那样的工人贵族阶层，除少数工贼外，整个阶级都有坚决的革命性，党的建设有一个良好的阶级基础。第三，以毛泽东为主要代表的中国共产党人十分重视党的建设，并把马克思列宁主义建党学说与中国革命的具体实际相结合，形成了中国共产党人自身特色的建党理论，党的建设有锐利的思想武器。

特殊困难是：第一，党的建设理论准备不足。党成立时，马克思主义在中国传播的时间还不长，党成立后又忙于实际斗争，无暇从事理论研究，总结斗争经验，理论的学习和研究都落后于实践。第二，中国是一个有着几千年封建历史的国家，近代中国又是一个半殖民地半封建国家，封建思想的遗毒对党的影响较深，党还时刻处于农民和小资产阶级思想的包围之中。第三，共产国际在很长一段时间内影响、甚至控制过中国共产党，它对中国共产党的不适当干预和党内教条主义倾向都给党的建设带来特殊困难。

1939 年 10 月，毛泽东在《〈共产党人〉发刊词》中指出：在半殖民地半封建的中国，建设一个全国范围的、广大群众性的、思想上政治上组织上完全巩固的马克思主义的工人阶级政党，是一项伟大的工程。以毛泽东为主要代表的中国共产党人充分利用有利条件，克服各种困难，坚持不懈地抓党的建设，使中国共产党真正成为了中国革命的领导核心，成为了中国最广大人民群众的忠实代表。

中国共产党要领导革命取得胜利，必须不断加强党的思想建设、组织建设和作风建设。加强党的建设，必须把思想建设始终放在首位，克服党内的非无产阶级思想。在加强党的思想建设的同时，必须加强党的组织建设和作风建设，必须把党的建设同党的政治路线紧密联系起来。这些是新民主主义革命时期党的建设的主要经验。党在领导新民主主义革命的过程中，把党的建设作为一项“伟大的工程”，逐步形成了理论和实践相结合的作风、和人民群众紧密地联系在一起的作风以及自我批评的作风，这是中国共产党区别于其他任何政党的显著标志。

中国共产党对统一战线、武装斗争和党的建设这三个基本问题的认识是逐步明确的。大革命时期，处于幼年时期的中国共产党对于中国的历史状况和社会状况、中国革命的特点、中国革命的规律都懂得不多，在统一战线、武装斗争和党的建设三个基本问题上都没有经验。因此，这一阶段党的组织虽然有过很大的发展，但是没有巩固；党的手里有了一批革命武装，但是没有掌握住。

大革命失败后，党对武装斗争的认识有了提高，发动了武装起义，建立了党领导的人民军队，开展了农村游击战争，开辟了建立人民政权的道路。党创造了坚强的人民军队，因此也学会了战争的艺术。但在这一时期，党内“左”倾教条主义者仍主张“城市中心论”，特别是对统一战线的重要性缺乏认识，在同国民党反动派进行斗争时，把中间势力当作最危险的敌人，把反对资本主义同反帝反封建相提并论，而在革命战争的指导上又犯了“左”倾教条主义错误。其直接结果是红军被迫进行长征，革命事业遭受严重挫折。

抗日战争时期，党总结了以前两个阶段的经验教训，建立了抗日民族统一战线，进行了伟大的抗日战争。党的组织已经从狭小的圈子里走了出来，变成了全国性的大党。毛泽东系统地论述了统一战线、武装斗争和党的建设三者之间的关系。他指出，统一战线和武装斗争是中国革命的两个基本特点，是战胜敌人的两个基本武器。统一战线是实行武装斗争的统一战线，武装斗争是统一战线的中心支柱，党的组织则是掌握统一战线和武装斗争这两个武器以实行对敌冲锋陷阵的英勇战士。

1949 年，毛泽东在《论人民民主专政》一文中，对新民主主义革命的基本经验作了集中概括：“一个有纪律的，有马克思列宁主义的理论武装的，采取自我批评方法的，联系人民群众的党。一个由这样的党领导的军队。一个由这样的党领导的各革命阶级各革命派别的统一战线。这三件是我们战胜敌人的主要武器。这些都是我们区别于前人的。依靠这三件，使我们取得了基本的胜利。”① 毛泽东关于新民主主义革命基本经验的总结，丰富和发展了马克思主义关于无产阶级领导人民革命的理论。

思考题

1. 如何认识中国革命走农村包围城市、武装夺取政权道路的必要性及重大意义？

2. 如何认识以毛泽东为主要代表的中国共产党人为开辟农村包围城市、武装夺取政权道路作出的巨大贡献？

3. 如何理解新民主主义革命三大法宝及其相互关系？

---

① 毛泽东选集：第4卷［M］. 北京：人民出版社，1991：1480.

第三章　新民主主义的国家政权理论

马克思列宁主义认为，一切革命的根本问题是国家政权问题。在这个根本问题上，中国共产党的认识经历了一个曲折发展的历程。从不参加国民政府工作到武装夺取政权；从建立工农苏维埃到提出各革命阶级的联合专政，并最终形成了建立以无产阶级为领导的、以工农联盟为基础的人民民主专政的国家政权理论。人民民主专政的建立，是近代中国历史发展的必然结果，也是中国新民主主义革命的经验总结。

第一节　从工农苏维埃到民主联合政府

一、苏维埃政权与抗日民主政权

无产阶级革命的最终目的，就是要推翻资产阶级专政，建立无产阶级专政的国家政权。以马克思主义为指导思想的中国共产党从成立之日起，就把马克思主义的这个基本原则鲜明地写在自己的纲领上。但在中国这样一个半殖民地半封建的落后国家，无产阶级在民主革命进程中要不要建立自己的政权，以及建立什么样的国家政权，在一段较长的时期内，党内许多同志并没有弄清楚。

第一次国共合作破裂后，代表大地主大资产阶级利益的蒋介石集团在南京建立了新的国民党政权。为了推翻蒋介石国民党的反动统治，中国共产党在全国各地先后发动了一百多次武装起义和工农暴动，从此开始了中国共产党独立领导革命和武装夺取政权的新时期。

八一南昌起义时，成立了以国民党左派领袖宋庆龄为首，包括周恩来等共产党人参加的革命组织——国民党革命委员会。但由于南昌起义不久遭到失败，这个仍然属于统一战线性质的政权组织也随之流产。湘赣边界秋收起义时，毛泽东决定不再用国民党的名义，首次明确提出了建立工农政权的思想。起义部队到达井冈山地区后不久，就建立了湘赣边界第一个县级红色政权——茶陵县工农兵政府。接着边界其他县也相继建立了工农兵政府。广州起义中也曾建立了以共产党人苏兆征为主席（未到职，由广东省委书记张太雷代理）的革命政权——广州苏维埃政府。但三天后，广州苏维埃政府随着起义的失败而不复存在。

与中心城市建立的革命政权遭到失败的结局不同，各农村革命根据地建立的革命政权基本上都得到了巩固和发展。

各革命根据地政权建立的初期，其名称很不一致。有的叫革命委员会，有的叫工农兵政府，有的叫工农苏维埃，等等。到 1928 年，中共六大提出的中国革命十大纲领第五条明确规定："推翻军阀国民党政府，建立工农兵代表会议（苏维埃）政府。"此后，人们把这种代表工农兵利益的新政权都叫做苏维埃政权。农村革命根据地巩固和扩大的客观形势要求建立各根据地统一的全国性革命政权。1931 年 11 月 7 日至 20 日，在江西瑞金召开了中华苏维埃第一次全国代表大会，通过了《中华苏维埃共和国宪法草案》，选举成立了以毛泽东为主席，项英、张国焘为副主席的临时中央执行委员会，宣告中华苏维埃共和国成立。"苏维埃"一词系俄文音译，原为会议或代表会议的意思。它是俄国 1905 年革命时建立的一种政治制度。十月革命后，成为无产阶级专政国家的政权组织形式。在中国，这种政权实质上是无产阶级领导的反帝反封建的工农民主专政。其主要特征是：第一，以工人阶级为领导。工人阶级的领导是通过共产党的领导来实现的。第二，对敌人实行专政，对人民实行民主。专政与民主是工农民主专政的两个基本功能。

工农民主政权的组织原则是实行人民主权、民主集中制和议行合一。

工农苏维埃政权虽然存在的时间不长，而且它是在特殊的历史条件和环境中建立起来的，其制度本身仍有许多不尽完善的地方，但它却是中国历史上最大限度地代表人民群众利益，让工农兵普通群众第一次行使当家做主权利的革命政权。它的建立和发展，为动员和组织广大人民群众积极参加中国共产党领导的武装斗争、土地革命和根据地建设，作出了重要贡献。

从1931年九一八事变到1937年7月卢沟桥事变期间，国际国内形势都发生了重大变化。中日民族矛盾逐渐上升为中国社会主要矛盾，全国人民迫切要求国共两党停止内战，共同抗日。中国共产党顺应人民的意愿，从民族大义出发，及时调整自己的策略，1935年12月，中共中央政治局在瓦窑堡召开会议，正式确定了抗日民族统一战线的策略。为适应建立广泛抗日民族统一战线的要求，中共中央决定将“工农共和国”改为“人民共和国”，同时改变不适应抗日要求的部分政策。1936年8月25日，中共中央在致国民党书中，又提出与国民党共同建立全国统一的“民主共和国”的主张，并表示愿意将苏维埃区域变成民主共和国的组成部分。第二次国共合作建立后，中国共产党正式宣布取消中华苏维埃共和国的称号，把苏维埃共和国中央政府西北办事处改为陕甘宁边区政府。从而使过去革命根据地的工农民主专政的政权变成了抗日民族统一战线性质的政权。继陕甘宁边区成立后，晋察冀、晋冀鲁豫、山东和华中等抗日根据地的边区政府也相继建立。到1945年抗日战争结束前，全国各地共建立了19个抗日根据地，拥有人口近1亿。在这些抗日根据地内，普遍建立了各级抗日民主政府。

与工农民主政府相比，抗日民主政府有如下重要变化。

第一，由工农民主专政转变为几个革命阶级联合的抗日民主专政。在政权组成人员上实行“三三制”，即：共产党员（代表无产阶级和贫农）、进步分子（代表小资产阶级）、中间分子（代表民族资产阶级和开明士绅）各占1/3。这种“三三制”既保证了工人阶级的领导地位和工农联盟为基础，又团结了广大的中间力量和一切赞成抗日民主的人士，孤立了顽固派，有利于结成最广泛的抗日民族统一战线。邓小平把这种“三三制”政权称为“敌后抗战的最好政权形式”①。毛泽东也说，这种政权的模型“推广到全国，那时全国就成了新民主主义的共和国”②。

第二，革命任务由推翻国民党反动统治转变为打倒日本帝国主义及其走狗，停止推翻国民党政权的武装暴动和土地革命，实行减

① 邓小平文选：第1卷［M］．北京：人民出版社，1991：8.

② 毛泽东选集：第2卷［M］．北京：人民出版社，1991：785.

租减息的土地政策。

第三，由独立于国民党政府之外的政权转变为中华民国的地方政府。

第四，权力机构由工农兵代表会议转变为参议会，以便与国民党统治区的参议会系统相一致。参议会是抗日民主政权的最高权力机构，其成员一般采取选举与聘请相结合的方式产生。当选为参议员的一般都是热心国事及社会、经济、文化各方面有名望或抗战有功之名流、学者、士绅、少数民族的代表人物。

抗日民主政权虽然与工农民主政权有所不同，但它与国民党统治区的地主资产阶级政权相比，仍有着根本的区别。这种无产阶级领导的、以工农联盟为基础的、由几个革命阶级联合组成的新民主主义政权，在本质上与其前身工农民主政权和后来的人民民主专政政权同属于一个政权体系，是中国共产党创立的人民民主专致的一个特殊阶段和特殊形式。它的形成和发展，为争取一切愿意抗日的阶级和阶层参加抗日民族统一战线，夺取抗日战争最后胜利发挥了重要作用。

二、新民主主义宪政和民主联合政府

抗日民族统一战线形成后，为了实现在全国建立新民主主义国家政权的目标，中国共产党一方面在各抗日革命根据地普遍建立了抗日民主政权，另一方面又根据当时国内的现实情况，在国民党统治区广泛开展了新民主主义的宪政运动，并提出废除国民党一党专政，建立由各党各派组成民主联合政府的主张，为全国人民争取基本的抗日民主与自由。

抗日战争后期，由于国民党坚持一党专政的独裁统治，国统区在经济、政治、军事等方面陷入了严重危机，使得大后方人民民主运动走向高潮，中国共产党适时地提出了废止国民党一党专政、建立民主联合政府的号召。1945 年 4 月，毛泽东在中共七大所作的《论联合政府》的政治报告中，阐述了建立联合政府的一般纲领和具体纲领。毛泽东指出，作为一般纲领，作为战略目标，建立民主的联合政府，就是在彻底打败日本侵略者之后，实行工人阶级领导的、联合一切民主阶级的统一战线的国家制度，即“新民主主义的国家制度”；作为具体纲领，作为当前的行动口号，是经过各党各派和无党无派代表人物的协议，成立临时的联合政府，将来再经过自由的无拘束的选举，召开国民大会，成立正式的联合政府。

抗战胜利后，经过 1946 年 1 月的政治协商会议，国民党、共产党和中间党派就制定宪法的原则和改组政府的方案等达成了协议。按照政协协议，国民党的一党专政将被废止，中国将实行西方式的议会制和内阁制，将组成由国民党、共产党、中间党派和无党派人士组成的联合政府。这样的联合政府是中共七大议定的具体纲领的体现，它与中国共产党的新民主主义的一般纲领“还有很长的距离，但如果照协议做下去，则是向新民主主义的方向发展”。① 然而，由于国民党当局最终撕毁政协协议，发动反人民的内战，这样的联合政府并未能组织起来。中国共产党和中国人民于是不得不以革命战争来推翻国民党的反动统治，从而争取建立没有反动分子参加的民主联合政府。

第二节 人民民主专政的理论与实践

一、国内主要政治派别的建国主张及其较量

抗战胜利后，中国往何处去？是继续维持国民党一党专政的封建专制国家，还是建立各党各派联合专政的新民主主义国家？这是两个代表大会，中国共产党第七次全国代表大会和中国国民党第六次全国代表大会都必须认真回答的重要问题，也是全国人民必须慎重选择的生死之路。

毛泽东在中共七大上作了《论联合政府》的主题报告，再次提出了废除国民党一党专政，建立各党各派的民主联合政府的主张，全面阐述了建立民主联合政府的具体步骤和政治、经济、军事、文化及外交等方面的施政纲领。

国民党六大的中心议题之一是继续坚持国民党一党专政，拒绝成立民主联合政府。在对待中国共产党的问题上，国民党六大在国

① 周恩来选集：上卷［M］. 北京：人民出版社，1980：256.

内外舆论的压力下，虽然没有公开宣布发动反共内战，却通过了两个反共文件，为国民党此后随时宣布中国共产党“妨碍抗战，有害国家”而发动内战埋下了伏笔。

坚持专制独裁的国民党六大与主张民主联合政府的中共七大形成了鲜明的对比。两个大会形成的两条不同路线，代表着中国两种命运的搏斗。

各民主党派也纷纷提出了自己的政治主张。中国民主同盟提出了“民主统一，和平建国”的口号，强调要把中国建成一个十足道地自由独立的民主国家；要求召集全国各党各派以及无党派的代表人士共同举行圆桌会议，建立联合政府，进而召开名副其实的国民大会，结束党治，制定宪法。三民主义同志联合会提出：中国国民党应立即自动结束党治，建立举国一致的民主联合政府。中华民族解放行动委员会（农工民主党的前身）也呼吁国民党秉承“天下为公”的原则，把民主权利交还人民，立即停止全国的军事行动，用民主方式解决任何有关军事政治的纠纷。

尽管各民主党派所代表的阶级和阶层的利益不尽相同，其建国方案也各有差异，但基本的政治主张是一致的。即：坚持和平、民主、团结、统一，反对内战、独裁和分裂；主张以谈判协商的方式解决党派之间的纷争；通过召开国民大会，制定宪法，建立英美式的民主共和政府。这些主张反映了一部分中间势力的要求，也与中国共产党的成立民主联合政府的主张比较接近。

在中国共产党和各民主党派的推动下，国民党不得不同意召开由各党各派和无党派人士参加的政治协商会议。1946 年 1 月 10 日，政治协商会议在重庆举行。这次会议的任务是协商国是，讨论和平建国方案及召开国民大会各项问题。会议斗争的焦点仍然集中在军队和政权问题上。关于政权问题，国民党主张用增加几个国民政府委员名额，吸收几个共产党和民主党派人士去政府做官的办法，来抵制改组国民党政府，并诱骗共产党交出解放区政权。关于军队问题，国民党提出先“军队国家化”，然后才能“政治民主化”，要求共产党拱手交出人民军队。对于国民党的独裁主张和无理要求，不仅共产党坚决反对，民主党派和无党派人士也不赞成。为了使这次会议取得尽可能有利于人民的成果，中国共产党既坚持了原则，又在军队整编和解放区收缩等问题上作出了适当让步，从而赢得了大多数与会的民主党派及无党派人士的理解和支持，挫败了国民党企图分化中间势力和孤立共产党的阴谋。经过激烈斗争，会议最后通过了关于政府组织、国民大会、和平建国纲领、宪法草案、军事问题等五项协议案。这些协议的各种规定，虽然还不是新民主主义性质的，但它实际上否定了国民党的一党专政和个人独裁，在一定程度上有利于和平建国和民主建国。正因为如此，政协决议墨迹未干，国民党蒋介石集团就公开撕毁协议，悍然发动对解放区的大规模武装进攻，使长期遭受战争蹂躏、尚未得到休养生息的中国人民再次陷入生灵涂炭的战火之中。

二、人民民主专政的理论与实践

中国共产党在全国人民的大力支持下，只用了短短的一两年的时间，就粉碎了国民党的全面进攻和重点进攻，并转入了反攻。随着中国革命的顺利发展，推翻国民党的专制独裁统治，建立人民民主专政的历史任务提到了中国共产党的面前。

1949 年 6 月 30 日，在中国共产党成立 28 周年前夕，毛泽东发表了《论人民民主专政》这篇重要著作，系统地总结了中国民主革命的历史经验，完整地提出了人民民主专政的理论，科学地阐明了新中国国家政权的性质以及各个阶级在国家中的地位与相互关系。

人民民主专政理论的主要内容包括如下几个方面。

第一，人民民主专政的本质特征是对人民实行民主，对敌人实行专政。对人民内部的民主方面和对反动派的专政方面，互相结合起来，就是人民民主专政。

第二，人民民主专政的领导者和阶级基础是工人阶级和工农联盟。

第三，人民民主专政的职能和任务，对外是防止帝国主义和各国反动派的颠覆与破坏，维护国家的独立和安全，并联合世界上一切爱好和平、自由的国家和人民，各人民民主国家和被压迫民族，共同反对帝国主义的侵略，维护世界持久和平；对内是镇压敌对势力的反抗，保护人民的民主权利，组织和管理国家的经济建设，大力发展社会生产力，逐步缩小城乡之间、工农之间、脑力劳动与体力劳动之间的差别，促进中国由农业国家向工业国家、由新民主主义向社会主义的转变，并最终实现消灭一切阶级和一切国家的远大目标。

第四，人民民主专政的组织形式是人民代表大会。这种人民代表大会的政治制度是同我国的人民民主专政的国家性质相适应的。

我国的人民民主专政与马克思、列宁论述的无产阶级专政不完全相同。它是马克思主义国家学说同中国革命的具体实践相结合的产物，这一理论的形成，为新中国政权的建立和建设奠定了坚实的思想理论基础。

1948 年 4 月 30 日，中共中央发布庆祝五一国际劳动节口号，提出召开没有反动分子参加的新的政治协商会议，筹备建立民主联合政府的主张，得到了各民主党派及全国人民的热烈响应和支持。1949 年 6 月 15 日，新政协筹备会议在北平举行第一次会议，成立了以毛泽东、朱德、李济深等 21 人组成的新政协筹备会常务委员会，负责起草共同纲领、拟定政府方案等，全面展开筹建新中国的工作。

1949 年 9 月 21 日，中国人民政治协商会议在北平隆重举行。中国人民的伟大领袖毛泽东在开幕词中庄严地向全世界宣告：占人类总数四分之一的中国人从此站立起来了。经过全体代表的热烈讨论，会议一致通过了《中国人民政治协商会议共同纲领》《中华人民共和国中央人民政府组织法》《中国人民政治协商会议组织法》等重要文件。相当于临时宪法的《共同纲领》明确规定：中华人民共和国为新民主主义即人民民主主义的国家，实行工人阶级领导的、以工农联盟为基础的、团结各民主阶级和国内各民族的人民民主专政；国家政权属于人民，人民行使国家政权的机关为各级人民代表大会和各级人民政府；各级政权机关一律实行民主集中制。《共同纲领》还对新中国的经济政策、外交政策、民族政策等作了具体规定。会议选举了新的国家领导人，毛泽东当选为中央人民政府主席，朱德、刘少奇、宋庆龄、李济深、张澜、高岗当选为副主席。周恩来被任命为政务院总理兼外交部长。10 月 1 日，中央人民政府举行第一次会议，宣布中华人民共和国正式成立。中华人民共和国的成立，标志着中国新民主主义革命已取得基本胜利。同时也标志着人民民主专政的理论已全面付诸实践。从此，中国彻底结束了大地主大资产阶级专政，进入了人民民主专政的新时代。

三、人民民主专政是中国革命的经验总结

在中国漫长而又曲折的革命斗争历史上，为了救亡图存、振兴中华，曾经涌现过无数志士仁人：从魏源、龚自珍、林则徐到康有为、梁启超、谭嗣同，从洪秀全、杨秀清到孙中山、黄兴，等等；也曾产生过种种救国方案，资产阶级民主政治在一个相当长的时期里成为人们追求的理想目标。但最终把中国引向独立与解放道路的却是以毛泽东为代表的中国共产党人提出的人民民主专政的理论。正如毛泽东所说："总结我们的经验，集中到一点，就是工人阶级（经过共产党）领导的以工农联盟为基础的人民民主专政。""这就是我们的公式，这就是我们的主要经验，这就是我们的主要纲领。"①

1840年，帝国主义用鸦片和大炮轰开中国的大门，中国从此陷入了半殖民地半封建社会的深渊，中国人不是不知道向西方学习，也不是不喜欢资产阶级共和国的理想。恰恰相反，以林则徐、康有为、孙中山为代表的一代又一代志士仁人痛感落后挨打的教训，经过千辛万苦的努力，十分虔诚地向先进的西方国家寻求救国救民的真理。那时，向日本、英国、美国、法国、德国派遣的留学生之多，达到了惊人的程度。国内废科举，兴学校，努力学习西方。甚至后来成为中国共产党的主要创始人和领导者的陈独秀、李大钊、毛泽东、周恩来等先进知识分子，那时也是向西方资本主义国家学习的热心提倡者。在他们看来：要救国，只有维新，要维新，只有学外国。那时的外国只有西方资本主义国家是进步的，它们成功地建设了资本主义的现代化国家。日本人向西方学习有成效，中国人也想向日本学。于是，他们先后发起了学习西方先进技术的洋务运动、学习西方民主与科学的新文化运动、学习西方政治制度的戊戌变法运动乃至发动资产阶级的辛亥革命。由此可见，当时中国人向往西方的热情不可谓不高，学习西方的东西也不可谓不多。但学习西方

① 毛泽东选集：第4卷［M］．北京：人民出版社，1991：1480．

的结果，并没有改变中国落后挨打的局面。相反，帝国主义列强日益加紧的侵略，彻底打破了中国人学习西方的迷梦。很奇怪，为什么先生老是侵略学生呢？中国人向西方学得很不少，但是行不通，理想总是不能实现。多次奋斗，包括辛亥革命那样全国规模的运动，都失败了。国家的情况一天一天坏，环境迫使人们活不下去。于是人们对学习西方的“怀疑产生了，增长了，发展了”①。正在这时，中国的近邻俄国爆发了十月革命，创立了人类历史上第一个社会主义国家。俄国也是一个经济落后的国家，但俄国的劳动人民在无产阶级政党的领导下，依靠自己的力量取得了革命的胜利。俄国革命的胜利给中国人民极大的震动和启迪。“十月革命一声炮响，给我们送来了马克思列宁主义。十月革命帮助了全世界的也帮助了中国的先进分子，用无产阶级的宇宙观作为观察国家命运的工具，重新考虑自己的问题。走俄国人的路——这就是结论。”② 在十月革命的影响下，中国爆发了五四运动，成立了中国共产党。从此，中国革命发生了翻天覆地的变化。在马克思主义的科学理论指导下，中国共产党紧紧依靠工人阶级和农民阶级，并团结一切可以团结的力量，在短短的28年时间里，就推翻了长期压在中国人民头上的三座大山——帝国主义、封建主义和官僚资本主义——的统治，建立了无产阶级领导的、以工农联盟为基础的人民民主专政的共和国，实现了无数革命先烈梦寐以求的夙愿——中国的独立与解放。

中国革命的胜利充分证明：“资产阶级的共和国，外国有过的，中国不能有，因为中国是受帝国主义压迫的国家。唯一的路是经过工人阶级领导的人民共和国。”③ 客观地说，资产阶级共和国在中国革命史上不是没有出现过，也不是没有一点进步作用，但最终都失败了。辛亥革命中孙中山亲手创立的中华民国南京临时政府被帝国主义支持的北洋军阀扼杀于摇篮中。抗日战争胜利前后，中国民主同盟等民主党派希望建立的英美式资产阶级共和国政权，更是由于蒋介石国民党的封杀，胎死腹中。民盟本身也因此而被国民党反动当局强行取缔。与此同时，中国共产党提出的建立包括蒋介石集团

① 毛泽东选集：第4卷［M］. 北京：人民出版社，1991：1470.
② 毛泽东选集：第4卷［M］. 北京：人民出版社，1991：1471.
③ 毛泽东选集：第4卷［M］. 北京：人民出版社，1991：1471.

在内的民主联合政府的主张也遭到蒋介石集团的断然拒绝。综观近百年来中国革命斗争发展的历史，可以说，资产阶级共和国方案除了不适合中国的国情，不为广大工农群众所欢迎外，国际帝国主义和国内封建势力也不允许它存在。因此，资产阶级共和国让位于人民民主专政的共和国，完全是中国革命历史发展的必然结果。

思考题

1. 为什么说资产阶级共和国方案在中国行不通？

2. 人民民主专政与工农民主专政以及无产阶级专政的区别和联系是什么？

3. 为什么说人民民主专政理论是对马克思主义的丰富和发展？

第四章　社会主义改造的理论

中国共产党领导的整个中国革命，包括新民主主义革命和社会主义革命两个不同的阶段。新民主主义革命是社会主义革命的必要准备，社会主义革命是新民主主义革命的必然趋势。中国特色社会主义改造理论，正确地反映了中国新民主主义向社会主义过渡的特殊道路，是对马克思列宁主义关于社会主义革命理论的丰富和发展。随着社会主义改造的完成，我国建立了社会主义的基本制度，实现了中国历史上最广泛、最深刻的社会变革。

第一节　从新民主主义到社会主义的转变

一、新民主主义社会是一个过渡性的社会

新中国成立后，毛泽东在理论上的一个重大贡献，就是提出了从新民主主义到社会主义过渡的理论，这是对新民主主义理论的发展。

毛泽东指出，新中国的成立，标志着我国新民主主义革命阶段的基本结束和社会主义革命阶段的开始。从中华人民共和国成立到社会主义改造基本完成，是我国从新民主主义到社会主义过渡的时期。这一时期，我国社会的性质是新民主主义社会。新民主主义社会不是一个独立的社会形态，而是由新民主主义转变到社会主义的过渡性的社会形态。

在新民主主义社会中，存在着五种经济成分，即社会主义性质的国营经济、半社会主义性质的合作社经济、农民和手工业者的个体经济、私人资本主义经济和国家资本主义经济。其中半社会主义性质的合作社经济是个体经济向社会主义集体经济过渡的形式，国

家资本主义经济是私人资本主义经济向社会主义国营经济过渡的形式。在这些经济成分中，通过没收官僚资本而形成的社会主义的国营经济，掌握了主要经济命脉，居于领导地位。而以农业和手工业为主体的个体经济，则在国民经济中占绝对优势。新民主主义社会要继续向前发展，就要不断扩大国营经济，同时逐步将资本主义经济和个体经济改变为社会主义经济，使社会主义经济逐步成为我国的经济基础。

与新民主主义时期三种不同性质的主要经济成分相联系，中国社会的阶级构成主要有工人阶级、农民阶级和其他小资产阶级、民族资产阶级等基本的阶级力量。由于农民和手工业者的个体经济既可以自发地走向资本主义，也可以被引导走向社会主义，其本身并不代表一种独立的发展方向。因此，这三种基本的经济成分及与之相联系的三种基本的阶级力量之间的矛盾，就集中表现为资本主义和社会主义两条道路、资产阶级和工人阶级两个阶级的矛盾。随着土地改革的基本完成，工人阶级和资产阶级的矛盾逐步成为国内的主要矛盾。而为解决这一矛盾，必然使中国社会实现向社会主义的转变。这一时期的民族资产阶级仍然是一个具有两面性的阶级：既有剥削工人的一面，又有接受工人阶级及其政党领导的一面。因此，民族资产阶级与工人阶级的矛盾也具有两重性，既有剥削者与被剥削者的阶级利益相互对立的对抗性的一面，又有相互合作、具有相同利益的非对抗性的一面。对于工人阶级和社会主义革命来说，民族资产阶级作为一个剥削阶级是被消灭的对象，作为可以接受共产党和工人阶级领导的社会力量，又是团结和改造的对象。

在我国新民主主义社会中，社会主义的因素不论在经济上还是在政治上都已经居于领导地位，但非社会主义因素仍有很大的比重。由于社会主义因素的优越性和领导地位，加上当时有利于发展社会主义的国际条件，决定了社会主义因素将不断增长并获得最终胜利，非社会主义因素将不断受到限制和改造。社会主义因素与资本主义因素之间不可避免地存在着限制与反限制、改造与反改造的斗争。这种斗争的结果，决定着中国社会在一定历史条件下的发展方向。为了促进社会生产力的进一步发展，为了实现国家富强、民族振兴，我国新民主主义社会必须适时地逐步过渡到社会主义社会。新民主主义社会是属于社会主义体系的，是逐步过渡到社会主义社会的过渡性质的社会。

二、党在过渡时期的总路线

中国必须要走社会主义道路，新民主主义社会要过渡到社会主义社会，这在民主革命时期已经明确。但是对于何时过渡、怎样过渡的问题，毛泽东和党的其他领导人的认识经历了一个从先搞工业化建设再一举过渡，到建设和改造同时并举、从中华人民共和国成立起即逐步过渡的发展变化过程。

党的七届二中全会提出使中国“稳步地由农业国转变为工业国，由新民主主义国家转变为社会主义国家”，即“两个转变”同时并举的思想。在此前召开的中共中央政治局会议上，毛泽东提出了在新民主主义革命取得全国胜利以后，大约还需要经过10年、15年或20年再向社会主义过渡的设想。1951年前后，党内大体形成了先用三个五年计划搞工业化建设，再向社会主义过渡的共识。即在过渡的时间上，认为需要一个相当长的新民主主义建设阶段，一般估计为15年到20年时间；在转变条件上，认为只有实现了国家工业化，才能实现私营工业国有化和农业集体化；在过渡的步骤和方式上，认为当工业发展了、国营经济壮大了的时候，就可以进一步实行资本主义工商业的国有化和个体农业的集体化。

从1949年至1952年，党领导人民首先集中力量恢复国民经济，继续完成民主革命遗留的任务。与此同时，实际上开始了向社会主义的过渡。这主要是：没收官僚资本，建立社会主义性质的国营经济；在完成土地改革以后的农村及时地开展互助合作运动；在调整工商业过程中，采取对私营工商业加工订货、经销代销等方式，广泛发展初级形式的国家资本主义。

经过三年的努力，到1952年我国国民经济得以恢复，民主革命的遗留任务已经完成，政治、经济及社会面貌发生了巨大变化。这时，毛泽东和党中央对原来的设想有了新的认识，认为我国正面临着新的发展形势，在农村和城市开始逐步进行社会主义改造，已经成为必要并有实现的可能，开始向社会主义过渡的时机已经到来，于是重新思考向社会主义过渡的时间和步骤问题。1952年9月，毛泽东在讨论第一个五年计划的中央书记处会议上提出，我们现在就要开始用10年到15年时间基本上完成向社会主义过渡，而不是10年以后才开始过渡，这是酝酿提出过渡时期总路线的开始。1953年6月，毛泽东在中央政治局会议上正式提出了过渡时期的总路线和总任务，同年12月形成关于总路线的完整的表述："从中华人民共和国成立，到社会主义改造基本完成，这是一个过渡时期。党在这个过渡时期的总路线和总任务，是要在一个相当长的时期内，逐步实现国家的社会主义工业化，并逐步实现国家对农业、对手工业和对资本主义工商业的社会主义改造。"① "党在过渡时期的总路线的实质，就是使生产资料的社会主义所有制成为我国国家和社会的唯一的经济基础。"② "唯一"这个提法反映了当时对我国社会主义的发展阶段还缺乏科学的认识。党在过渡时期的总路线的主要内容被概括为"一化三改"。"一化"即社会主义工业化，"三改"即对个体农业、手工业和对资本主义工商业的社会主义改造。它们之间相互联系，不可分离，可以比喻为鸟的"主体"和"两翼"。"一化"是"主体"，三改"是"两翼"，两者相互促进，相辅相成。这是一条社会主义建设和社会主义改造同时并举的路线，体现了社会主义工业化和社会主义改造的紧密结合，体现了解放生产力与发展生产力、变革生产关系与发展生产力的有机统一。

党在过渡时期的总路线之所以实行社会主义建设和社会主义改造同时并举，原因在于我国的社会主义工业化不能离开对个体经济和资本主义经济的改造而孤立地进行，而新中国成立以来的实践证明了进行社会主义改造不仅是必要的，而且是可能的。

逐步实现国家的社会主义工业化是党在过渡时期的总路线的主体。要从根本上改变中国贫穷落后的面貌，把中国从一个落后的农业国变为一个先进的工业国，就必须实现国家的工业化。而在中国的具体条件下就是必须实行社会主义工业化。实现社会主义工业化，是国家独立和富强的必然要求和必要条件。

新中国成立初期，毛泽东在谈到我国工业的情况时说："现在我们能造什么？能造桌子椅子，能造茶碗茶壶，能种粮食，还能磨成

① 建国以来重要文献选编：第4册［M］．北京：中央文献出版社，1993：700-701.
② 建国以来重要文献选编：第4册［M］．北京：中央文献出版社，1993：702.

面粉，还能造纸，但是，一辆汽车、一架飞机、一辆坦克、一辆拖拉机都不能造。”① 不改变这种落后状况，我国就不能摆脱被动挨打的命运。从历史上看，实现工业化有两条道路：一条是资本主义工业化道路，一条是社会主义工业化道路。毛泽东指出，“资本主义道路，也可增产，但时间要长，而且是痛苦的道路。我们不搞资本主义，这是定了的”②。近代以来中国的历史证明，中国社会经济状况不允许走资本主义道路，我国已经丧失了通过资本主义工业化进入强国行列的机遇，如果搞资本主义只能成为帝国主义的附庸。而当时的时代条件和国际环境的新特点又促使中国人民选择走社会主义道路，中国革命的领导力量也决定了中国必然走社会主义道路。因此，在20世纪50年代中期实现国家工业化道路的选择上，中国不可能选择资本主义道路，而是选择了社会主义道路。

为了实现社会主义工业化，必须在充分利用原有工业潜力和进行新的工业建设的同时，对个体经济和私营资本主义工商业进行社会主义改造。因为随着大规模经济建设的开展，个体经济和私营资本主义工商业越来越不适应国家工业化建设的需要。一方面，就当时在国民经济中占绝对优势却又分散、脆弱的个体经济来说，在土地改革以后，由于摆脱了封建主义的束缚，农业生产在一个时期内有过相当大的发展，但受小农经济的局限，增产潜力有限，难以适应工业化对粮食和工业原料迅速增长的需求，无力为国家工业化积累资金和扩大工业品的市场。另一方面，中国民族资本主义经济不仅工业资本比重小，而且缺乏重工业的基础，依靠它本身的力量难以推进国家工业化的发展。同时，在私营企业和国家各项经济政策之间，在私营经济和国营经济之间，以及私营企业内部资本家与职工之间，利益冲突越来越明显。只有加快对农业、手工业和资本主义工商业的社会主义改造，才能适应国家社会主义工业化建设的要求，发展农业和提高整个社会生产力。

---

① 毛泽东文集：第6卷［M］. 北京：人民出版社，1999：329.

② 毛泽东文集：第6卷［M］. 北京：人民出版社，1999：299.

第二节　社会主义改造道路和历史经验

一、适合中国特点的社会主义改造道路

（一）农业、手工业的社会主义改造

中国的特点是农民占人口的绝大多数。如何将几亿农民的个体所有制改造成集体所有制，是一个历史性的难题。以毛泽东为主要代表的中国共产党人根据马克思列宁主义关于农业社会主义改造的基本原理，从我国农村实际出发，制定并实行了一整套适合中国特点的对农业进行社会主义改造的方针、政策和办法，开辟了一条适合我国情况的农业社会主义改造道路。

第一，积极引导农民组织起来，走互助合作的道路。土地改革完成后，我国广大农民从封建剥削制度下解放出来，生产积极性大大提高。这种积极性表现在两个方面：一是个体经济的积极性，二是互助合作的积极性。当时分散落后的小农经济，不仅限制了农业生产力的发展，而且如果任其自发地发展下去，必然会出现两极分化。党中央正确分析了农民这两方面的积极性，提出一方面不能挫伤个体经济的积极性，另一方面要提倡组织起来，发展互助合作的积极性。党在农村工作的主要任务，就是将农民组织起来，使农业能够由分散落后的个体经济变为合作经济，使农民逐步摆脱贫困状况而过上共同富裕的生活。这样，在土地改革后，党不失时机地引导农民走互助合作道路，受到了农民的拥护和支持。

第二，遵循自愿互利、典型示范和国家帮助的原则，以互助合作的优越性吸引农民走互助合作道路。毛泽东认为，严重的问题是教育农民。农民既是私有者又是劳动者，对他们不能采取剥夺的办法，只能引导、说服和教育，使其自愿地走合作化的道路。

第三，正确分析农村的阶级和阶层状况，制定正确的阶级政策。土地改革后，贫农、雇农由于分得了土地等生产资料，有半数人迅速上升为中农。根据中农在生产中的地位、生活状况和对社会主义的态度，毛泽东把中农分为上中农和下中农。贫农和下中农一起，约占农村人口的60%～70%，都是党在农村的依靠力量，从而解决

了在农村依靠农民大多数和建立无产阶级优势的问题。在此基础上，党制定并贯彻执行了依靠贫下中农（包括原来是贫农而在土地改革后变成的下中农以及老中农中的下中农），巩固地团结其他中农，发展互助合作，由逐步限制到最后消灭富农剥削的农村阶级政策。这使农业合作化有了坚实的阶级基础和群众基础。

第四，坚持积极领导、稳步前进的方针，采取循序渐进的步骤。在进行农业社会主义改造的过程中，各级领导机关主动加强领导，采取逐步过渡的办法，使农民容易接受。农业社会主义改造大体上经历了互助组、初级社和高级社三个发展阶段：第一阶段主要是发展互助组，同时试办初级社。互助组由几户或十几户农民自愿组成，土地耕畜和其他生产资料仍归农民个人所有，但在生产方面组织起来、互帮互助，具有社会主义萌芽性质。第二阶段主要是建立初级农业生产合作社。初级社以土地入股和统一经营为特点，实行集体劳动，产品分配采取按劳分配和土地入股分红相结合，耕畜和大农具也付给一定的报酬，具有半社会主义性质。第三阶段是发展高级社。从1955年下半年起，由于错误地开展了对所谓“右倾机会主义”的批判，农业合作化运动的步伐加快，进入农业合作化的高潮，将初级社转为高级社，有些互助组直接转为高级社。高级社实行生产资料农民集体所有，具有完全的社会主义性质。到1956年底，加入农业生产合作社的农户已达1.17亿户，其中加入高级社的农户占全国农户总数的87.8%，农业社会主义改造基本完成。

在对农业进行社会主义改造的同时，也对个体手工业实行了社会主义改造。手工业与城乡人民生活有密切关系，在国民经济中占有相当的比重。但是，作为个体经济的手工业，经营分散，生产规模小，技术落后，劳动生产率很低，因此必须通过合作化对手工业进行社会主义改造，使之能够适应国家工业化建设和人民生活的需要。由于手工业者同个体农民一样，也是小私有的独立劳动者，因此，对个体手工业的社会主义改造，采取了类似改造个体农业的逐步过渡的方法。当然，手工业也有与农业不同的特点，如手工业个体经济是商品经济，生产活动离不开市场；手工业者经营灵活，主要凭手艺吃饭，有行业帮会传统等。这些特点客观上又要求对手工业的改造采取一些与农业合作化不同的方针政策。

对手工业的社会主义改造，党和政府采取了积极领导、稳步前进的方针。在方法步骤上，从供销合作入手，逐步发展到走生产合作的道路。具体来说，手工业的社会主义改造经历了由小到大、由低级到高级的三个步骤。第一步是办手工业供销小组。加入这个组织的成员，由国营商业或供销合作社供给原料、包销产品。它虽然没有改变生产资料的私有制，但已经把个体手工业者组织起来，使之开始脱离资本主义工商业的供销轨道，因而具有社会主义萌芽性质。第二步是办手工业供销合作社。它是由供销小组合并起来的，开始是统一供销业务，分别核算，生产活动仍由各户分散独立完成；后来逐步有部分生产资料是公有的，合作社对各户的生产也有一定的干预，因而具有半社会主义性质。第三步是建立手工业生产合作社。手工业者的生产资料全部归集体所有，统一经营，入社人员参加集体劳动，实行按劳分配。它是社会主义性质的集体经济组织。在手工业的社会主义改造过程中，党和政府采取说服教育、示范和国家帮助的方法，使手工业者自愿参加到手工业合作社中来，从而把手工业者的私有制改变为社会主义的集体所有制。到 1956 年底，全国共组织了 10 万个合作社，入社社员占全部手工业从业人员的 92% 以上，对手工业的社会主义改造基本完成。

（二）资本主义工商业的社会主义改造

在推进农业合作化运动的同时，党和政府也有计划、有步骤地开展了对资本主义工商业的社会主义改造，创造性地开辟了一条适合中国情况的对资本主义工商业进行社会主义改造的道路。

第一，用和平赎买的方法改造资本主义工商业。无产阶级掌握国家政权后，剥夺过去的“剥夺者”，使被资本家占有的生产资料变成人民的财产，这是社会主义革命的一条基本原则。关于如何剥夺，马克思、恩格斯曾设想过暴力没收与和平赎买这两种方式，并认为如果能用赎买的办法变革所有制，将是“最便宜不过了”①。十月革命胜利后，列宁设想通过国家资本主义对资产阶级进行和平赎买，认为这对无产阶级是最有利的事情。由于后来俄国资产阶级选择了国内战争的反抗方式，使列宁的设想未能实现。根据马克思、恩格

① 马克思恩格斯选集：第 4 卷［M］. 北京：人民出版社，1995：503.

斯和列宁的设想，结合中国的具体情况，中国共产党提出了对资本主义工商业实行和平赎买的方针。所谓赎买，就是国家有偿地将私营企业改变为国营企业，将资本主义私有制改变为社会主义公有制。赎买的具体方式不是由国家支付一笔巨额补偿资金，而是让资本家在一定年限内从企业经营所得中获取一部分利润。

对资本主义工商业实行和平赎买，有利于发挥私营工商业在国计民生方面的积极作用，促进国民经济的发展；有利于争取和团结民族资产阶级，有利于团结各民主党派和各界爱国民主人士，巩固和发展统一战线；有利于发挥民族资产阶级中大多数人的知识、才能、技术专长和管理经验，也有利于争取和团结那些原来同资产阶级相联系的知识分子为社会主义建设服务。

我国之所以能够采取赎买的方式对资本主义工商业进行和平改造，原因是多方面的。首先，民族资产阶级具有两面性。在社会主义革命阶段，民族资产阶级既有剥削工人取得利润的一面，又有拥护宪法、愿意接受社会主义改造的一面。我国工人阶级和民族资产阶级之间存在着的剥削和被剥削的对抗性的矛盾，如果处理得当，可以转变为非对抗性的矛盾，可以用和平的方法解决这个矛盾①。其次，中国共产党与民族资产阶级长期保持着统一战线的关系，这就为将工人阶级和民族资产阶级之间的对抗性的矛盾转化为非对抗性的矛盾并按照人民内部矛盾来处理提供了前提。再次，我国已经有了以工人阶级为领导、工农联盟为基础的人民民主专政的国家政权，建立了强大的社会主义国营经济并掌握了国家的经济命脉，这就造成了私人资本主义在政治上、经济上对社会主义的依赖。再加上当时国家对粮食和工业原料的统购统销，以及资本主义企业中工人群众对资本家的监督等因素，这样，就使私人资本主义企业只能接受社会主义改造。

第二，采取从低级到高级的国家资本主义的过渡形式。所谓国家资本主义，就是在国家直接控制和支配下的资本主义经济。毛泽东指出，我国社会主义改造中出现的国家资本主义经济，“是在人民政府管理之下的，用各种形式和国营社会主义经济联系着的，并受

① 毛泽东文集：第7卷［M］. 北京：人民出版社，1999：206.

工人监督的资本主义经济。这种资本主义经济已经不是普通的资本主义经济，而是一种特殊的资本主义经济，即新式的国家资本主义经济。它主要地不是为了资本家的利润而存在，而是为了供应人民和国家的需要而存在”。“因此，这种新式国家资本主义经济是带着很大的社会主义性质的，是对工人和国家有利的。”① 国家资本主义有初级形式和高级形式之分。初级形式的国家资本主义是国家对私营工商业实行委托加工、计划订货、统购包销、经销代销等，高级形式的国家资本主义是公私合营，包括个别企业的公私合营和全行业的公私合营。

对资本主义工商业的社会主义改造经历了三个步骤。第一步主要实行初级形式的国家资本主义。国家在私营工业中实行委托加工、计划订货、统购包销，在私营商业中采取委托经销、代销等形式，既帮助私营企业克服困难，也使其生产和经营开始纳入国家计划的轨道。这些企业的利润，按国家所得税、企业公积金、工人福利费、资方红利四个方面进行分配，即当时所说的“四马分肥”。资方红利大体占1/4，资本主义的剥削受到限制，工人在企业中的地位也发生了变化。这就使企业具有了社会主义的因素。第二步主要实行个别企业的公私合营。国家向私营企业投资入股，企业的生产资料由国家和资本家共同所有；企业利润的分配仍为“四马分肥”；国家派干部（即公方代表）进入企业内部，根据国家建设需要，同工人、资本家（私方代表）共同管理和改造企业，公方代表居领导地位。资本家的剥削进一步受到限制。企业的经营管理以发展生产、满足人民需要和完成国家计划为目标，因而已经属于半社会主义性质的企业。第三步是实行全行业的公私合营。1956年，全行业公私合营进入高潮。年底，全国私营工业户数的99%，私营商业户数的82%，分别纳入了公私合营或合作社的轨道。这标志着国家对资本主义工商业的社会主义改造已基本完成。全行业公私合营后，国家对合营企业进行清产核资，定股定息，国家委派人员负责企业的生产经营管理，统一调配企业的人、财、物，生产资料为国家所有。国家按企业资本的股份额，每年拨付给原工商业者5%的定息，开始决定

---

① 毛泽东文集：第6卷［M］. 北京：人民出版社，1999：282.

付息7年，后来又延长3年，共计10年。全行业公私合营后，企业的生产关系已经发生了根本的变化，基本上成为社会主义国营性质的企业。

第三，把资本主义工商业者改造成为自食其力的社会主义劳动者。在资本主义工商业的社会主义改造中，国家对资方在职人员和资方代理人采取"包下来"的政策，以企业为基地，根据"量才使用，适当照顾"的原则，对他们在政治上适当安排、工作上发挥作用、生活上妥善照顾，通过改造阶级成分的方式达到从整体上消灭资产阶级的目的。对企业的改造和对人的改造相结合，改造资本家个人与消灭他们所属的资产阶级相结合，既避免了激烈的阶级对抗，减少了改造的阻力，又推动了生产力的发展和社会的进步。

二、社会主义改造的历史经验

在进行社会主义改造、向社会主义过渡的进程中，中国共产党积累了丰富的历史经验。

第一，坚持社会主义工业化建设与社会主义改造同时并举。毛泽东指出："我们现在不但正在进行关于社会制度方面的由私有制到公有制的革命，而且正在进行技术方面的由手工业生产到大规模现代化机器生产的革命，而这两种革命是结合在一起的。"① 又说："社会主义革命的目的是为了解放生产力。"② 社会主义改造就是变革不适应工业化发展要求的生产关系，是围绕着社会主义工业化建设这个中心任务进行的；引导个体农民、个体手工业者走集体化的道路，改造私人资本主义工商业，目的都是为了适应社会主义工业化建设的要求，更好地发展生产力。因此，在改造过程中，党和政府所采取的实际步骤，总是力求使之与促进工业化进程和经济发展的要求相适应，而不允许对生产力造成破坏。在农业的改造中，以粮食的增长和不死牲口为检验合作社的标准。实际上，在农业合作化过程中，粮食产量逐年增长，农田水利建设和农业技术改造也逐年发展。在手工业合作化过程中，国家一方面大力支援手工业合作社实行机械化和半机械化，以提高劳动生产率；另一方面注意保护

① 毛泽东文集：第6卷［M］. 北京：人民出版社，1999：432.

② 毛泽东文集：第7卷［M］. 北京：人民出版社，1999：1.

手工业中的许多好的东西，保护优良的传统工艺品及民间老艺人。原有私营企业在接受改造的过程中，生产增长和效益提高也十分明显。我国的社会主义改造全面推开是从 1953 年开始的，与此同时，我国的社会主义工业化建设也全面推开。经过全党和全国人民的努力奋斗，到 1956 年我国社会主义改造基本完成时，“一五”计划的主要指标提前完成，到 1957 年，各项指标均超额完成。经过“一五”期间的大规模建设，我国以重工业为重点的社会主义工业化基础已初步形成。实践证明，党坚持社会主义改造与社会主义工业化同时并举的方针，对于在深刻的社会变革中保持社会稳定，促进生产力发展，逐步改善人民生活，推动社会进步，都具有十分重要的意义。

第二，采取积极引导、逐步过渡的方式。我国对农业、手工业和资本主义工商业的改造都采取了区别对象，用不同的办法积极引导、逐步过渡的方式。在农业社会主义改造方面，及时总结农民的实践经验，创造出互助组、初级社、高级社等过渡形式。这种从实际出发引导农民逐步走向社会主义的渐进的改造方式，一方面可以使农民亲身体会到组织起来力量大，可以增加生产，有利于克服困难，抵抗灾害，防止出现两极分化，从而逐步地提高农民的觉悟，逐步地改变他们的生活方式；另一方面可以避免苏联农业集体化运动中出现的由于富农反抗，一些农民破坏生产资料的情况。实践证明，这种逐步过渡的办法符合农民的特点和生产力状况。在手工业改造方面的逐步过渡，不仅保护和促进了手工业生产的发展，而且为手工业逐步进行技术改造创造了条件。在资本主义工商业的改造中，创造出从初级到高级的各种国家资本主义的过渡形式，实现了对资产阶级的和平赎买，避免了在改造期间可能发生的剧烈的社会震荡和经济破坏。中国这场巨大而深刻的社会变革，不仅没有对生产力的发展造成破坏，而且促进了生产力的发展。

第三，用和平方法进行改造。在社会主义改造之前，无论是资本主义工商业，还是农民和手工业者的个体所有制，都具有私有制的性质。毛泽东说：“我们进行社会主义革命所用的方法是和平的方法。"① "在我国的条件下，用和平的方法，即用说服教育的方法，不但可以改变个体的所有制为社会主义的集体所有制，而且可以改变资本主义所有制为社会主义所有制。"② 坚持用和平的办法，保证了我国社会主义改造的顺利进行。农业的社会主义改造，要动摇农民对土地、耕畜的深厚的私有观念和各家各户自主经营的习惯，自然会引起相当大的抵触，但是党和政府坚持和平的方法和自愿的原则不动摇，并用事实向农民表明，合作化可以使占农村人口多数的、在生产条件方面还有各种困难的贫农和下中农得到利益，至少不损害他们的利益，因此他们对合作化是拥护的或者是比较拥护的。比较富裕的农民面对大势所趋，也是可以拥护或者"随大流"的。手工业者的情况和农民基本相同。对资本主义工商业的改造则要复杂得多。把资产阶级的生产资料转归全社会所有是社会主义革命的基本任务，但采取的方式是暴力剥夺还是和平赎买，要根据具体情况来决定。中国共产党根据马克思、恩格斯和列宁关于和平赎买的设想，结合我国实际，以和平赎买的方法完成了对资本主义工商业的社会主义改造。党和政府不仅没有采取斗争地主的办法对待民族资本家，而且继续支付定息，安排工作，因此总体上也可以使他们接受改造。党和政府除了通过经济赎买的办法团结资本家外，还十分重视对他们进行思想教育；经常组织他们参加各种学习，引导他们参加各种政治实践活动，对他们进行社会主义前途的教育，使他们自愿接受和平改造。对资本家实行团结、教育和改造的方针，不仅稳定了资本家的思想，提高了他们的认识，保证了改造的顺利进行，而且将几十万资本家改造成自食其力的劳动者，成为社会主义企业的经营和管理人员。这不仅保证了社会的稳定，而且极大地促进了社会主义事业的发展。总之，和平改造解决了诸如实现社会变革与经济发展、和平过渡与消灭剥削制度这类通常难以解决的矛盾问题。

我国的社会主义改造也出现了一些失误和偏差。主要是"在1955年夏季以后，农业合作化以及对手工业和个体商业的改造要求过急，工作过粗，改变过快，形式也过于简单划一，以致在长期间遗留了一些问题。1956年资本主义工商业改造基本完成以后，对于

① 毛泽东文集：第7卷［M］. 北京：人民出版社，1999：1.

② 毛泽东文集：第7卷［M］. 北京：人民出版社，1999：2.

一部分原工商业者的使用和处理也不很适当”①。出现这些问题，有指导思想上急于求成、不够谨慎，工作方法上过于简单的因素，同时，受当时历史条件的限制，也有认识上的一些问题，主要是：在社会主义经济模式的选择和理解上过于单一，追求纯粹的单一的社会主义经济成分；在公有制实现形式的选择和理解上过于简单化，只注意到集体所有制和全民所有制这两种基本形式，而对社会主义改造完成以后公有制经济可以和非公有制经济共同发展缺乏认识。党在实际工作过程中曾对这些问题有所觉察，对某些问题也做过纠正，但毕竟认识不深。更重要的是，当时党对我国社会主义发展阶段问题还没有形成科学的理论，对什么是社会主义还没有完全搞清楚，致使一些遗留问题长期没有得到解决。但是，不能因为出现这些失误而否定社会主义改造的伟大意义。列宁说：“判断历史的功绩，不是根据历史活动家有没有提供现代所要求的东西，而是根据他们比他们的前辈提供了新的东西。”② 在我国社会主义改造的历史上，有两个事实是世界历史上各种革命大变动中罕见的：一是在一个几亿人口的大国中比较顺利地实现了如此复杂、困难和深刻的社会变革，不仅没有造成生产力的破坏，反而促进了工农业和整个国民经济的发展；二是这样的变革没有引起巨大的社会动荡，反而极大地加强了人民的团结，并且是在人民普遍拥护的情况下完成的。这些情况说明，我国社会主义改造的基本完成的确是一个伟大的历史性胜利。

三、社会主义制度在中国的确立及历史意义

（一）社会主义基本制度的初步确立

1956 年底我国对农业、手工业和资本主义工商业的社会主义改造的基本完成，标志着中国历史上长达数千年的阶级剥削制度的结束，实现了由新民主主义向社会主义的转变，社会主义基本制度在我国初步确立。我国的社会主义初级阶段，就是从这时开始的。

社会主义改造的基本完成，使我国社会经济结构发生了根本变

① 三中全会以来重要文献选编：下［M］. 北京：人民出版社，1982：750.
② 列宁全集：第 2 卷［M］. 北京：人民出版社，1984：154.

化，社会主义经济成分已占绝对优势，社会主义公有制已成为我国社会的经济基础。中国几千年来以生产资料私有制为基础的阶级剥削制度已经基本上被消灭，以生产资料公有制为基础的社会主义经济制度已经建立起来。

社会主义改造和社会主义工业化同时并举，发展国民经济第一个五年计划的执行和提前完成，使社会生产力的发展达到一定的程度。一大批旧中国没有的基础工业部门和大中型工业企业相继建立，工业技术水平和工程设计能力有了较大提高，从而奠定了我国社会主义工业化的初步基础。这对于改变我国经济技术落后的面貌，改善人民生活具有重要意义。

在社会主义经济基础基本建立的同时，我国的政治领域也发生了重大变化，确立了中国共产党领导的人民民主专政的社会主义基本政治制度。人民民主专政实质上已成为无产阶级专政；人民代表大会制度、中国共产党领导的多党合作和政治协商制度、民族区域自治制度已经确立。特别是 1954 年 9 月召开的第一届全国人民代表大会，结束了新中国成立以来由中国人民政治协商会议代行全国人民代表大会职权、由《共同纲领》代行国家宪法的过渡状态。1954 年 9 月，第一届全国人民代表大会的召开和《中华人民共和国宪法》的制定及颁布施行，为各族人民参与国家政治生活提供了条件和保证，为逐步健全和完善我国社会主义政治制度，逐步健全社会主义民主和法制，创造有利于社会发展的良好社会政治环境，奠定了坚实的基础。

伴随着社会经济制度和社会经济结构的根本变化，我国社会的阶级关系也发生了根本的变化。广大劳动人民从此摆脱了被剥削被奴役的地位，成为掌握生产资料的国家和社会的主人以及掌握自己命运的主人。剥削阶级已经被消灭，以工人阶级为领导，以工农联盟为基础的人民民主专政的国家政权得到巩固。

在社会阶级关系发生变化的同时，我国社会的主要矛盾也发生了变化。过渡时期存在的无产阶级同资产阶级之间的矛盾已经基本上解决，人民对于经济文化迅速发展的需要同经济文化不能满足人民需要的状况之间的矛盾，成为我国社会的主要矛盾。党和全国人民面临的主要任务，就是要集中精力来解决这个矛盾，集中力量发展社会生产力，把我国尽快地从落后的农业国变成先进的工业国。社会主义改造的基本完成和由此带来的社会各方面的变化，表明社会主义制度已经在我国的经济领域、政治领域及社会生活其他领域基本确立。

（二）确立社会主义基本制度的重大意义

社会主义基本制度的确立是中国历史上最深刻最伟大的社会变革，也是20世纪中国又一次划时代的历史巨变。为当代中国一切发展进步奠定了根本政治前提和制度基础。

社会主义基本制度的确立，为当代中国一切发展进步奠定了制度基础。社会主义制度的建立极大地提高了工人阶级和广大劳动人民的积极性和创造性，社会主义经济制度以其与社会化大生产的一致性和能够在经济落后条件下尽可能地集中力量办大事的优势，为发展社会生产力开辟了广阔的道路。

社会主义基本制度的确立，使广大劳动人民真正成为国家的主人和社会生产资料的主人。这是中国几千年来阶级关系的最根本变革。社会主义经济制度的建立，极大地巩固和扩大了工人阶级领导的，以工农联盟为基础的人民民主专政国家政权的阶级基础和经济基础。中国社会主义基本制度的确立，使占世界人口1/4的东方大国进入了社会主义社会，这是世界社会主义运动史上又一个历史性的伟大胜利。它进一步改变了世界政治经济格局，增强了社会主义的力量，对维护世界和平产生了积极影响。

在一个经济文化比较落后的东方大国中顺利实现从新民主主义到社会主义的转变，建立社会主义的基本制度，是马克思列宁主义关于社会主义革命理论在中国正确运用和创造性发展的结果。社会主义基本制度在中国的确立，不仅再次证明了马克思主义的真理性，而且以其独创性的理论原则和实践经验，丰富和发展了马克思主义的科学社会主义理论。正如邓小平所说："我们的社会主义改造是搞得成功的，很了不起。这是毛泽东同志对马克思列宁主义的一个重大贡献。"①

---

① 邓小平文选：第2卷［M］. 北京：人民出版社，1994：302.

思考题

1. 为什么说新民主主义社会是一个过渡性的社会？
2. 中国为什么在20世纪50年代选择了社会主义？
3. 如何认识具有中国特点的社会主义改造道路？
4. 我国社会主义改造的基本经验是什么？

第五章　中国社会主义建设道路的初步探索

在中国开始步入社会主义大门的时候，毛泽东又一次向全党和全国人民提出了实现马克思列宁主义同中国实际的第二次结合，走一条中国自己的社会主义建设道路的新的历史性任务，并率先垂范、身体力行，领导全党以苏联经验为鉴戒，在大规模调查研究的基础上积极探索，提出了许多关于中国社会主义建设的重要观点，内容涉及经济、政治、文化、国防、外交等各个方面，取得了初步而可喜的成果。这些关于中国社会主义建设的正确的理论原则和经验总结，是毛泽东思想的重要组成部分，为后来的改革开放和建设有中国特色社会主义事业提供了十分宝贵的思想源泉。

第一节　走中国自己的社会主义建设道路

一、以苏联经验为鉴戒，进行马克思主义与中国实际的第二次结合

在中国社会由新民主主义向社会主义过渡的时候，中国共产党选择了苏联这个别无选择的样板。第二次世界大战后出现了分别以美、苏为核心的资本主义与社会主义两个阵营的尖锐对立，由于以美国为代表的大多数资本主义国家对新中国的封锁和遏制，新中国实行了向苏联“一边倒”的外交政策；也由于苏联是世界上第一个社会主义国家，它的社会主义建设的突出成就显示了苏联模式的威力，吸引着一切从事社会主义事业的共产党和他们所领导的国家和人民；还由于苏联党和国家当时对新中国的援助，苏联模式适应了新中国在工业化初期着重发展重工业的需要。所有这些，使缺乏经验的中国共产党在 20 世纪 50 年代初期选择了苏联模式，开展中国的社会主义建设。“苏联的今天，就是我们的明天”，成为当时我国

各族人民的理想追求和奋斗目标。

但是，任何一种模式都不可能是至善至美的，何况每一种模式的实行都有其特定的社会历史条件，一种模式在这个国家也许可行，在另一个国家也许就不那么可行。苏联模式也是如此。1953 年 3 月斯大林逝世后，苏联国内和党内出现了许多新情况、新问题，在经济、政治和社会生活各个领域长期实行的高度集中统一的领导与管理体制遇到严峻的挑战，社会主义建设中比例失调的问题突显出来。毛泽东在学习苏联经验的进程中也逐渐觉察到了苏联模式的某些弊端，陆续发现苏联的一些经验并不完全适合我国的国情。1955 年底，他在党内首先提出了如何以苏联经验为鉴戒，探索适合中国情况的社会主义建设道路的重大问题。

正当毛泽东提出探寻中国自己的社会主义建设道路的时候，1956 年 2 月苏共二十大召开，赫鲁晓夫作了关于斯大林问题的秘密报告。如何对待斯大林、如何对待苏联经验的问题，更加尖锐地摆在中国共产党人面前。以毛泽东为核心的党的第一代中央领导集体在反复讨论的基础上，以《人民日报》编辑部的名义发表了《论无产阶级专政的历史经验》和《再论无产阶级专政的历史经验》两篇文章，对国际共产主义运动特别是俄国十月革命胜利以来无产阶级革命和无产阶级专政的历史经验作了系统的总结。在讨论这两篇文章期间，毛泽东发表了许多重要讲话，提出了许多重要思想。他阐述了国际共产主义运动中的共同道路和民族特点的关系问题，指出中国共产党人反对全盘否定斯大林，反对否定十月革命的基本原则，同时要以苏联经验为鉴戒，走自己的路；强调在坚持马克思列宁主义基本原则的同时，必须要注意本国的具体情况，要用不同的方法解决各自的问题，最重要的是要独立思考。

1956 年，无论在中国，还是在苏联和东欧一些社会主义国家，都在发生着广泛而深刻的变化。这一年，社会主义这一崭新的社会制度在中国大地上确立起来，其中，既有人们对新制度的美好憧憬所带来的欢乐，也伴随着新制度诞生的阵痛以及培育这个新制度所引起的困扰。在国际上，苏共二十大的召开，引起了国际共产主义运动和社会主义国家内部的剧烈动荡。复杂的情势迫使这些国家执政的共产党重新思考社会主义建设中的一系列重大的理论和现实问题。时代在呼唤着新的认识、新的思想的出现。这也是中国共产党人在20世纪50年代中叶遇到的重大历史课题，肩负的艰巨历史使命。曾经为马克思列宁主义思想宝库贡献了极富创造性的新民主主义理论的中国共产党又一次面临着严峻的挑战。毛泽东不愧为伟大的马克思主义者，不愧为伟大的探索者。正是他，率先迎接了这场挑战，提出了科学对待一切外国的东西，以苏联经验为鉴戒，实现马克思列宁主义同中国实际的第二次结合，走中国自己的社会主义建设道路的历史性任务，并且取得了探索的初步而丰富的成果。

二、调动一切积极因素，建设社会主义伟大国家

早在1945年4月，毛泽东在中共七大《论联合政府》的政治报告中就明确指出："中国一切政党的政策及其实践在中国人民中所表现的作用的好坏、大小，归根到底，看它对于中国人民的生产力的发展是否有帮助及其帮助之大小，看它是束缚生产力的，还是解放生产力的。"① 新中国成立前夕，1949年3月，毛泽东在中共七届二中全会的报告中，向全党提出了党的工作重心转移的战略任务。新中国成立后，1954年9月，毛泽东在第一届全国人民代表大会第一次会议的开幕词中，又进一步向全党和全国人民提出了建设伟大的社会主义国家的总任务，指出为了建设社会主义伟大国家，必须团结全国人民，必须争取一切国际朋友的支援。在这里，毛泽东已经有了调动国内外一切积极因素，为社会主义建设服务的思想萌芽。

1956年4月，毛泽东在《论十大关系》的讲话中提出，我国社会主义建设必须"围绕着一个基本方针，就是要把国内外一切积极因素调动起来，为社会主义事业服务"②。毛泽东指出，过去为了结束帝国主义、封建主义和官僚资本主义的统治，为了人民民主革命的胜利，我们就实行了调动一切积极因素的方针；现在为了进行社会主义革命，建设社会主义国家，同样要实行这个方针。在《关于正确处理人民内部矛盾的问题》的讲话中，毛泽东进一步阐述了这一基本方针，认为我们的根本任务已经由解放生产力变为在新的生产关系下面保护和发展生产力，要团结全国各族人民发展我们的经

① 毛泽东选集：第3卷［M］. 北京：人民出版社，1991：1079.
② 毛泽东著作选读：下册［M］. 北京：人民出版社，1986：720.

济，发展我们的文化，建设社会主义强大国家。

调动一切积极因素，建设社会主义伟大国家，成为我们党和国家在整个社会主义建设时期的根本指导思想和战略方针。要正确地遵循这一思想和实行这一方针，首先需要在认识上解决以下几个问题。

第一，必须正确认识社会主义建设时期我国的基本国情。

今天的中国是历史上中国的延续。旧中国留给我们的经济遗产相当可怜。在《论十大关系》中，毛泽东从分析中国革命的优点和缺点入手，进一步阐述了我国社会主义建设面临的基本状况，指出："我们一为'穷'，二为'白'。'穷'，就是没有多少工业，农业也不发达。'白'，就是一张白纸，文化水平、科学水平都不高。"之后，毛泽东和中央其他领导同志在许多场合反复强调这个问题，指出中国是一个大国，人口多，底子薄，经济文化落后，生产力不发达、也很不平衡，这是我国的基本国情，是我们考虑一切问题的基本出发点。

第二，必须正确认识社会主义社会的主要矛盾和党的中心任务。

正确的决策，首先来自于对所处时代的基本国情和主要矛盾的正确分析和判断。1956 年中共八大，通过了刘少奇代表党中央所作的政治报告。"八大"关于政治报告的决议明确宣布：我国的"社会主义改造已经取得决定性胜利，这就表明，我国的无产阶级同资产阶级之间的矛盾已经基本上解决，几千年来的阶级剥削制度的历史已经基本上结束，社会主义的社会制度在我国已经基本上建立起来了"，"我们国内的主要矛盾，已经是人民对建立先进的工业国的要求同落后的农业国的现实之间的矛盾，已经是人民对于经济文化迅速发展的需要同当前经济文化不能满足人民需要的状况之间的矛盾。""党和全国人民的当前的主要任务，就是要集中力量来解决这个矛盾，把我国尽快地从落后的农业国变为先进的工业国。"① 中共八大对我国社会主义条件下阶级状况和社会状况的分析是符合当时实际的，对当时和其后一个时期国情的判断、对主要矛盾和党的主要任务的分析是基本正确的。这是中共八大在探索中国自己的社会

① 中国共产党第八次全国代表大会文献［M］. 北京：人民出版社，1957：809-810.

主义建设道路方面最重要的贡献。

第二节 社会主义经济建设

一、走出一条适合我国国情的工业化道路

尽快地使中国由落后的农业国变为先进的工业国，是近代以来无数志士仁人梦寐以求的理想，也是中国共产党人始终为之努力奋斗的目标。

新中国成立后，1952 年底，毛泽东开始酝酿制定社会主义过渡时期总路线，将实现国家的社会主义工业化同实现对农业、手工业和资本主义工商业的社会主义改造并列，作为党在整个社会主义过渡时期的总任务。但是，在中国这样一个半殖民地半封建社会基础上如何实现工业化，却是前人从未遇到过的崭新而艰巨的任务。

要在中国实现工业化，首先遇到的是如何正确处理重工业、轻工业和农业的发展关系问题。为了迅速实现我国的工业化，1953 年我国开始执行发展国民经济的第一个五年计划，确定了优先发展重工业的指导方针。“一五”计划期间，我国在执行优先发展重工业方针的前提下，适当安排了农业、轻工业和其他事业的发展，取得了巨大的成就。从总体上看，这期间我国国民经济是按比例协调发展的，农业、轻工业和重工业全面增长，重工业发展尤为突出，初步改变了我国经济以农为主的局面。但是，在制定第二个五年计划时，国务院各部委工业投资要求过大，进一步压缩了农业投资；工业投资中，重工业各部门“胃口”尤其大，又压缩了轻工业。

针对这种情况，毛泽东在《论十大关系》中，首先阐述了重工业和轻工业、农业的关系。毛泽东认为我们党在处理这方面关系问题上没有犯大的原则性的错误，比苏联和一些东欧国家做得好些；同时强调要根据形势和经验作适当的调整，适当调整重工业和轻工业、农业的投资比例，加重一点农业和轻工业的投资比例，更多地发展农业和轻工业，使农业和轻工业的积累更多更快些。毛泽东辩证地分析了发展农业、轻工业与发展重工业的关系，已经有了农业是重工业乃至整个国民经济发展基础的思想。1957 年 2 月，毛泽东

在《关于正确处理人民内部矛盾的问题》的讲话中，把重工业、轻工业和农业的发展关系问题提到了中国工业化道路的高度加以论述。他说："这里所讲的工业化道路的问题，主要是指重工业、轻工业和农业的发展关系问题。""我国是一个大农业国，农村人口占全国人口的百分之八十以上，发展工业必须和发展农业同时并举，工业才有原料和市场，才有可能为建立强大的重工业积累较多的资金。"① 毛泽东着重阐述了重工业要以农业为重要市场的观点，要求全党看清楚这个问题。这期间，毛泽东多次强调，我们不能机械照搬外国的经验，而要从中国是一个大农业国这种情况出发，以农业为基础，正确处理重工业同农业、轻工业的关系，充分重视发展农业和轻工业，走出一条适合我国国情的中国工业化道路。

走一条中国自己的工业化道路，还应该处理好其他一些关系，包括沿海工业和内地工业的关系，经济建设和国防建设的关系，国家、生产单位和生产者个人的关系，中央和地方的关系。毛泽东在《论十大关系》等著作中对这些问题都有精辟、独到的论述。

走适合我国国情的工业化道路还有一个相关的问题，就是建设的速度、规模以及各产业部门之间的比例关系如何协调。实际上，这是社会主义经济建设的指导方针问题。

1955 年底，我国经济建设出现了各地各部门纷纷要求提前完成原定计划指标，甚至提出"提前实现工业化"的违反科学精神的冒进情绪和行为。为了组织好 1956 年的生产建设，制定切实可行的第二个五年计划，周恩来、刘少奇等及时采取措施防止和反对冒进，提出了经济工作要实事求是，超过现实可能和没有根据的事不要乱提、不要乱加快等许多有关我国经济建设的重要思想。周恩来在中共八大有关报告中，总结了我国第一个五年计划的执行情况及其经验和教训，就党在领导经济建设工作中遇到的一些比较突出的问题提出了许多正确的意见。中共八大完全接受了周恩来报告的基本总结，并把是年 5 月中央会议上提出的我国经济发展要既反保守，又反冒进，坚持在综合平衡中稳步前进，作为今后我国经济建设的指导方针。

---

① 毛泽东著作选读：下册［M］. 北京：人民出版社，1986：796.

中共八大以后，党中央和国务院继续纠正经济工作中的冒进倾向。中共八大前后的反冒进，使党成功地避免了一次可能出现的重大失误，保证了1957年国民经济的健康发展。这是党在探索中国工业化道路进程中取得的重要经验。

但是，这个正确方针没有能够坚持下去。1958年的“大跃进”是更为严重的冒进，给我国国民经济建设造成了重大损失。实际上，对社会主义建设速度的认识，是同对何时建成社会主义的认识紧密联系在一起的。1958年搞“大跃进”和“人民公社”，当时，毛泽东和中央其他一些领导人一度认为社会主义在中国会很快建成，共产主义就在眼前。在经历了这场挫折后，毛泽东多次讲到建成社会主义要经过一系列阶段。1959年底1960年初，毛泽东在读斯大林的《苏联社会主义经济问题》和苏联《政治经济学》教科书期间，提出要根据生产力和人民富裕程度的定量考察来研究建成社会主义的阶段特征问题，把社会主义分成“不发达的社会主义”和“比较发达的社会主义”两个阶段，认为我们过去所说的“建成社会主义”，实际上只相当于“不发达的社会主义”，而建设“比较发达的社会主义”比前一阶段需要更长的时间，没有100多年的时间是不行的。尽管毛泽东的这个认识并不牢固，后来又有反复，但是，这毕竟是很可贵的见解。

二、经济体制和管理制度改革的初步思考

如前所述，1956年我国社会主义改造的基本完成，是伟大的历史性胜利。同时，社会主义改造后期的过于急促和粗糙，也遗留下许多问题，需要党逐步地加以解决。这主要是：社会主义公有制经济在已经居于绝对统治地位的情况下，有没有必要成为唯一的经济成分？可不可以有限度地保留一部分有益于国计民生的个体经济和私营经济？高度集中的计划经济体制下市场调节的作用还要不要发挥，如何发挥？如何发挥中央、地方各级和企业的主动性和积极性？客观形势要求党根据生产力发展和社会生活的需要，根据人民群众的意愿，进行这方面的调整和改革。尽管在1956年以后的一个较长时间内，党没有能够顺利地从根本上解决这些问题，但是毕竟进行了有益的探索，提出了不少正确的政策思想，为1978年开始的改革

开放提供了一定的基础。

第一，关于经济体制和经济关系。陈云在我国社会主义改造即将基本完成的时候，对我国的社会主义经济的所有制结构、经济运行的调节机制以及市场等问题作了积极的探讨。在中共八大的发言中，提出了“三个主体，三个补充”的思想，主张在工商业经营方面，国家经营和集体经营是工商业的主体，一定数量的个体经营是补充；在生产计划方面，计划生产是工农业生产的主体，按照市场变化而在国家计划许可范围内进行的自由生产是补充；在流通领域，国家市场是社会主义的统一市场主体，一定范围内国家领导的自由市场是补充。它从理论和实践上突破了苏联高度集中统一的单一的计划经济模式。

中共八大以后，针对在个体户增加的同时，出现了少数自发经营的规模较大的工商企业（所谓“地下工厂”“地下商店”）的现象，毛泽东提出了可以消灭了资本主义，又搞资本主义的观点，他把这称之为“新经济政策”。在纠正1958年出现的“共产风”过程中，毛泽东又强调要重视价值规律，指出：价值规律是客观存在的经济法则，价值法则“是一个伟大的学校”，我们对于社会产品，只能进行等价交换，不能实行无偿占有，违反它，就会碰得头破血流。这些思想对后人总结历史经验、探索新道路还是有指导意义和借鉴作用的。

与此同时，党中央许多其他领导同志在探索适合中国国情的社会主义建设道路问题上，也作出了积极贡献，提出了重要观点。在1962年国民经济调整时期，邓子恢提出了农业中要实行生产责任制观点，刘少奇、陈云、邓小平等也表示赞成考虑这种意见。邓小平认为：“生产关系究竟以什么形式为最好，恐怕要采取这样一种态度，就是哪种形式在哪个地方能够比较容易比较快地恢复和发展农业生产，就采取哪种形式；群众愿意采取哪种形式，就应该采取哪种形式，不合法的使它合法起来。”① 他还引用刘伯承常说的四川民谚“黄猫、黑猫，只要捉住老鼠就是好猫”来说明这个道理。邓小平1962年的这些思想实际上成为1978年改革开放的先声。

---

① 邓小平文选：第1卷［M］. 北京：人民出版社，1994：323.

第二，关于经济管理体制和行政管理体制。1956 年 4 月，在《论十大关系》中，毛泽东专门论述了中央和地方的关系，认为苏联在这方面的教训不少，把什么都集中到中央，把地方卡得死死的，地方一点机动权也没有；而有些资本主义国家，地方有较多的自主权，它们的一些发展经验值得我们研究。他甚至提出，在不违背中央方针的条件下，按照情况和工作的需要，地方可以搞章程、条例、办法。

中共八大后，陈云主持体制改革工作，在充分调查研究的基础上，完成了关于改进工业管理体制的规定、改进商业管理体制的规定和改进财政管理体制的规定等三个文件，中心内容和总的精神是：适当调整中央同地方、国家同企业之间的关系，把一部分工业管理、商业管理、财政管理的权力下放给地方行政机关和工矿企业，以更好地调动和发挥地方和企业的积极性。这些都是积极有益的探索和尝试。但是，它只是在计划经济体制内的改进和调整，仅仅着眼于权力下放，而没有找到经济管理体制和行政管理体制问题的真正症结所在。直至党的十一届三中全会，我国才开始找到了正确的改革道路。

第三节　社会主义政治建设与文化建设

一、国家政治生活的主题：正确处理人民内部矛盾

在社会主义建设进程中，如何处理社会政治生活和文化领域中的各种关系，同样是关系到社会主义事业成败的大问题。

随着社会主义新制度的建立，国内的敌我矛盾已经基本解决，层出不穷的人民内部矛盾逐渐显现和突出出来。1956 年秋冬，国内出现了一些工人罢工、学生罢课等不安定的情况。如何正确认识和处理这些新出现的矛盾，成为摆在全体党员和干部面前亟待解决的新问题。

1957 年 2 月，毛泽东发表《关于正确处理人民内部矛盾的问题》的讲话，第一次系统地阐述了社会主义社会的矛盾问题，提出了正确区分和处理两类不同性质矛盾的学说，成为毛泽东和中国共

产党人对马克思列宁主义独创性发展的又一突出例证。

第一，关于社会主义社会的基本矛盾。毛泽东在考察了苏联正反两方面的历史经验、总结我国自己的社会主义建设实践经验的基础上，从马克思主义唯物辩证法关于对立统一规律是宇宙的根本规律这一命题出发，指出社会主义社会的基本矛盾仍然是生产关系和生产力、上层建筑和经济基础之间的矛盾。但是，“社会主义社会的矛盾同旧社会的矛盾，例如同资本主义社会的矛盾，是根本不相同的。资本主义社会的矛盾表现为剧烈的对抗和冲突，表现为剧烈的阶级斗争，那种矛盾不可能由资本主义制度本身来解决，而只有社会主义革命才能够加以解决。社会主义社会的矛盾是另一回事，恰恰相反，它不是对抗性的矛盾，它可以经过社会主义制度本身，不断地得到解决。”① 解决的方式、方法，就是通过调整和改善生产关系同生产力、上层建筑同经济基础之间不相适应的方面，使社会主义制度不断地得到巩固和完善。毛泽东对社会主义社会基本矛盾及其存在状态、性质、解决途径等的论述，丰富和发展了马克思列宁主义关于社会主义社会的学说，为社会主义制度下的改革奠定了哲学基础。正如邓小平后来所指出的，关于社会主义社会的基本矛盾，毛泽东的“这个提法比其他的一些提法妥当”②。

第二，关于社会主义社会两类矛盾的学说。在分析社会主义社会基本矛盾的基础上，毛泽东进一步提出社会主义社会存在着敌我矛盾和人民内部矛盾两类性质完全不同的矛盾。“敌我之间的矛盾是对抗性的矛盾。人民内部的矛盾，在劳动人民之间说来，是非对抗性的；在被剥削阶级和剥削阶级之间说来，除了对抗性的一面以外，还有非对抗性的一面。”③ 在社会主义学说史上，毛泽东第一次把我们国家工人阶级同民族资产阶级的矛盾作为人民内部矛盾来处理，这是毛泽东和我们党对马克思列宁主义的一个独创性发展。毛泽东进一步指出，“敌我之间和人民内部这两类矛盾的性质不同，解决的方法也不同。”④ 前者是分清敌我的问题，需要用强制的、专政的方

---

① 毛泽东著作选读：下册［M］．北京：人民出版社，1986：767.

② 邓小平文选：第2卷［M］．北京：人民出版社，1994：182.

③ 毛泽东著作选读：下册［M］．北京：人民出版社，1986：758.

④ 毛泽东著作选读：下册［M］．北京：人民出版社，1986：759.

法来解决；后者是分清是非的问题，只能用民主的、说服教育的方法，也就是“团结—批评—团结”的方法来解决，绝不能用解决敌我矛盾的方法来解决人民内部的矛盾。毛泽东关于社会主义社会两类不同性质矛盾的分析，同那种不承认社会主义社会仍然存在矛盾，一遇到矛盾又把它当作敌我矛盾来处理的理论和实践严格地区别开了。

第三，关于正确处理人民内部矛盾的问题。在阐明中国社会主义社会基本矛盾和两类不同性质矛盾的基础上，明确指出了正确处理人民内部矛盾是国家政治生活的主题。正确处理人民内部矛盾的总目的，或者说其出发点和归宿点，是为了团结全国各族人民，向自然界开战，发展我们的经济和文化，巩固社会主义新制度，建设社会主义新国家。应该说，这个思想，不仅在当时有着十分紧迫的指导意义，而且对于我们今天建设中国特色社会主义事业仍然有着相当重要的理论和现实意义。

二、发展社会主义民主，加强执政党建设

新中国成立后，如何发展社会主义民主，加强对执政的中国共产党的监督，成为毛泽东和刘少奇等中央领导经常思考的重大问题。特别是1956年苏共二十大的召开，苏联在斯大林时代社会政治生活方面的经验教训引起了毛泽东等的高度重视。如何避免出现苏联斯大林那样的悲剧，发扬社会主义民主，克服现实生活中存在的脱离群众的官僚主义现象，成为中国共产党亟待解决的一个重大问题。

毛泽东在《论十大关系》中第一次阐述了中国共产党和各民主党派“长期共存、互相监督”的方针。毛泽东指出：“究竟是一个党好，还是几个党好？现在看来，恐怕是几个党好。不但过去如此，而且将来也可以如此，就是长期共存，互相监督。”在《关于正确处理人民内部矛盾的问题》中，毛泽东进一步阐述了这个方针。毛泽东强调，共产党同各民主党派长期共存，是我们的方针，也是我们的愿望，一切致力于团结人民从事社会主义事业的、得到人民信任的党派，我们没有理由不对它们实行长期共存的方针；所谓互相监督，当然不是单方面的，共产党可以监督民主党派，民主党派也可以监督共产党。他说：“为什么要让民主党派监督共产党呢？这是因

为一个党同一个人一样，耳边很需要听到不同的声音。”“主要监督共产党的是劳动人民和党员群众。但是有了民主党派，对我们更为有益。”他同时希望各民主党派都能注意思想改造，争取和共产党一道长期共存，互相监督，以适应新社会的需要。

在中共八大前后，中共中央其他领导人也就社会主义民主和执政党建设等问题发表了很多好的意见。1956 年 7 月，周恩来在上海市党的第一次代表大会上的讲话中提出："专政要继续，民主要扩大。"① 他认为，苏联的历史经验应当借鉴，我们要时常警惕，要经常注意扩大民主，这一点更带有本质的意义。他进一步提出，要在我们的国家制度上想一些办法，来扩大民主，以便有效地纠正和克服官僚主义。邓小平在中共八大关于修改党章的报告中，着重阐述了执政党建设的问题。他指出，执政党的地位，使我们党面临着新的考验，使我们的同志容易沾染上脱离群众和脱离实际的官僚主义习气，滋长骄傲自满的情绪，产生宗派主义倾向。他强调，"我们需要实行党的内部的监督，也需要来自人民群众和党外人士对于我们党的组织和党员的监督。无论党内的监督和党外的监督，其关键都在于发展党和国家的民主生活，发扬我们党的传统作风。"②

发展社会主义民主，加强执政党建设，必须反对官僚主义。中共八大针对党在执政后出现的党的组织和党的干部中普遍存在的同人民群众关系紧张的状况，决定在全党进行反对官僚主义、宗派主义和主观主义的整风运动。毛泽东、周恩来等也多次对党内存在的官僚主义现象进行严厉的抨击。1963 年 5 月，周恩来在中共中央和国务院直属机关负责干部会议的讲话中着重分析了官僚主义的二十种表现，指出，"官僚主义是领导机关最容易犯的一种政治病症"，"是十分有害、非常危险的"，"我们绝不能容许官僚主义再继续发展下去。"③

正确理解民主与专政、民主与集中的关系，是发展社会主义民主，加强执政党建设的又一个重要问题。毛泽东在《关于正确处理人民内部矛盾的问题》中多次论及了这些关系。他说，专政的目的

① 周恩来选集：下卷［M］. 北京：人民出版社，1984：207.
② 邓小平文选：第 1 卷［M］. 北京：人民出版社，1994：215.
③ 周恩来选集：下卷［M］. 北京：人民出版社，1984：418、422.

是为了保卫全体人民进行和平劳动，将我国建设成为一个具有现代工业、现代农业和现代科学文化的社会主义国家；专政的制度不适用于人民内部，在人民内部实行民主集中制。1962 年 1 月，在中共召开的“七千人大会”上，毛泽东、刘少奇等就前一段工作中出现的失误作了认真的自我批评，同时强调了实行民主集中制和发扬党内民主的重要性。刘少奇在报告中深刻指出：“无产阶级的民主集中制，是社会主义政治、经济、文化各方面的根本制度。没有这种民主集中制，就不能建设社会主义。”①

总之，要造成一个又有集中，又有民主；又有纪律，又有自由；又有统一意志，又有个人心情舒畅、生动活泼的那样一种政治局面，我们的社会主义建设事业才能够兴旺发达。

三、团结知识分子，繁荣科学文化事业

中国共产党历来重视知识分子在中国革命和建设中的伟大作用。在新民主主义革命时期，中国先进的知识分子最早接受马克思列宁主义，并在工人农民中传播，使马克思主义同工人运动相结合产生了中国共产党。因而，毛泽东反复强调：离开革命的知识分子的参加，中国革命是不能成功的。

新中国成立后，党有步骤地、谨慎地进行旧有学校教育事业和旧有社会文化事业的改革工作，争取一切爱国的知识分子为人民服务，为新中国建设事业服务；同时在知识分子中广泛开展马克思列宁主义、毛泽东思想和党的方针政策的学习，组织知识分子参加各种社会实践活动，在改造客观世界的过程中改造自己的主观世界。随着社会主义改造的基本完成，社会主义建设的大规模开展，知识分子问题凸现出来。1956 年 1 月，中共中央召开了新中国历史上第一次关于知识分子问题的会议，周恩来代表党中央向大会作了《关于知识分子问题的报告》。周恩来在报告中对我国社会主义改造完成后知识分子的情况作了实事求是的考察，强调指出：我国知识分子中间的绝大部分已经成为国家工作人员，已经为社会主义服务，已经是工人阶级的一部分。社会主义建设必须依靠体力劳动和脑力劳

① 刘少奇选集：下卷［M］. 北京：人民出版社，1985：364.

动的密切合作，依靠工人、农民、知识分子的兄弟联盟。这是周恩来代表党中央对知识分子的阶级属性的一次正确表述，是对知识分子在社会主义建设中所起作用的充分肯定。周恩来在报告中还提出了“向科学进军”的任务。毛泽东在会上作了重要讲话，提出现在我们要进行技术革命和文化革命，革技术的命，革没有文化、愚昧无知的命，为此，要培养大批的知识分子，要有计划地在科学技术上赶上和超过世界先进水平。

为了促进我国社会主义文化科学事业的繁荣和发展，毛泽东在1956年4月提出了“百花齐放、百家争鸣”的方针。之后，毛泽东在《关于正确处理人民内部矛盾的问题》中，对这个方针作了详尽的论述。其具体含义是，艺术上不同的形式和风格可以自由发展，科学上不同的学派可以自由争论；不能用行政的力量，强制推行一种风格、一种学派，禁止另一种风格、另一种学派；艺术和科学中的是非问题，应当通过艺术界科学界的自由讨论去解决，通过艺术和科学的实践去解决，而不应当用简单的方法去解决。总之，对于科学上、艺术上的是非，应当保持慎重的态度，提倡自由讨论，不要轻率地作结论，采取这种态度可以帮助科学和艺术得到比较顺利的发展。

毛泽东强调，实行百花齐放、百家争鸣的方针，并不会削弱马克思主义在思想界的领导地位，相反会加强它的这种地位。对于人民内部的思想问题，对于精神世界的问题，只有采取讨论的方法，批评的方法，说理的方法，才能真正发展正确的意见，克服错误的意见，才能真正解决问题。

四、独立自主的和平外交政策

中国的发展离不开世界，中国的社会主义建设需要国际的支援。为了给社会主义建设创造有利的国际环境和条件，毛泽东、周恩来制定了独立自主的和平外交政策。

新中国成立前夕，毛泽东阐明了新中国奉行独立自主外交政策的基本立场，强调中国的事情必须由中国人自己来处理，任何国家都不得干涉，确定了“另起炉灶”、“打扫干净屋子再请客”和“一边倒”的方针，提出在平等互利和相互尊重主权和领土完整的原则基础上同一切国家建立外交关系。新中国成立后，依据这一方针，同苏联和欧亚人民民主国家、同一些民族独立国家和资本主义国家建立了外交关系。

1954 年 4 月，由中、苏、美、英、法及有关国家外交部长参加的讨论朝鲜问题和印度支那问题的日内瓦会议召开，这是中华人民共和国第一次以五大国之一的地位和身份参加讨论国际问题的一次重要会议。周恩来率领中国代表团在会议期间开展了积极的外交活动。在此前后，1953 年 12 月，周恩来在会见来北京参加中印两国关于中国西藏地方的关系问题谈判的印度代表团时，首次提出了和平共处五项原则，即：互相尊重主权和领土完整、互不侵犯、互不干涉内政、平等互利、和平共处。1954 年 6 月，周恩来与印度总理尼赫鲁发表联合声明，一致同意以和平共处五项原则作为指导相互关系的基本准则，并倡议将这五项原则作为处理国际关系的准则。和平共处五项原则是中国共产党和中国政府对世界和平事业的突出贡献，在国际上产生了广泛而深远的影响。

20 世纪 50 年代末以后的一个时期内，世界局势动荡，中国面临来自多方面的公开的和潜在的威胁与压力，毛泽东在坚持独立自主的和平外交政策的同时，强调反对霸权主义，维护中国的民族尊严和利益，维护中国社会主义事业的利益，维护世界和平、民族解放和社会主义事业的利益，逐渐形成了关于三个世界划分的战略思想。

1974 年 2 月，毛泽东在会见赞比亚总统卡翁达时提出了关于三个世界划分的观点：苏联、美国是第一世界；中间派，日本、欧洲、加拿大，是第二世界；亚洲（除了日本）、非洲和拉丁美洲是第三世界。4 月，邓小平在联合国大会第六次特别会议上，第一次正式向全世界阐明了毛泽东的这一崭新的战略思想。这种战略划分，超越社会制度和意识形态的传统观念，突出了苏美两个推行霸权主义的超级大国同全世界反对霸权主义力量的矛盾；强调中国属于第三世界，强调要联合第二世界的国家和利用两个超级大国的矛盾，使中国的外交政策建立在了更稳妥的现实基础上，根据不同国家在国际社会中的不同地位和作用来制定和调整我国的对外政策，反对超级大国的霸权主义和战争威胁，努力发展同第三世界各国和其他类型国家的友好合作关系，包括同美国、日本这些发达资本主义国家先后实现了两国关系的正常化。正如邓小平1979年所说：“毛泽东同志在他的晚年还提出了关于三个世界划分的战略思想，并且亲自开创了中美关系和中日关系的新阶段，从而为世界反霸斗争和世界政治前途创造了新的发展条件。我们能在今天的国际环境中着手进行四个现代化建设，不能不铭记毛泽东同志的功绩。”①

第四节　中国特色社会主义建设道路探索的意义和局限

一、探索中国社会主义建设道路的重大意义

我国是一个脱胎于半殖民地半封建社会的、人口众多、经济文化十分落后的东方大国。经过新民主主义社会进入社会主义社会之后，怎样建设社会主义，这是一个亟待解决的重大理论与实际问题。面对这一全新课题，中国共产党内最具理论创造力的毛泽东，不仅率先提出了探索中国社会主义建设道路的伟大历史任务，而且从经济、政治、科学文化等各个方面对如何建设社会主义进行了全方位的初步探索，提出了许多重要的思想观点。在毛泽东的倡导和带领下，中国共产党内掀起了一股调查研究、以苏联经验为鉴戒、总结自己的经验、探索中国自己的建设道路的热潮，并在中共八大前后及国民经济调整时期取得一系列初步的但却是重要的理论成果。这一探索具有重大的理论意义和实践意义。

第一，它标志着中国共产党人开始摆脱苏联模式，独立自主地探索一条适合中国国情的社会主义建设道路。在当时及以后的相当长一段时间里，不仅苏联的领导人和理论界把苏联模式看成是社会主义建设的唯一模式，而且世界上赞成社会主义的人几乎都持相同看法，甚至连反对社会主义的人也对此不加怀疑。但是，以毛泽东为代表的中国共产党人却从苏联模式的弊端中，认识到这一模式不适合中国具体国情，不利于调动国内外一切积极因素为建设社会主义强国服务；同时，他们也从本国国情和本国社会主义建设经验中认识到，中国可以而且应当找出一条有别于苏联的、适合于中国情

① 邓小平文选：第2卷［M］. 北京：人民出版社，1994：172.

况的社会主义建设道路。于是，他们在新的历史条件下，坚持把马克思主义基本原理与中国实际相结合，开始了探索中国自己的社会主义建设道路的艰难历程。尽管在这一历程中犯过错误，有过曲折，甚至遭受过失败，但毕竟是探索中国自己的社会主义建设道路、建设有中国特色社会主义的伟大开端。

第二，这一探索中形成的一些正确的和比较正确的理论观点和方针政策，是被实践证明了的关于中国社会主义建设的正确的理论原则和经验总结。它以新的内容丰富了在长期革命实践中形成的毛泽东思想宝库，成为毛泽东思想的重要组成部分。在这些正确的理论观点和方针政策的指导下，我国的社会主义建设取得了很大成就。这些被实践证明是正确的理论观点和方针政策，对我国的社会主义现代化建设也将起着长远的指导作用。

第三，这一探索为中共十一届三中全会后逐步形成的邓小平理论提供了重要的思想材料，为建设有中国特色社会主义道路的开辟积累了宝贵的经验。探索中所提出来的许多正确的和比较正确的思想观点，如调动一切积极因素建设现代化的社会主义强国的思想；把全党工作重点转到技术革命和社会主义建设上来的思想；社会主义社会可分为不发达的和比较发达的两个阶段的思想；实现四个现代化关键在于科学技术现代化，不搞科学技术生产力无法提高的思想；正确处理社会主义建设中的若干重大经济关系和政治关系的思想；大力发展社会主义商品经济的思想；社会主义社会的基本矛盾学说和两类社会矛盾学说，正确处理人民内部矛盾是国家政治生活的主题的思想；加强社会主义思想道德建设和文化建设的思想，等等，这些思想或者为邓小平理论所继承，成为邓小平理论的重要组成部分，或者为邓小平理论所吸收，成为这一理论的重要思想来源。而探索中所经历的曲折，也从正反两个方面为党的十一届三中全会后建设有中国特色社会主义道路的开辟提供了极为宝贵的经验教训。正如邓小平所说：“从许多方面来说，现在我们还是把毛泽东同志已经提出、但没有做的事情做起来，把他反对错了的改正过来，把他没有做好的事情做好。今后相当长的时期，还是做这件事。当然，我们也有发展，而且还要继续发展。”①

二、探索中国社会主义建设道路中存在的历史局限

在新的历史条件下，毛泽东坚持把马克思主义普遍原理与中国实际相结合，借鉴别国经验，努力摆脱苏联模式，率先探索中国自己的社会主义建设道路，并取得初步的成果。虽然这一探索经历了许多曲折，发生了包括“文化大革命”在内的严重错误，但是，毛泽东作为中国社会主义建设道路开创者的历史功绩是不可磨灭的。当然，毛泽东的探索不可避免地存在着历史局限。

第一，这一探索从总体上说，还没有摆脱苏联模式。由于种种原因，中国的社会主义建设不可避免地受到苏联模式的影响，而且是相当严重的影响。毛泽东从中国革命胜利的经验中确信，中国的社会主义建设不能照抄苏联模式，而应该从中国的具体国情出发，找出一条适合本国国情、具有本国特点的道路。同时，他也从苏联建设中暴露出来的问题中意识到苏联模式的弊端，因此，决心另辟蹊径，探索一条中国自己的建设道路。为此，他进行了艰苦的努力，付出了巨大的心血，也取得了不少成果，但却先后犯了包括“大跃进”运动和“文化大革命”在内的严重错误，使探索走上了歧途。而由于误入歧途，没有找到正确答案，因而也就不可能使中国真正摆脱苏联模式。正如邓小平后来所说：“我们过去照搬苏联搞社会主义的模式，带来很多问题。我们很早就发现了，但没有解决好。”②

第二，探索中所取得的一些正确的理论成果，由于种种原因而未能在实践中坚持下去，有的还出现了严重的背离。例如，毛泽东提出了在社会主义生产关系建立起来以后，我们的根本任务是在新的生产关系下面保护和发展生产力，要把全党的工作重点转到技术革命和社会主义建设上来等正确思想，但他后来又断然否定中共八大关于我国社会主义主要矛盾的正确判断，错误地认为“无产阶级和资产阶级的矛盾，社会主义道路和资本主义道路的矛盾，毫无疑问，这是当前我国社会的主要矛盾”，从而逐步走上了“以阶级斗争为纲”的错误轨道。又如，毛泽东创立了社会主义社会的矛盾学说，

---

① 邓小平文选：第2卷［M］. 北京：人民出版社，1994：300.

② 邓小平文选：第3卷［M］. 北京：人民出版社，1993：261.

提出要严格区分和正确处理两类不同性质的社会矛盾，把正确处理人民内部矛盾作为国家政治生活的主题，但在实践中，却把一些本属于党内和人民内部不同意见的争论当作阶级斗争或阶级斗争的反映，造成阶级斗争扩大化。再如，毛泽东提出要努力认识和反映社会主义经济建设的客观规律，但在实践中却习惯地套用过去革命战争年代群众运动、政治动员的方法来搞经济建设，夸大了主观意志的作用，忽视了客观经济规律，因而造成了国民经济重大比例关系严重失调，等等。

第三，这一探索中存在着的错误倾向逐步发展，最后导致“文化大革命”这样长时间的全局性的“左”倾错误的发生。在探索中国自己的社会主义建设道路过程中，主要是在1957年后，“左”的思想开始抬头，逐步形成了一些错误的理论观点、政策思想，出现了一些严重的错误。如发生了建设上急于求成的“大跃进”，和从反右派斗争扩大化到庐山会议“反右倾”，再到中共八届十中全会后阶级斗争扩大化的“左”倾错误，最后导致了“文化大革命”的发动。错误往往是正确的先导。党纠正了“文化大革命”的错误，为实现指导思想上的拨乱反正作了准备。

毛泽东在探索中国社会主义建设道路中出现严重失误的原因是多方面的，其中包括缺乏社会主义建设的经验，对社会主义建设的长期性、艰巨性和复杂性缺乏充分的思想理论准备，民主集中制和集体领导原则遭到破坏，党和国家领导制度上存在某些缺陷，以及国际因素的影响，等等。但是，最根本的原因，则在于当时对“什么是社会主义，如何建设社会主义”这个重大的理论和实践问题没有完全搞清楚，思想认识不是完全清醒的。这种不清醒、不清楚主要表现在两个方面：一是脱离生产力发展水平，超越历史发展阶段导致的“空想论”；二是由于对社会政治状况和主要矛盾的错误判断而导致的“以阶级斗争为纲”。显然，前者是毛泽东追求的未来社会的理想目标，回答的是建设什么样的社会主义的问题；后者是毛泽东实现理想社会的途径，回答的是如何建设社会主义的问题。这两个问题既是毛泽东晚年思考得最多且论述得最充分的问题，也是导致他出现严重失误的最基本的问题。对此，邓小平精辟地指出：“什么叫社会主义，什么叫马克思主义？我们过去对这个问题的认识不是完全清醒的。”① “问题是什么是社会主义，如何建设社会主义。我们的经验教训有许多条，最重要的一条，就是要搞清楚这个问题。”②

以邓小平为代表的中国共产党人纠正了毛泽东晚年的错误，实现了党在指导思想上和实际工作中的拨乱反正，并且深刻总结和吸取了毛泽东在探索社会主义建设道路中的经验教训，也借鉴了其他社会主义国家兴衰成败的历史经验，在新的历史条件下把马克思主义基本原理与中国实际和时代特征结合起来，走自己的路，实现了从以阶级斗争为纲转到以经济建设发展生产力为中心，从封闭转到开放，从墨守成规转到全面改革“三个转变”，在实践中成功开辟了一条有中国特色社会主义建设道路，从而使中国的社会主义建设最终摆脱了传统的社会主义模式即苏联模式的影响。在这一伟大实践中逐步形成的中国特色社会主义理论体系，是对毛泽东思想的继承和发展，是当代中国的马克思主义。在中国特色社会主义理论体系和党的基本路线的指引下，我国的社会主义现代化建设取得了举世瞩目的成就。各族人民将继续高举这一伟大旗帜，为把我国建设成为一个富强、民主、文明、和谐的社会主义现代化国家而奋斗。

思考题

1. 毛泽东为什么要提出以苏联经验为鉴戒，走中国自己的社会主义建设道路?

2. 中国共产党在探索走中国自己的社会主义建设道路初期取得了哪些积极成果?

3. 如何正确认识毛泽东在探索中国自己的社会主义建设道路中的艰难曲折及其历史局限?

---

① 邓小平文选：第3卷［M］. 北京：人民出版社，1993：63.

② 邓小平文选：第3卷［M］. 北京：人民出版社，1993：116.

下编　中国特色社会主义理论体系

第六章　社会主义的本质和根本任务

“什么是社会主义，怎样建设社会主义”是邓小平在探索中国特色社会主义道路过程中，不断提出和反复思考的首要的基本的理论问题。邓小平为什么将其当作首要的基本的理论问题？他怎样在总结国内外社会主义建设经验教训的基础上，揭示了社会主义的本质和根本任务？在坚持和继承邓小平理论的基础上，又怎样在实践中进一步深化了党对社会主义的认识？正确认识这些问题，对我们理解社会主义的本质和根本任务具有重要的意义。

第一节　社会主义的本质理论

一、中国特色社会主义建设道路的新探索

中国社会和经济经过1976年到1978年两年徘徊之后，1978年12月18日，在北京举行的党的十一届三中全会彻底否定了“两个凡是”的错误方针，重新确立了“解放思想、实事求是”的指导思想，实现了思想路线的拨乱反正；宣布停止使用“以阶级斗争为纲”的口号，作出工作重点向经济建设转移的战略决策，实现了政治路线的拨乱反正；形成以邓小平为核心的党中央领导集体。中共十一届三中全会是新中国成立以来具有深远意义的伟大转折，它揭开了改革开放的序幕，开辟了建设中国特色社会主义的新道路，标志着我国从此进入了社会主义事业发展的新时期。

（一）设立经济特区的尝试

设置经济特区是中国改革开放政策在实践中迈出的一个重大步骤。1979 年 4 月，邓小平在中央工作会议上提出：可以划出一块地方，叫作特区；7 月 15 日，中共中央、国务院批转广东省委、福建省委关于对外经济活动实行特殊政策和灵活措施的报告，决定在深圳、珠海、汕头和厦门试办特区。1980 年 5 月，中共中央、国务院批转《广东、福建两省会议纪要》，正式将“特区”定名为“经济特区”。1984 以后，通过总结经验和充分肯定“经济特区”的建设成果，中央采取了一系列重大步骤，使对外开放由点到线，由线到面进一步扩大。包括 1984 年批准开放沿海 14 个城市；1988 年批准海南建省并成为中国最大的经济特区；1990 年 4 月决定开发上海浦东新区。

改革开放之初，在缺少对外经济交往经验、国内法律体系不健全的形势下，经济特区的成功实践，对中国社会主义建设道路的探索起到了极为重要的“窗口”和“试验田”作用。

（二）家庭联产承包责任制的确立

中国农村开始出现家庭联产承包责任制时，有些人说它是走资本主义道路，因为已有的社会主义理论从未提到过它，但实践显示出它的魅力，它的推行迅速解决了中国农村的温饱问题。因而人们认识到，它是中国特色社会主义理论与实践的重要组成部分。

早在 1978 年，安徽省凤阳县小岗生产队，率先自发地实行“分田到户”搞家庭承包责任制，第二年，粮食产量由原来的 3 万斤猛增到 12 万斤；还破天荒地第一次交了公粮，还了贷款。1982 年 1 月 1 日，中共中央批转《全国农村工作会议纪要》，指出目前农村实行的各种责任制，包括小段包工定额计酬，专业承包联产计酬，联产到劳，包产到户、到组，包干到户、到组，等等，都是社会主义集体经济的生产责任制。1983 年中央下发文件，指出联产承包制是在党的领导下我国农民的伟大创举，是马克思主义农业合作化理论在我国实践中的新发展。家庭联产承包责任制作为农村经济体制改革的第一步，突破了“一大二公”“大锅饭”和统一经营、统一管理的旧体制，解放了农村生产力。

（三）有计划的商品经济理论的提出

按马克思主义经典理论，社会主义不存在商品与货币关系，尽管事实上新中国一直存在这种关系。1984 年 10 月中共十二届三中全会通过《中共中央关于经济体制改革的决定》（以下简称《决定》），明确提出：进一步贯彻执行对内搞活经济、对外实行开放的方针，加快以城市为重点的整个经济体制改革步伐。改革的基本任务是建立起具有中国特色的、充满生机和活力的社会主义经济体制，促进社会生产力的发展。《决定》认为：改革计划体制，首先要突破把计划经济同商品经济对立起来的传统观念，明确认识社会主义计划经济必须自觉依据和运用价值规律，是在公有制基础上的有计划的商品经济；商品经济的充分发展，是社会经济发展不可逾越的阶段，是实现我国经济现代化的必要条件。《决定》为打破计划经济体制创造了条件。

（四）全民所有制企业改革的启动

1986 年 12 月，国务院作出《关于深化企业改革增强企业活力的若干规定》（以下简称《规定》），提出全民所有制小型企业可积极试行租赁、承包经营。全民所有制大中型企业要实行多种形式的经营责任制。各地可以选择少数有条件的全民所有制大中型企业进行股份制试点。《规定》的出台是推动城市经济体制改革的重大步骤，对于进一步简政放权，改善企业外部条件，扩大企业经营自主权，促进企业内部机制改革，探索社会主义公有制的实现方式具有重大意义。

（五）“一个中心、两个基本点”基本路线的制定

1987 年 10 月，在中国共产党第十三次全国代表大会上，提出了社会主义初级阶段理论，制定了党在社会主义初级阶段的基本路线，确定社会主义初级阶段“三步走”的发展战略，并提出了政治体制改革的任务。中共十三大是党的十一届三中全会以来路线的延续、丰富和发展，实现了马克思主义中国化的新飞跃，开辟了具有中国特色的社会主义建设之路。

（六）“科学技术是第一生产力”的提出

早在 1953 年，毛泽东就提出要学习先进的科学技术来建设我们

的国家；1956 年，周恩来代表党中央提出“向科学进军”的口号，但后来由于“左”的思想发展，中断了这一进程。1985 年 3 月，中共中央在《关于科学技术体制改革的决定》（以下简称《决定》）中指出，现代科学技术是新的社会生产力中最活跃和决定性的因素，全党必须高度重视并充分发挥科学技术的巨大作用。《决定》从宏观上制定了科学技术必须为振兴经济服务、促进科技成果的商品化、开拓技术市场等方针和政策，促进了科技成果向生产力的转化以及高新技术产业化的发展，揭开了“文化大革命”后国家科技体制改革的序幕。邓小平十分重视科学技术在建设社会主义中的地位和作用。1988 年 9 月，邓小平指出：“马克思说过，科学技术是生产力，事实证明这话讲得很对。依我看，科学技术是第一生产力。”① 以后，江泽民、胡锦涛先后提出“科学技术是先进生产力的集中体现和主要标志”，科学技术“是推动人类文明进步的革命力量”等重要论断，成为中国特色社会主义理论的重要内容。

二、社会主义本质理论的提出

中共十一届三中全会以后，邓小平总结多年来离开生产力抽象地谈论社会主义的历史教训，经过深邃的思考，创造性地对社会主义本质进行了新的概括，深化了对社会主义的认识。

（一）社会主义本质理论的提出

为了推动全党对社会主义进行再认识，邓小平提出了关于社会主义本质的科学论断：“社会主义的本质，是解放生产力，发展生产力，消灭剥削，消除两极分化，最终达到共同富裕。”② 邓小平对社会主义本质所作的新的理论概括，是从我们长期以来没有完全搞清楚什么是社会主义、怎样建设和发展社会主义这个问题，因而影响了社会主义优越性的发挥这一实际出发，经过深入思考，发现了问题的症结所在以后提出来的。这一新的理论概括，从历来关于社会主义经济、政治、社会等多个方面的特征中，抽象出“社会主义的本质”这一范畴，从更深的层次上使人们科学地理解究竟什么是社

① 邓小平文选：第 3 卷［M］. 北京：人民出版社，1993：274.

② 邓小平文选：第 3 卷［M］. 北京：人民出版社，1993：373.

会主义，从而也为探索建设和发展社会主义的新道路和新方法，提供了坚实的理论基础。

20世纪80年代初，我国刚刚实行改革开放之际，针对一些人因政策的调整而产生的困惑和疑虑，邓小平在论述怎样才能发挥社会主义制度优越性的问题时，第一次提出了社会主义本质这个概念。鉴于我们过去搞了20多年的社会主义建设实践，人民生活提高不多、生产力发展不够理想、同世界先进水平差距拉大的实际情况，他指出："社会主义是一个很好的名词，但是如果搞不好，不能正确理解，不能采取正确的政策，那就体现不出社会主义的本质。"① 他认为，讲社会主义，首先要使生产力发展，这是主要的。只有这样，才能表明社会主义的优越性。社会主义经济政策对不对，归根到底要看生产力是否发展、人民收入是否增加。他把发展生产和增加人民收入称为压倒一切的标准，实际上已经提出了社会主义本质的核心内容。同时，邓小平对不符合社会主义本质要求的思想进行了深刻的剖析，他认为，贫穷不是社会主义，发展太慢也不是社会主义，平均主义不是社会主义，两极分化也不是社会主义，没有民主就没有社会主义。

1986年9月，邓小平在回答美国记者关于"致富光荣的口号同社会主义的关系"时说："社会主义财富属于人民，社会主义的致富是全民共同致富。社会主义原则，第一是发展生产，第二是共同致富。"② 这段话成为社会主义本质论断的雏形。1990年12月，邓小平又一次强调共同富裕的问题，指出："共同致富，我们从改革一开始就讲，将来总有一天要成为中心课题。社会主义不是少数人富起来、大多数人穷，不是那个样子。社会主义最大的优越性就是共同富裕，这是体现社会主义本质的一个东西。"在全面总结我国社会主义实践的历史经验和改革开放新鲜经验的基础上，邓小平在1992年视察南方的谈话中明确提出了关于社会主义本质的著名论断。

（二）社会主义本质的科学内涵

邓小平对社会主义本质所作的概括，一方面强调必须集中力量

① 邓小平文选：第2卷［M］. 北京：人民出版社，1994：313.
② 邓小平文选：第3卷［M］. 北京：人民出版社，1993：172.

解放和发展生产力，另一方面指出了解放和发展生产力的手段和目的。这一概括既坚持了马克思主义的科学社会主义，同时又赋予了社会主义以新的含义和时代内容。它的基本内涵包括以下两个方面。

第一，把解放和发展生产力纳入社会主义的本质。这是社会主义本质理论的一个十分明显和突出的特点。强调解放和发展生产力在社会主义本质中的地位，是邓小平在科学社会主义理论与社会主义建设实践内在统一的基础上认识社会主义的一个创造，也是他提出社会主义本质这个具有更高概括性范畴的重要原因。

邓小平之所以把解放和发展生产力纳入社会主义本质之中，不是简单地出于社会主义历史使命和根本任务的逻辑推演，而是以唯物史观为指导，在认真总结社会主义建设的历史经验，科学地把握中国的具体国情和时代特征的基础上提炼出来的。从我国社会主义建设的历史经验看，过去对什么是社会主义的问题之所以没有完全搞清楚，之所以不完全清醒，一个重要的原因就是离开生产力水平抽象地谈论社会主义，误以为只要不断改变生产关系，提高公有化的程度，就能推动生产力的发展，一个时期内甚至用“以阶级斗争为纲”取代发展生产力这个中心任务。此外也没有认识到在社会主义条件下还有一个解放生产力的问题，因而长期以来没有解决好在社会主义条件下如何发展生产力的问题。从中国的具体国情看，我国还处于社会主义初级阶段。在这个历史阶段，人民群众日益增长的物质文化需要同落后的社会生产之间的矛盾，表现得更加突出，解放和发展生产力的意义也就更加重要。从时代特征看，在和平与发展成为时代主题、新的科技革命迅速发展的条件下，世界各国尤其是我们的周边国家和地区都在研究如何抓住时机、加快发展自己的问题，只有突出解放和发展生产力在社会主义本质中的地位和作用，才能自觉地坚持以经济建设为中心，抓住机遇，加快发展，不断推进社会主义现代化建设，并最终以实践来证明社会主义优于资本主义。

发展生产力还有一个解放生产力的问题。改革开放以前，我国原有的经济体制、政治体制和其他方面的体制存在着种种弊端，束缚了生产力的发展，必须通过改革为生产力的发展开辟出广阔的前景。所以，邓小平强调，只讲在社会主义条件下发展生产力，没有讲还要通过改革解放生产力，不完全。应该把解放生产力和发展生产力两个讲全了。

第二，强调消灭剥削、消除两极分化，突出了最终达到共同富裕这一社会主义的目标。马克思主义认为，共产主义的最终目的是实现人的自由而全面的发展。中国原来是经济十分落后的国家，至今还处在并将长期处在社会主义初级阶段，不可能比较快地创造出实现人的自由而全面发展的条件。邓小平从中国的具体国情出发，把实现共同富裕作为社会主义的根本目标，体现了马克思主义同当代中国实际的结合。实现共同富裕，是走向人的自由而全面发展所必经的阶段。

要实现共同富裕，从生产关系方面来说，还有一个消灭剥削，消除两极分化，使社会生产力发展的成果为全体人民所享有的问题。而这又是在存在和坚持社会主义公有制和按劳分配为主体的条件下才能实现的。所以，邓小平一再强调，一个公有制占主体，一个共同富裕，这是我们必须坚持的社会主义的根本原则；社会主义有两个非常重要的方面，一是以公有制为主体，二是不搞两极分化。他指出，我们发展生产力，创造的财富归人民所有，不允许出现两极分化。消灭剥削，消除两极分化，最终达到共同富裕，是一个随着生产力的发展而逐步实现的比较长的动态过程。在中国的具体条件下，在社会生产力没有充分发展以前，仍然会在一定范围内和一定程度上存在剥削现象和出现两极分化的可能性。社会主义的本质和优越性将伴随着社会生产力的发展和社会主义社会由低级到高级、由不完善到逐步完善的发展过程而逐步地得到充分体现。

党的十六大以来，以胡锦涛为总书记的党中央以马克思列宁主义、毛泽东思想、邓小平理论和“三个代表”重要思想为指导，按照科学发展观的要求，提出构建社会主义和谐社会的战略任务，作出“社会和谐是中国特色社会主义的本质属性”的重大判断。这个重大判断，深化了对社会主义本质的认识，是总结国内外社会主义建设特别是我国社会主义建设历史经验得出的重要结论，也是构建社会主义和谐社会的理论基础。

三、社会主义本质理论的重要意义

邓小平坚持科学社会主义理论和实践的基本成果，抓住“什么是社会主义、怎样建设社会主义”这个根本问题，深刻揭示了社会主义的本质，这是对马克思主义的重大发展，对于建设中国特色社会主义具有重大的理论和实践意义。

第一，社会主义本质理论把我们对社会主义的认识提高到了一个新的科学水平。社会主义本质理论的提出，把我们对社会主义的认识，从主要强调关于公有制、按劳分配等特征，进一步深入到实现共同富裕这个建设社会主义的根本目标上来。过去由于缺乏对社会主义本质的认识，我们在建设社会主义、巩固和发展社会主义方面，认为公有制和按劳分配的范围越广、程度越高，越有助于实现共同富裕，甚至脱离实际条件，盲目扩大公有制的范围，提高公有制的程度，导致远离根本目的的结果。这在多次出现的“穷过渡”中表现得十分明显。在改革开放的进程中，对改革开放的一些政策调整之所以经常会出现不同的意见，从认识论的角度看，也是因为离开了社会主义的根本目的孤立地看待是否符合公有制、按劳分配等社会主义的特征。因此，提出一个把建设社会主义的手段和目的统一起来的更高层次的社会主义本质概念，搞清楚建设社会主义的根本目的和目标，对于统一认识，促进改革开放事业的发展，保证社会主义改革的正确方向，是十分重要的。社会主义本质理论的提出，为判断改革开放的是非得失提供了强大的思想武器，有力地促进了社会主义现代化建设事业大踏步地向前发展。

第二，社会主义本质理论对探索怎样建设社会主义具有重要的实践意义。邓小平提出社会主义本质理论的针对性，一方面是过去只着重于关注巩固和扩大公有制、按劳分配和计划经济，把它当作目的本身，而忽视了更为基本的建设社会主义的根本目的和目标；另一方面是防止改革进程中可能出现的少部分人富而大部分人穷的两极分化和其他消极现象。这两种情况都不可能使我国的社会主义建设找到一条正确的道路。社会主义本质理论把搞清楚“什么是社会主义、怎样建设社会主义”紧密地结合起来，揭示了实现社会主义本质与建设社会主义道路之间的内在逻辑关系。社会主义本质理论的提出，为我们寻找一种能够从更深层次把握住社会主义的本质，从而为中国的社会主义建设在改革开放中探索出一条发展更快、人民享受到社会主义建设成果最大、能够充分体现出相对于资本主义的优越性的道路，奠定了理论基础，开辟了广阔前景。

总之，邓小平对社会主义本质所作的理论概括，对科学社会主义理论既是坚持和继承，又是发展和创新，为我们真正搞清楚什么是社会主义、怎样建设社会主义，并在实践中创造出充满活力的社会主义奠定了科学的思想基础。

第二节　社会主义的根本任务

社会主义本质论揭示了社会主义根本任务和根本目标的统一。社会主义的根本任务是解放生产力，发展生产力。这是马克思主义的一个基本原理，也是中国特色社会主义理论体系强调的一个十分重要的思想。

一、发展是硬道理

马克思主义认为，物质资料的生产是人类社会生存和发展的基础。生产力是生产方式中最活跃、最革命的因素，生产力不仅决定生产关系的性质，而且决定生产关系的建立、巩固和变革，决定一切社会形态的产生和更替，人类社会由低级形态向高级形态发展的根本动力就是生产力。社会主义制度的建立，以至于共产主义的实现，都是由生产力的发展决定的。无产阶级革命的实质就是解放生产力，为生产力的发展开辟广阔的道路。邓小平正是从这一历史唯物主义的基本原理和亲身经历的实践经验出发，提出了“发展才是硬道理”的著名论断。他强调，马克思主义最注重发展生产力，马克思主义的基本原理就是要发展生产力，“在社会主义国家，一个真正的马克思主义政党在执政以后，一定要致力于发展生产力，并在这个基础上逐步提高人民的生活水平”。发展生产力是科学社会主义理论和实践的出发点，是中国共产党制定路线、方针、政策的出发点，“社会主义的首要任务是发展生产力，逐步提高人民的物质和文化生活水平。”①

① 邓小平文选：第3卷［M］．北京：人民出版社，1993：116．

二、发展是党执政兴国的第一要务

中国共产党的执政地位是历史的选择，是人民的选择，但从根本上说，是实现中华民族伟大复兴的需要。民族复兴靠的是生产力的高度发达，靠的是物质基础的强大雄厚。社会主义制度的优越性，就在于它能够创造出比资本主义和一切私有制社会更高的劳动生产率，使人民的物质文化生活水平不断提高。如果在一个相当长的时期内，社会主义国家生产力的发展速度比不上资本主义国家，不能取得与资本主义国家相比较的经济优势，社会主义制度就会失去吸引力和凝聚力，就会处于十分被动的地位，甚至有失败的危险。当今世界社会主义同资本主义的抗争，已经从过去的政治军事较量转移到综合国力的较量，这使得社会主义的劣势和资本主义的优势十分突出。这种形势下，社会主义如果不能快速发展生产力，不能快速提高综合国力，就谈不上巩固和发展。邓小平对这个问题看得十分透彻，他强调：社会主义制度的优越性“首先要表现在经济发展的速度和效果方面。没有这一条，再吹牛也没有用”①。中国特色社会主义就是“不断发展生产力的社会主义”。在社会主义国家，一个真正的马克思主义政党在执政以后，一定要致力于发展生产力，并在这个基础上逐步提高人民的生活水平。搞社会主义应该落到实处，应该让人民过上富裕的生活，而不应该让人民过“贫穷”的生活。这样，社会主义事业才有物质基础和群众基础。

从长远的观点看，人民群众最终选择某种主义，并不是以这个主义宣传得如何优越、如何先进而定，而是以自己的亲身感受、自己的物质文化生活获得改善的状况来确定。宣传得好，也许在一定时间内能够得到很多人的拥护与支持，但如果生活水平长期得不到改善，那么不管什么主义，人民都会对其失去信心，并且迟早要抛弃它。这是不以人的主观意志为转移的客观规律。一时的成败可以靠宣传鼓动和武力支柱，但长远的胜负必须靠民心。所以，希望人民接受某种主义、某种社会制度、某个领导集体，决不能靠动听的言词、漂亮的许诺，而必须落到实处，让人民有看得见、摸得着的

---

① 邓小平文选：第2卷［M］. 北京：人民出版社，1994：251.

实惠，要求以“是否有利于提高人民的生活水平”作为衡量标准。邓小平说：“坚持社会主义的发展方向，就要肯定社会主义的根本任务是发展生产力，逐步摆脱贫穷，使国家富强起来，使人民生活得到改善”①。

胡锦涛在党的十七大报告中强调：“必须把发展作为党执政兴国的第一要务。发展，对于全面建设小康社会、加快推进社会主义现代化，具有决定性意义。要牢牢抓住经济建设这个中心，坚持聚精会神搞建设、一心一意谋发展，不断解放和发展生产力。”

三、科学技术是第一生产力

马克思根据当时生产力发展的水平，提出了科学技术是生产力的一部分、生产力中包含科学的论断，强调科学技术是生产力和社会发展的强大动力。中国共产党历来重视科学技术在国家经济社会发展中的地位和作用，并在科学技术和社会发展实践中丰富和发展了科学技术是生产力的理论。1953 年，新中国开始第一个五年计划建设时，毛泽东就提出要学习先进的科学技术来建设我们的国家。1956 年，周恩来代表党中央提出了“向科学进军”的口号。1958 年初，毛泽东又提出现在要来一个技术革命，并要求把党的工作重点放到技术革命上来。但后来由于“左”的思想的发展，中断了这一进程。中共十一届三中全会以后，邓小平根据世界科学技术飞速发展对生产力的巨大推动作用，明确提出了“科学技术是第一生产力”，以后江泽民、胡锦涛先后提出“科学技术是先进生产力的集中体现和主要标志”、科学技术“是推动人类文明进步的革命力量”等重要论断，成为中国特色社会主义理论的重要内容。

邓小平十分重视发展科学技术在建设社会主义中的地位和作用。他指出，现代科学技术正在经历一场伟大的革命，现代科学技术不只是在个别的科学理论上、个别的生产技术上获得了发展，也不只是有了一般意义上的进步和改革，而是几乎各个科学技术领域都发生了深刻的变化，出现了新的飞跃，产生了并且正在继续产生一系列新兴科学技术。根据现代科技革命与生产力发展的新趋势，1988

① 邓小平文选：第3卷［M］. 北京：人民出版社，1993：264-265.

年9月，邓小平进一步指出，“马克思说过，科学技术是生产力，事实证明这话讲得很对。依我看，科学技术是第一生产力。”① 后来又强调，经济发展得快一点，必须依靠科技和教育。要提倡科学，靠科学才有希望。

江泽民继承和发展了邓小平关于“科学技术是第一生产力”的思想，面对科技进步与社会发展的新形势，进一步提出，科学技术是第一生产力，而且是先进生产力的集中体现和主要标志，科技进步和创新是发展生产力的决定因素，强调迎接当今世界科学技术突飞猛进和知识经济迅速兴起的挑战，最重要的是坚持创新。科学的本质是创新，创新的关键在人才，人才的成长靠教育。科学技术实力和国民教育水平，始终是衡量综合国力和社会文明程度的重要标志，也是每个国家走向繁荣昌盛的两个不可缺少的飞轮。为此，党中央相继提出了科教兴国和人才强国的战略。

科教兴国战略的基本含义是：全面落实科学技术是第一生产力的思想，坚持教育为本，把科技和教育摆在经济、社会发展的重要位置，增强国家的科技实力及向现实生产力转化的能力，提高全民族的科技文化素质，把经济建设转移到依靠科技进步和提高劳动者素质的轨道上来，加速实现国家的繁荣富强。人才强国战略的基本含义是：在建设中国特色社会主义的伟大事业中，要把人才作为推进事业发展的关键因素，努力造就数以亿计的高素质劳动者、数以千万计的专门人才和一大批拔尖创新人才，建设规模宏大、结构合理、素质较高的人才队伍，开创人才辈出、人尽其才的新局面，把我国由人口大国转化为人才资源强国。

进入21世纪，世界新科技革命发展的势头更加迅猛，正孕育着新的重大突破。面对世界科技发展的大势和日趋激烈的国际竞争，胡锦涛强调，我们必须认清形势、坚定信心、抢抓机遇、奋起直追。为此，党中央、国务院作出了建设创新型国家的决策。

思考题

1. 怎样全面、准确地把握邓小平关于社会主义本质的新概括？

---

① 邓小平文选：第3卷［M］．北京：人民出版社，1993：274.

2. 为什么说发展才是硬道理，发展是党执政兴国的第一要务？

3. 如何理解科学技术是第一生产力？

4. 如何理解党必须始终代表中国先进生产力的发展要求？

第七章　社会主义初级阶段理论

中国社会主义处于一个什么样的发展阶段，这一阶段社会的主要矛盾和根本任务是什么，应该制定什么样的路线方针政策以及发展战略？所有这些，都是改革开放前我们党进行过探索但又未能很好解决的问题。党的十一届三中全会以后，党对社会主义初级阶段基本国情的统一认识和准确把握，从整体上解决了我国社会主义发展的现实起点问题。

第一节　社会主义初级阶段是我国最大的实际

一、社会主义初级阶段理论的形成和发展

认识国情，最重要的是搞清楚现实社会的性质和发展阶段，认识社会主要矛盾和它的变化。我国正处在社会主义初级阶段，是中国共产党和邓小平对当代中国基本国情的科学判断。我们讲从实际出发建设社会主义，最大的“实际”就是这一基本国情。

社会主义初级阶段理论是在总结第一个社会主义国家建立以来的历史发展、特别是中国社会主义建设曲折发展的历史经验和教训的基础上逐步形成的。提出“社会主义初级阶段”这一具有特定内涵的新概念，在马克思主义发展史上是第一次。

马克思主义创始人所生活的时代，社会主义建设还不是直接的实践问题，他们在科学分析资本主义发展规律的基础上对未来社会发展阶段提出过一些原则性的设想，认为未来社会大体要经历从资本主义社会到共产主义社会的革命转变时期、共产主义社会的第一阶段、共产主义社会的高级阶段。但对作为共产主义社会第一阶段的社会主义社会，在其历史发展过程中将会经历哪些发展阶段，马克思恩格斯没有作出进一步的判断。

在社会主义思想发展史上，最早提到社会主义发展阶段问题的是列宁。列宁认为，在经济落后的俄国，只能建成“初级形式的社会主义”，而不能立即建成“发达的社会主义”。这里包含着社会主义社会也要有一个由低级到高级、由不完备到比较完备的发展过程的思想。但是，列宁当时主要是回答俄国怎样过渡到社会主义的问题，还没有来得及具体分析社会主义制度建立以后的发展阶段问题，因而对这一思想未能作出进一步的阐发。

斯大林在1936年苏联确立了社会主义制度之后不久，没有从实际出发深入研究社会主义的发展阶段问题，就提出了向共产主义过渡的设想。第二次世界大战结束后，经过一段时间的经济重建，1952年又宣布党的主要任务是从社会主义过渡到共产主义。这种脱离实际、急于过渡的思想，对苏联和其他社会主义国家的发展造成了消极的影响。

我国社会主义制度确立后，毛泽东曾比较正确地提出我国社会主义发展的阶段问题，他在1956年1月召开的知识分子问题会议上提出了我国的社会主义社会已经进入、尚未完成的思想。后来，他又明确地指出，我国社会主义制度只是“刚刚建立”，还没有“完全建成”，需要经过一段时间建立起现代工业和现代农业的基础，在生产力得到比较充分的发展后，我们的社会主义经济制度和政治制度才算获得了比较充分的物质基础，社会主义社会才算从根本上建成了。但由于我国当时刚刚进入社会主义社会，没有足够的经验使我们能够对社会主义建设和社会主义社会的发展规律具有很清楚的认识。因此，关于社会主义发展阶段的思想没有能够坚持并得到进一步发展。在1958年的“大跃进”和人民公社化运动中，由于对社会主义发展阶段认识的不科学和对社会生产力发展速度作出的严重错误的估计，产生了“共产主义在我国的实现，已经不是什么遥远将来的事情了”的盲目乐观情绪。特别是20世纪60年代，由于“左”倾思想的不断发展，对社会主义理解为“从资本主义社会到共产主义社会的革命转变时期”，中断了探索我国社会主义发展阶段的正确之路。

党的十一届三中全会以后，在总结新中国成立以来历史经验和改革开放以来新的实践经验的基础上，党对我国社会主义所处的历史阶段进行了新的探索，逐步作出了我国还处于并将长时期处于社会主义初级阶段的科学论断，准确地把握了我国的基本国情。

中国共产党之所以能够比较自觉地把探索社会主义社会发展阶段的问题提到日程上来，原因是全党全国的工作重心转入经济建设后实行改革开放的实践，提出了认识社会主义发展阶段问题的迫切需要。党的十一届三中全会以后实行的一系列新政策虽然在实践上取得了明显成效，然而在理论上却同过去人们对社会主义的理解发生了冲突，有些人怀疑改革开放的路线和政策是否符合马克思主义，另一些人则否定坚持社会主义方向和道路的必要性。为了坚持推进改革开放，坚持改革开放的社会主义方向，必须从理论上深入开展关于社会主义社会发展阶段问题的研究。

新时期党对社会主义发展阶段的认识经历了一个过程。党的十一届三中全会以后不久，邓小平就提出，底子薄、人口多、生产力落后，这是中国的现实国情。强调中国的现代化建设必然是长期的。1981 年党的十一届六中全会通过的《关于建国以来党的若干历史问题的决议》，第一次提出我国社会主义制度还处于初级的阶段。之后，1982 年党的十二大报告和 1986 年党的十二届六中全会通过的《关于社会主义精神文明建设指导方针的决议》，分别对这一阶段的内容作了一定的分析。但总的说来，这三次提出社会主义社会初级阶段或初级发展阶段时，都还没有把它作为建设中国特色社会主义的全局性问题加以把握，因而也还没有从理论上作为制定党的路线和政策的根本依据加以展开和发挥。

党的十三大召开前夕，邓小平强调指出："党的十三大要阐述中国社会主义是处在一个什么阶段，就是处在初级阶段，是初级阶段的社会主义。社会主义本身是共产主义的初级阶段，而我们中国又处在社会主义的初级阶段，就是不发达的阶段。一切都要从这个实际出发，根据这个实际来制订规划。"① 这个论述，第一次把社会主义初级阶段作为事关全局的基本国情加以把握，明确了这一问题是制定路线、政策的出发点和根本依据。党的十三大之所以能够把初级阶段问题提到全局高度加以论述，一是因为我们已经有了一段在

① 邓小平文选：第 3 卷［M］. 北京：人民出版社，1993：252.

改革开放中进行社会主义现代化建设的经验；二是因为要继续推进改革开放和现代化建设，必须破除各种思想障碍，从根本上解决对我国社会主义建设出发点问题的认识。党的十三大对社会主义初级阶段和党的基本路线的系统阐述，表明了党对社会主义和中国国情认识上的一次飞跃。

党的十五大再次强调社会主义初级阶段问题，并制定了党在社会主义初级阶段的基本纲领，精辟地回答了什么是社会主义初级阶段中国特色社会主义的经济、政治和文化，以及怎样建设这样的经济、政治和文化，进一步统一了全党全国人民的思想。

当我国人民生活总体上达到小康水平后，党的十六大再次强调，我国正处于并将长期处于社会主义初级阶段，现在达到的小康还是低水平的、不全面的、发展很不平衡的小康，巩固和提高目前达到的小康水平，还需要进行长时期的艰苦奋斗。

正是由于我们对于社会主义初级阶段的基本国情有了一个科学认识和正确把握，我们才得以成功地走出了一条建设中国特色社会主义的新道路，使社会主义在中国显示出蓬勃的生机和活力，使社会主义现代化建设在中国取得了举世瞩目的巨大成就。

二、社会主义初级阶段的科学含义和基本特征

（一）社会主义初级阶段的科学含义

党的十三大明确指出社会主义初级阶段包括两层含义：第一，我国社会已经是社会主义社会。我们必须坚持而不能离开社会主义。第二，我国的社会主义社会还处在初级阶段。我们必须从这个实际出发，而不能超越这个阶段。前一层含义阐明的是初级阶段的社会性质，后一层含义则阐明了我国现实中社会主义社会的发展程度。

社会主义初级阶段的两层基本含义既相对区别，又紧密联系，构成了一个具有特定内涵的新概念。这里所说的初级阶段，不是泛指任何国家进入社会主义都会经历的起始阶段，而是特指我国在生产力发展水平不高、商品经济不发达条件下建设社会主义必然要经历的特定历史阶段。江泽民指出，社会主义初级阶段是整个建设中国特色社会主义的很长历史过程中的初始阶段，表明了社会主义初级阶段与建设中国特色社会主义历史进程的内在联系。

（二）社会主义初级阶段的基本特征

党的十三大曾从我国人口结构、工业发展水平、地区发展状况、科学教育文化发展等几个方面概括了我国社会主义初级阶段的基本特征。指出我国社会主义初级阶段，是逐步摆脱贫穷、摆脱落后的阶段；是由农业人口占多数的手工劳动为基础的农业国，逐步变为非农产业人口占多数的现代化的工业国的阶段；是由自然经济半自然经济占很大比重，变为商品经济高度发达的阶段；是通过改革和探索，建立和发展充满活力的社会主义经济、政治、文化体制的阶段；是全民奋起，艰苦创业，实现中华民族伟大复兴的阶段。经过10年的认识和实践，党的十五大更加全面地从现代化发展的水平、产业结构状况、经济运行方式、文化教育发展水平、人民富裕程度、地区发展状况、体制改革、精神文明建设及国际比较等方面，对社会主义初级阶段的特征作出新的概括，充分体现了社会主义初级阶段历史发展的过程性特征。

党的十七大对新世纪新阶段我国发展呈现出的新的阶段性特征进行了深入分析和概括。强调指出，经过新中国成立以来特别是改革开放以来的不懈努力，我国取得了举世瞩目的发展成就，从生产力到生产关系、从经济基础到上层建筑都发生了意义深远的重大变化，但我国仍处于并将长期处于社会主义初级阶段的基本国情没有变，人民日益增长的物质文化需要同落后的社会生产之间的矛盾这一社会主要矛盾没有变。当前我国发展的阶段性特征，是社会主义初级阶段基本国情在新世纪新阶段的具体表现。只有既牢牢把握社会主义初级阶段这个大的历史阶段，又认真分析不同时期具体的阶段性特征，才能准确判断我国社会发展的主流和方向，并据以制定正确的发展战略和政策。

三、我国社会主义初级阶段的长期性

从1956年生产资料私有制的社会主义改造基本完成算起，到21世纪中叶社会主义现代化的基本实现，社会主义初级阶段至少需要100年的时间。邓小平曾指出：“现在虽说我们也在搞社会主义，但事实上不够格。"① 所谓"不够格"，也就是不够马克思所讲的"共产主义低级阶段"即社会主义阶段的"资格"。这种"不够格"，主要是在物质技术基础方面不够格，也表现在社会经济制度和上层建筑方面的不成熟、不完善。这反映了中国现在所处的发展阶段同马克思主义创始人所设想的未来社会发展阶段之间在物质技术基础上存在着很大的差距，以及由此产生的社会主义发展程度方面的不够格。初级阶段的长期性，从根本上说是由中国进入社会主义的历史条件和建成社会主义所需要的物质基础所决定的。

近代中国特殊的历史条件，决定了我国只能从半殖民地半封建的旧中国，经过新民主主义走向社会主义。在我国，要改变生产力发展水平落后的基本状况，完善社会主义生产关系和上层建筑，实现现代化，是一个长期的历史任务。历史使我们超越了资本主义充分发展并占主要地位的历史阶段，但是，生产力和商品经济的充分发展却是无法逾越的。我们必须在社会主义条件下用一个很长的历史阶段，去实现别的国家在资本主义条件下实现的工业化和经济的市场化、社会化、现代化的任务，去发展社会主义应有的发达的生产力的基础。党的十一届三中全会以来，我国的生产力水平有了明显提高，各项事业有了很大进步，人民生活总体上达到了小康水平。但总的来说，我国的生产力和科技、教育还比较落后，实现工业化和现代化还有很长的路要走，在经济和社会发展诸多方面存在的许多问题也不是短时期能够解决的。邓小平在 1992 年南方谈话中指出："我们搞社会主义才几十年，还处在初级阶段。巩固和发展社会主义制度，还需要一个很长的历史阶段，需要几代人、十几代人，甚至几十代人坚持不懈地努力奋斗，决不能掉以轻心。"② 这使我们对中国特色社会主义建设的长期性、紧迫性、复杂性、艰巨性有了更加清醒的思想准备。

牢固树立社会主义初级阶段长期性的观点，有助于我们从根本上克服急躁情绪，克服各种超越阶段的错误观念和政策，坚持党在现阶段的基本路线、基本纲领、基本经验和各方面的方针政策，埋头苦干、脚踏实地地完成初级阶段的各项任务，不断推进社会主义

① 邓小平文选：第 3 卷［M］. 北京：人民出版社，1993：225.

② 邓小平文选：第 3 卷［M］. 北京：人民出版社，1993：379-380.

现代化建设。

第二节　社会主义初级阶段的基本路线和基本纲领

一、社会主义初级阶段的主要矛盾

揭示社会主义初级阶段的主要矛盾，反映基本矛盾运动规律的要求，是制定社会主义初级阶段基本路线的客观依据。在社会主义初级阶段，我国经济、政治、文化和社会生活各方面存在着种种相互联系的矛盾，但主要的矛盾是人民日益增长的物质文化需要同落后的社会生产之间的矛盾。

社会主义初级阶段的主要矛盾，贯穿于这个阶段的整个过程和社会生活的各个方面。这个主要矛盾有其特定的历史内容。就人民日益增长的物质文化需要而言，“人民”包括各阶层人民群众，具有整体性，“需要”是随着经济和社会发展而不断提高的，具有动态性和全面性；就落后的社会生产而言，包括生产力的落后，没有实现工业化和经济的市场化、社会化、现代化，也包括生产力的组织、经营和管理方式的落后。这个主要矛盾，深刻反映了我国社会主义初级阶段的特殊本质。从社会需要方面来看，随着社会主义制度的建立，人民群众在旧社会被压抑的社会需求被广泛地释放出来，人民对于崭新的社会制度能够满足他们的物质文化需要，寄予了很大的期望。但是多年以来，我国社会生产力发展遭受过几次曲折，人民的物质和文化生活条件未得到理想的改善，国家也无法较快摆脱贫穷落后的状态。党的十一届三中全会以来，人民改善物质文化的要求，不仅在数量上不断增长，而且在质量上不断提高，对于生产更加丰富多彩的物质和精神产品的需求越来越大，要求越来越高。从社会生产方面看，经过几十年来的社会主义建设，我国的社会生产力和经济实力有了巨大的增长，教育科学文化事业也有了相当的发展，但是生产力落后、经济文化发展很不平衡的状况还没有得到根本改变。在整个社会主义初级阶段，我国的社会生产，无论是相对于充分体现社会主义优越性所需要的物质基础来说，还是相对于发达国家的生产力水平来说，都仍将是比较落后的。在我国社会主要矛盾中，生产力落后将长期是矛盾的主要方面。要彻底改变这种情况，就必须始终坚持以经济建设为中心，集中力量不断解放和发展生产力。

二、社会主义初级阶段的基本路线

党的基本路线是党在一定历史时期为解决社会主要矛盾而制定的行动纲领，是总揽全局的根本指导方针。党在社会主义初级阶段的基本路线，是在总结过去制定和贯彻基本路线的经验和教训的基础上，在改革开放和社会主义现代化建设实践的过程中逐步形成的。

党的十一届三中全会以后，中国共产党认真总结了历史的经验教训，逐渐形成了党在社会主义初级阶段的基本路线。1980 年邓小平在党的十一届五中全会上的讲话中指出，我们党在现阶段的政治路线，概括地说，就是一心一意地搞四个现代化。1981 年党的十一届六中全会确定了以现代化经济建设、民主政治建设和精神文明建设为标志的全面建设社会主义的总任务。在党的十二大上，邓小平第一次提出了“建设有中国特色的社会主义”的概念。后来被概括为党的基本路线核心内容的“一个中心、两个基本点”的思想逐步形成。党的十二大后，党对社会主义初级阶段基本路线的主要内容及其相互关系的认识不断深化。1985 年，邓小平又进一步指出：“我们拨乱反正，就是要在坚持四项基本原则的基础上发展生产力。为了发展生产力，必须对我国的经济体制进行改革，实行对外开放的政策。”① 从而开始将经济建设为中心同坚持改革开放和四项基本原则联系起来。1986 年，党的十二届六中全会根据邓小平的思路，提出了我国现代化建设的总体布局思想，即以经济建设为中心，坚定不移地进行经济体制改革，坚定不移地进行政治体制改革，坚定不移地加强精神文明建设，并且使这几个方面相互配合、相互促进。

1987 年党的十三大召开前夕，邓小平更为明确地指出：“搞社会主义现代化建设是基本路线。要搞现代化建设使中国兴旺发达起来，第一，必须实行改革、开放政策；第二，必须坚持四项基本原则”②。这是我国方针政策的两个基本点。至此提出初级阶段基本路

① 邓小平文选：第 3 卷［M］. 北京：人民出版社，1993：138.
② 邓小平文选：第 3 卷［M］. 北京：人民出版社，1993：248.

线的条件已经完全具备。党的十三大在科学阐述社会主义初级阶段理论的同时，正式提出了党在社会主义初级阶段的基本路线：领导和团结全国各族人民，以经济建设为中心，坚持四项基本原则，坚持改革开放，自力更生，艰苦创业，为把我国建设成为富强、民主、文明的社会主义现代化国家而奋斗。党的十七大通过的党章又把“和谐”与“富强民主文明”一起写入了基本路线。表明经过多年的实践和探索，我们党对奋斗目标的认识逐渐深化，实现了中国特色社会主义事业总体布局与奋斗目标的有机统一。

第一，建设“富强民主文明和谐的社会主义现代化国家”。这是基本路线规定的党在社会主义初级阶段的奋斗目标，体现了社会主义社会的经济、政治、文化和社会全面发展的要求。“富强”是经济领域的目标和要求，“民主”是政治领域的目标和要求，“文明”是思想文化领域的目标和要求，“和谐”是社会领域的目标和要求。富强、民主、文明、和谐在现实中表现为经济建设、政治建设、文化建设和社会建设的统一。

第二，“一个中心、两个基本点”。这是基本路线最主要的内容，是实现社会主义现代化奋斗目标的基本途径。“以经济建设为中心”是兴国之要，是我们党、我们国家兴旺发达和长治久安的根本要求，回答了社会主义的根本任务，体现了发展生产力的本质要求；四项基本原则是立国之本，是我们党、我们国家生存发展的政治基石。“坚持四项基本原则”，回答了解放和发展生产力的政治保证，体现了社会主义基本制度的要求；改革开放是强国之路，是我们党、我们国家发展进步的活力源泉。“坚持改革开放”，回答了社会主义的发展动力和外部条件，体现了解放生产力的本质要求。全面坚持和正确处理“一个中心、两个基本点”的相互关系，是正确认识和处理经济基础与上层建筑之间、生产力与生产关系之间辩证统一关系的内在要求。

第三，“领导和团结全国各族人民”。这是实现社会主义现代化奋斗目标的领导力量和依靠力量。中国共产党是中国特色社会主义事业的领导核心，中国特色社会主义事业要紧紧依靠全国各族人民，有了这两者的结合，社会主义现代化事业就必定能够胜利。

第四，“自力更生，艰苦创业”。这是我们党的优良传统，也是实现社会主义初级阶段奋斗目标的根本立足点。"中国搞四个现代化，要老老实实地艰苦创业。我们穷，底子薄，教育、科学、文化都落后，这就决定了我们还要有一个艰苦奋斗的过程。"① 把"自力更生，艰苦创业"方针概括到党的基本路线之中，不仅是改变我国不发达现状的需要，也体现了社会主义的奋斗精神。

在整个社会主义初级阶段，我们必须毫不动摇地坚持党的基本路线，邓小平反复强调："基本路线要管一百年，动摇不得。只有坚持这条路线，人民才会相信你，拥护你。"② 坚持党的基本路线不动摇，社会主义现代化战略目标的实现就有了根本保证，中华民族的复兴就有了希望。

坚持党的基本路线，必须紧紧围绕经济建设这一中心。以经济建设为中心的确定，是我们党在新时期实现的最根本的拨乱反正。以经济建设为中心是兴国之要，是我们党和国家兴旺发达、长治久安的根本要求。能否坚持以经济建设为中心，是关系到我国社会主义现代化的成败、关系到社会主义的前途和命运的大问题。如果经济建设这个中心发生动摇，整个基本路线就会被动摇。坚持以经济建设为中心，各项工作都要服从和服务于这个中心。全国党政军民都要以经济建设为大局，从这个大局出发，照顾大局，配合大局，在这个大局下行动。正如邓小平所说："离开了经济建设这个中心，就有丧失物质基础的危险。其他一切任务都要服从这个中心，围绕这个中心，决不能干扰它，冲击它。"③

坚持党的基本路线，必须正确处理改革开放和四项基本原则的关系，把两者在建设中国特色社会主义的实践中统一起来。四项基本原则是立国之本，是我们党和国家生存发展的政治基石；改革开放是强国之路，是我们党和国家发展进步的活力源泉。两者相互依存、相互贯通、不可分割。离开四项基本原则谈改革开放，改革必然会失去正确的方向；离开改革开放谈四项基本原则，四项基本原则的内容就不能与时俱进，就会变成僵化的教条。

毫不动摇地坚持党的基本路线，把以经济建设为中心同四项基

① 邓小平文选：第2卷［M］. 北京：人民出版社，1994：257.

② 邓小平文选：第3卷［M］. 北京：人民出版社，1993：370-371.

③ 邓小平文选：第2卷［M］. 北京：人民出版社，1994：250.

本原则、改革开放这两个基本点统一于建设中国特色社会主义的伟大实践，这是改革开放以来“我们党最可宝贵的经验，是我们事业胜利前进最可靠的保证”①。

三、社会主义初级阶段的基本纲领

根据社会主义初级阶段理论和党的基本路线，党的十五大围绕社会主义现代化建设的总题目，制定了党在社会主义初级阶段的基本纲领。党的十七大对此内容作了进一步的丰富和发展。

建设中国特色社会主义经济，就是在社会主义条件下发展市场经济，不断解放和发展生产力。实现国民经济又好又快发展，保证人民共享改革和发展成果。

建设中国特色社会主义政治，就是在中国共产党的领导下，在人民当家做主的基础上，依法治国，发展社会主义民主政治。实现社会安定、政府廉洁高效、全国各族人民团结和睦、生动活泼的政治局面。

建设中国特色社会主义文化，就是以马克思主义为指导，以培育有理想、有道德、有文化、有纪律的公民为目标，发展面向现代化、面向世界、面向未来的，民族的、科学的、大众的社会主义文化。建设社会主义核心价值体系，推动社会主义文化大发展、大繁荣。

构建社会主义和谐社会，就是要按照民主法治、公平正义、诚信友爱、充满活力、安定有序、人与自然和谐相处的总要求和共同建设、共同享有的原则，以改善民生为重点，解决好人民最关心、最直接、最现实的利益问题，努力形成全体人民各尽其能、各得其所而又和谐相处的局面。

实现社会主义初级阶段基本纲领，必须正确认识和处理最高纲领和最低纲领之间的辩证统一关系。共产主义是共产党人的理想信念和精神支柱，实现共产主义是无产阶级政党的最高纲领。但共产主义的实现是一个历史过程，需要通过若干阶段的具体目标，有步骤、分阶段地向前推进。在每个不同的发展阶段，都需要提出符合

---

① 江泽民文选：第2卷［M］. 北京：人民出版社，2006：17.

实际的理论、路线、方针、政策和策略，形成阶段性的行动纲领。中国共产党制定的民主革命的纲领、向社会主义过渡的纲领、建设中国特色社会主义的纲领，都是党在特定历史阶段的最低纲领。

最高纲领与最低纲领既有区别，又有联系，辩证统一于为实现共产主义奋斗的全部历史过程。共产主义既是一个伟大的社会理想和科学的理论体系，又是一个现实的运动。我们今天进行的社会主义建设，归根结底都是在为共产主义的实现创造条件。最高纲领为最低纲领的制定指明前进的方向；最低纲领为最高纲领的实现准备必要的条件。坚持最高纲领与最低纲领的统一，就是坚持理想与现实的统一、方向和道路的统一、目的和过程的统一、不断发展和发展阶段的统一、革命精神和科学态度的统一。

科学阐明和正确处理最高纲领和最低纲领之间的辩证统一关系，是中国共产党在理论上政治上清醒和成熟的重要标志。坚持最高纲领不是也不能离开现实空谈远大理想。只有通过扎扎实实地做好现实的每一项工作，坚持长期不懈的奋斗，才能逐步实现我们的远大理想。实践最低纲领不是也不能只顾眼前而忘记远大理想。忘记远大理想而只顾眼前，就会失去前进方向。有了共产主义远大理想，可以使我们在复杂的国际国内环境中坚持正确的政治方向，可以在各种风险考验中给我们以强大的精神支柱，能够在我们取得成功后继续激发前进的动力，更给共产党员和先进分子以考察自己行为的道德评判的价值标准。

在整个社会主义初级阶段，我们必须坚持最低纲领与最高纲领的统一，毫不动摇地贯彻党在社会主义初级阶段的基本路线，致力于实现党在现阶段的基本纲领，不断把中国特色社会主义事业推向前进。

第三节 社会主义初级阶段的发展战略

一、“三步走”的发展战略

社会主义初级阶段既肩负着完成传统的工业化任务，又要同时赶上世界新的技术革命和产业革命的任务。邓小平在总结以往历史经验教训的基础上，根据我国的具体国情和世界发展的新特点，提出了“三步走”的发展战略。第一步，从1981年到1990年实现国民生产总值比1980年翻一番，解决人民的温饱问题；第二步，从1991年到20世纪末，使国民生产总值再增长一倍，人民生活达到小康水平；第三步，到21世纪中叶，人均国民生产总值达到中等发达国家水平，人民生活比较富裕，基本实现现代化。然后，在这个基础上继续前进。

我国在提前实现了“三步走”战略的第一步和第二步战略目标之后，为了把第二步战略和第三步战略很好地衔接起来，根据邓小平关于分阶段、有步骤实现我国现代化的战略思想，党的十五大把“三步走”战略的第三步进一步具体化，提出了三个阶段性目标：21世纪第一个10年，实现国民生产总值比2000年翻一番，使人民的小康生活更加富裕，形成比较完善的社会主义市场经济体制；再经过10年的努力，到建党100周年时，使国民经济更加发展，各项制度更加完善；到21世纪中叶新中国成立100周年时，基本实现现代化，建成富强、民主、文明的社会主义国家，从而使“三步走”的战略和步骤更加具体明确。

“三步走”的发展战略，把我国社会主义现代化建设的目标具体化为切实可行的步骤，展现了美好的前景，统一了全党和全国人民的意志，成为全国人民为共同理想而努力奋斗的行动纲领，意义重大。我国经济发展战略目标的实现，将雄辩地向世人证明中国社会主义是成功的，社会主义是优越的。

二、全面建设小康社会战略

全面建设小康社会是党和国家到2020年的奋斗目标，是全国各族人民的根本利益所在。经过全党和全国各族人民的共同努力，20世纪末，我国人民生活总体上开始达到小康水平，这是中华民族发展史上的一个新的里程碑。党的十六大深刻分析了党和国家面临的新形势和新任务，从我国总体上实现的小康还是低水平、不全面、发展很不平衡的小康的实际出发，提出了大体用20年时间，从社会主义经济建设，社会主义民主法制建设，全民族的思想道德素质、科学文化素质和健康素质的提高，生态环境的改善等方面，全面建设一个惠及十几亿人口的更高水平的小康社会的奋斗目标，并围绕实现这个目标制定了推进各方面工作的方针政策。这是实现现代化第三步战略目标必经的承上启下的发展阶段，是中国特色社会主义发展新阶段的重要战略，为我们指明了新世纪新阶段继续前进的方向。

邓小平将我国历史上“小康”的概念，赋予其新的内容，表达在社会主义初级阶段一定时期内经过努力能够实现的目标。他指出：“所谓小康社会，就是虽不富裕，但日子好过。我们是社会主义国家，国民收入分配要使所有的人都得益，没有太富的人，也没有太穷的人，所以日子普遍好过。更重要的是，那时我们可以进入国民生产总值达到一万亿美元以上的国家的行列，这样的国家不多。”①

党的十六大以来，我们已经朝着全面建设小康社会的目标迈出了坚实的步伐。党的十七大顺应国内外形势的新变化和各族人民过上更好生活的新期待，把握经济社会发展趋势和规律，坚持中国特色社会主义经济建设、政治建设、文化建设、社会建设的基本目标和基本政策构成的基本纲领，在党的十六大确立的全面建设小康社会目标的基础上，对我国的发展提出了五个方面新的更高要求。

一是增强发展协调性，努力实现经济又好又快发展。转变发展方式取得重大进展，在优化结构、提高效益、降低消耗、保护环境的基础上，实现人均国内生产总值到2020年比2000年翻两番。社会主义市场经济体制更加完善。自主创新能力显著提高，科技进步对经济增长的贡献率大幅上升，进入创新型国家行列。居民消费率稳步提高，形成消费、投资、出口协调拉动的增长格局。城乡、区域协调互动发展机制和主体功能区布局基本形成。社会主义新农村建设取得重大进展。城镇人口比重明显增加。

二是扩大社会主义民主，更好地保障人民权益和社会公平正义。公民政治参与有序扩大。依法治国基本方略深入落实，全社会法制观念进一步增强，法治政府建设取得新成效。基层民主制度更加完善。政府提供基本公共服务的能力显著增强。这些新的更高要求最大特点是扩大社会主义民主，突出强调有序扩大公民政治参与。既

① 邓小平文选：第3卷［M］．北京：人民出版社，1993：161-162.

充分反映了人民的新期待，也体现了我们党在社会主义初级阶段条件下有序推进政治体制改革的决心和基本路径。

三是加强文化建设，明显提高全民族文明素质。社会主义核心价值体系深入人心，良好思想道德风尚进一步弘扬。覆盖全社会的公共文化服务体系基本建立，文化产业占国民经济比重明显提高，国际竞争力显著增强，适应人民需要的文化产品更加丰富。

四是加快发展社会事业，全面改善人民生活。现代国民教育体系更加完善，终身教育体系基本形成，全民受教育程度和创新人才培养水平明显提高。社会就业更加充分。覆盖城乡居民的社会保障体系基本建立，人人享有基本生活保障。合理有序的收入分配格局基本形成，中等收入者占多数，绝对贫困现象基本消除。人人享有基本医疗卫生服务。社会管理体系更加健全。

五是建设生态文明，基本形成节约能源资源和保护生态环境的产业结构、增长方式、消费模式。循环经济形成较大规模，可再生能源比重显著上升。主要污染物排放得到有效控制，生态环境质量明显改善。生态文明观念在全社会牢固树立。在我们党的全国代表大会文献中第一次明确提出符合当今世界发展潮流的建设生态文明的目标，既反映了广大人民群众的迫切愿望，又是落实科学发展观的重要内容，将对我国转变发展方式和保护生态环境具有重要导向作用。

党的十七大对全面建设小康社会目标提出了新的更高要求，既与党的十六大提出的全面建设小康社会宏伟目标的要求相一致，又适应国内外形势的新变化，顺应各族人民过上更好生活的新期待。它将引领我们在未来夺取全面建设小康社会的伟大胜利，并为到本世纪中叶基本实现现代化的远景目标奠定坚实的基础。

21 世纪的头 20 年，对我国来说，是一个必须紧紧抓住并且可以大有作为的重要战略机遇期。到 2020 年全面建设小康社会目标实现之时，我们这个历史悠久的文明古国和发展中的社会主义大国，将成为工业化基本实现、综合国力显著增强、国内市场总体规模位居世界前列的国家，成为人民富裕程度普遍提高、生活质量明显改善、生态环境良好的国家，成为人民享有更加充分民主权利、具有更高文明素质和精神追求的国家，成为各方面制度更加完善、社会更加充满活力而又安定团结的国家，成为对外更加开放、更加具有亲和力、为人类文明作出更大贡献的国家。

思考题

1. 如何理解社会主义初级阶段的科学内涵及其基本特征?

2. 如何理解社会主义初级阶段基本路线的主要内容，如何坚持四项基本原则和改革开放的统一?

3. 试述我国分“三步走”基本实现现代化的经济社会发展战略。

4. 如何理解“总体上达到小康水平”和“全面建设小康社会”的联系和区别? 如何理解党的十七大提出的实现全面建设小康社会奋斗目标的新要求?

第八章　中国特色社会主义的改革开放

改革开放是决定当代中国命运的关键抉择，是党的十一届三中全会以来新时期最鲜明的特点。怎样理解改革开放也是一场革命，是社会主义制度的自我完善和发展？如何理解中国的发展离不开世界，对外开放是建设中国特色社会主义的一项基本国策？弄清楚这些问题，对全面认识改革开放，推进社会主义现代化建设具有重要的意义。

第一节　改革开放是决定当代中国命运的关键抉择

一、改革开放是一场新的伟大革命

1978年，中国共产党召开了具有重大历史意义的十一届三中全会，开启了改革开放历史新时期。从此，中国共产党人和中国人民走上了改革开放的道路。改革开放的伟大实践，使中国人民的面貌、社会主义中国的面貌、中国共产党的面貌发生了历史性变化。

中国共产党在20世纪70年代末作出实行改革开放的重大决策，是有其深刻的国内和国际两方面背景的。从国内的情况看，“文化大革命”十年内乱，使党、国家和人民遭到严重挫折和损失，整个经济处于缓慢发展和停滞状态，国民经济到了崩溃的边缘。面对严重的困难，我们的出路只能是通过改革开放，增强我国社会主义的生机活力，解放和发展社会生产力，改善人民生活。从国际环境看，20世纪70年代世界范围内蓬勃兴起的新科技革命推动世界经济以更快的速度向前发展，我国经济实力、科技实力与国际先进水平的差距明显拉大，面临着巨大的国际竞争压力。在这样的背景下，以邓小平为核心的第二代中央领导集体作出把党和国家工作中心转移到经济建设上来、实行改革开放的历史性决策，率领人民踏上了新时期实现社会主义现代化的伟大历史征程。

改革开放是党在新的时代条件下带领人民进行的新的伟大革命，它不是对原有经济体制的细枝末节的修补，而是对原有经济体制的根本性变革。它要从根本上改变束缚我国生产力发展的经济体制，建立充满生机和活力的社会主义新经济体制，同时相应地改革政治体制和其他方面的体制。改革开放的目的，就是要解放和发展社会生产力，实现国家现代化，让中国人民富裕起来，振兴伟大的中华民族；就是要推动我国社会主义制度自我完善和发展，赋予社会主义新的生机与活力，建设和发展中国特色社会主义；就是要在引领当代中国发展进步中加强和改进党的建设，保持和发展党的先进性，确保党始终走在时代前列。

改革开放是一场革命，但它不是一个阶级推翻另一个阶级意义上的革命，不是也不允许否定和抛弃我们已经建立起来的社会主义基本制度。因此，改革开放既是我们党领导的一场新的伟大革命，又是社会主义制度的自我完善和发展。我们党领导的改革开放之所以实现了目的和效果的高度统一，就在于我们既坚定不移地进行改革开放，又坚定不移地坚持中国共产党领导，坚持社会主义，坚决排除各种错误思潮、错误倾向的干扰，始终沿着正确方向前进。

二、社会主义社会的基本矛盾

社会主义社会是否存在矛盾？它和其他社会制度下的矛盾有何区别？这是社会主义制度建立后必须予以正确解答的重大问题，也是党提出改革决策的理论基础。马克思恩格斯科学阐明了人类社会基本矛盾运动的一般规律及其在一些社会形态尤其是资本主义社会中的运动形式，但他们没有具体分析社会主义社会的矛盾问题。列宁虽然提出了在社会主义制度下，对抗消失了，矛盾还会存在的观点，但对社会主义社会的矛盾运动规律没有进行系统阐述。斯大林曾认为精神上和道义上的一致是苏维埃社会发展的动力，晚年他认识到在社会主义制度下仍然存在着生产关系和生产力之间的矛盾，但没有把它当作根本性问题提出来。

我国社会主义改造完成以后，毛泽东以中国的实践经验为基础，运用马克思主义基本原理，全面阐述了社会主义社会的矛盾问题，他指出，社会主义社会仍然存在着矛盾，正是这些矛盾推动着社会主义社会向前发展，并提出了通过社会主义制度本身解决社会基本矛盾的思想，逐步形成了比较系统的理论。在社会主义制度建立初期，由于社会主义建设实践没有充分展开，各种矛盾还没有充分暴露出来，所以毛泽东对社会主义社会的基本矛盾只能作最一般的概括。后来他又把社会主义同资本主义的矛盾当作主要矛盾。理论认识上的局限以及对我国社会主义发展阶段缺乏科学认识等原因，导致了实践中的失误，结果使社会主义建设遭受了严重挫折。

党的十一届三中全会以后，邓小平在总结历史经验教训的基础上，对社会主义社会的基本矛盾，特别是社会主义初级阶段的主要矛盾状况进行了深入思考，在新的实践中丰富和发展了这一理论，为社会主义改革提供了理论基础。其主要内容有如下几个方面。

第一，判断一种生产关系和生产力是否相适应，要从实际出发，具体问题具体分析，主要看它是否适应当时当地生产力的要求，能否推动生产力发展。实践证明，一些即使是社会主义性质的生产关系，如果超越了社会主义初级阶段的生产力水平，也会阻碍生产力的发展，因而与生产力的发展相矛盾。而一些就其性质说不是社会主义的生产关系，如非公有制经济，只要适合社会主义初级阶段的生产力水平，能够推动生产力的发展，也是与生产力的发展相适应的，因此也应当允许其存在和发展。

第二，提出在社会主义社会依然有解放生产力的问题。邓小平突破了长期以来把解放生产力只是同一个阶级推翻另一个阶级的革命联系到一起的认识，明确提出社会主义制度建立后仍然有一个解放生产力的问题，从而为改革开放提供了坚实的理论基础。

第三，把社会主义社会基本矛盾、主要矛盾和根本任务统一起来。邓小平在明确肯定社会主义社会基本矛盾的基础上，强调了解决社会主要矛盾和确立根本任务的一致性。他指出，生产力发展水平低，远远不能满足人民和国家的需要，是社会主义初级阶段的主要矛盾，解决这个主要矛盾的途径是发展生产。为此，必须把党和国家工作的重点转移到以经济建设为中心上来。

第四，指出了解决社会主义初级阶段主要矛盾的途径是改革。在处理社会主义社会的矛盾问题上，过去我们的失误除了相当长的时期内不适当地强调“以阶级斗争为纲”外，在发展生产力的方法上也存在着偏差。

邓小平继承了毛泽东关于社会主义社会基本矛盾必须通过社会主义制度自身的不断完善加以解决的正确主张，并从历史经验教训出发，找到了社会主义社会发展的基本形式，即改革是解放和发展生产力的必由之路。

第二节　坚定不移地推进全面改革

一、改革是全面的改革

我国的改革是全面的改革，这是由改革的任务决定的。邓小平认为，实现社会主义现代化，是一场根本改变我国经济和技术落后面貌、巩固社会主义制度的伟大革命。这场革命既然要大幅度地改变落后的生产力，就必然要多方面地改变生产关系中不适应生产力发展的部分，改变上层建筑中不适应经济基础变化的部分，改变一切不适应生产力发展的管理方式、活动方式和思想方式，使之适应于现代化大经济的需要。

20 世纪 70 年代末，我国开启了改革的历史进程。改革在农村拉开序幕。农村改革的第一步是废除人民公社制度，建立以家庭联产承包为主，统分结合、双层经营的新型集体所有制。之后，乡镇企业异军突起，为从土地上转移出来的农村剩余劳动力提供了出路，为提高农民收入、促进工业和整个经济的改革和发展，开辟了一条新路。在农村改革取得成效的基础上，开始了以城市为重点的整个经济体制的改革。经过多年理论和实践的探索，到 1992 年，党的十四大把建立社会主义市场经济体制确立为经济体制改革的目标，由此加快了全面改革的进程。

在全面改革中，经济体制改革是重点。因为通过经济体制改革，解放生产力，把国民经济搞上去，对当代中国来说是最根本最急迫的任务。经济体制改革需要政治体制及其他体制改革的配合，因此，在经济体制改革不断深化的进程中，政治体制改革也在不断推进。与经济体制和政治体制改革相适应，科技、教育、文化、卫生体制等各个领域的改革也都有步骤、有秩序地全面展开起来，改革触及了社会生活的各个方面和各个层面。

改革是一项崭新的事业，如何评价和判断它的成败与是非得失？邓小平在1992年的南方谈话中，明确地提出了“三个有利于”的标准，要以是否有利于发展社会主义社会的生产力、是否有利于增强社会主义国家的综合国力、是否有利于提高人民生活水平作为判断改革得失成败的标准。

“三个有利于”标准，强调的是对于改革的一些具体政策措施，必须从抽象的姓“社”姓“资”的争论中摆脱出来，放开手脚，大胆地试，大胆地闯，把注意力放到研究用什么手段和方法才能有利于发展社会主义社会的生产力、有利于增强社会主义国家的综合国力和有利于提高人民的生活水平上来。但是，在改革的性质问题上，则不能不问姓“社”还是姓“资”，而是必须理直气壮地坚持社会主义方向。“三个有利于”标准中明确提出的是发展“社会主义社会”的生产力、增强“社会主义国家”的综合国力和“提高人民生活水平”，说明这个标准本身强调的是必须有利于社会主义建设事业的发展。

在改革开放的具体政策措施上之所以不能陷入姓“社”还是姓“资”的抽象争论，一方面是因为，不能把一切产生于资本主义并在资本主义社会得到广泛应用但本身不具有社会制度属性的经济现象，都认为具有资本主义的性质而加以否定；另一方面，在社会主义初级阶段也不能无条件地拒绝和否定一切资本主义的经济成分和因素。坚持“三个有利于”标准，就是既不要把那些合乎“三个有利于”、本来姓“社”的东西，错误地判定为姓“资”而加以排斥；也不要把那些合乎“三个有利于”、不具有特殊的社会制度属性、资本主义可以用社会主义也可以用的东西，错误地判定为姓“资”而加以排斥，而对于那些确实姓“资”，但合乎“三个有利于”、可以为社会主义所利用的东西，也要允许其存在并支持其发展。凡是合乎“三个有利于”标准的，就是为社会主义所需要和允许的。

二、正确处理改革、发展、稳定的关系

邓小平在我国改革开放全面展开的历史进程中，反复强调稳定

是中国实现社会主义现代化发展战略的必要前提，是中国的最高利益。中国的问题，压倒一切的是稳定，没有稳定的环境，什么都搞不成，已经取得的成果也会失掉。20世纪90年代以后，江泽民在总结历史经验的基础上提出了抓住机遇、深化改革、扩大开放、促进发展、保持稳定这个全党工作的大局，系统地分析了改革、发展、稳定三者之间的内在联系，指出它们好比现代化建设棋盘上的三着紧密关联的战略性棋子，每一着棋都下好了，相互促进，就会全局皆活；如果有一着下不好，其他两着也会陷入困境，就可能全局受挫。胡锦涛指出，实现改革发展稳定的统一，是关系我国社会主义现代化建设全局的重要指导方针。必须把“促进改革发展同保持社会稳定结合起来，坚持改革力度、发展速度和社会可承受程度的统一，确保社会安定团结、和谐稳定”①。

改革是动力，发展是目的，稳定是前提。只有坚定不移地推进发展，才能不断增强综合国力和国际竞争力，更好地解决前进中的矛盾和问题。只有坚定不移地推进改革，才能为经济和社会发展提供强大动力。只有坚定不移地维护稳定，才能不断为改革发展创造有利的条件。实践表明，改革、发展、稳定三者关系处理得当，就能总揽全局，保证经济社会的顺利发展；处理不当，就会吃苦头，付出代价。

我国目前正处于全面建设小康社会的历史阶段，这是发展的关键时期，也是改革的攻坚阶段。在这一时期处理改革、发展、稳定关系的任务极其艰巨。因此，要以科学发展观为指导，遵循改革开放以来党在处理改革、发展、稳定关系方面积累起来的经验和主要原则。

第一，保持改革、发展、稳定在动态中的相互协调和相互促进。稳定是前提，但稳定是相对的，不能因为改革有风险就不改革或者在改革中裹足不前，否则会导致更加严重、更加剧烈的社会不稳定。也不能因为在发展中可能出现不协调不平衡而不致力于发展。因此，需要统观全局，精心谋划，从整体上把握改革、发展、稳定之间的关系，做到在社会稳定中推进改革和发展，通过改革和发展促进社

① 胡锦涛．在纪念党的十一届三中全会召开30周年大会上的讲话［M］．北京：人民出版社，2008：29.

会稳定。

第二，把改革的力度、发展的速度和社会可以承受的程度统一起来。全面建设小康社会，必须深化改革，促进发展，但是改革和发展也不能不顾及社会稳定的内在要求。改革的胆子要大，步子要稳；要加快发展，但要注意协调发展。改革和发展要始终注意适应国情和社会的承受能力，要统筹安排改革和发展的举措，精心处理稳定同改革、发展的关系，着眼于“为之于未有，治之于未乱”，及时化解矛盾，排除不安定因素，以保持稳定，促进改革和发展。

第三，把不断改善人民生活作为处理改革、发展、稳定关系的重要结合点。人民群众是改革发展的主体和动力，是稳定的力量源泉和深厚基础。改善人民生活，让人民共享改革和发展的成果，是我们致力于发展、积极推进改革、坚持维护稳定的共同目的。所以，要把不断改善人民生活、让人民共享改革和发展的成果作为处理改革、发展、稳定关系的重要结合点。为此，要坚持一切为了群众、一切依靠群众的工作路线，要坚持给人民群众以看得见的实际利益的工作原则，要坚持以着力解决人民群众生活中面临的实际问题为工作重点。

第三节　毫不动摇地坚持对外开放

一、中国的发展离不开世界

改革和开放紧密相连，邓小平一方面把党的十一届三中全会以来的改革开放政策都叫改革；另一方面，又把改革政策也称为开放政策。对外开放和改革一起成为新时期中国最鲜明的特点。

党的十一届三中全会后，在探索如何使中国的社会主义经济发展得快一些的过程中，邓小平十分重视对外开放的问题，多次论述了对外开放的重要性。1980 年，在中央工作会议上的讲话中，邓小平正式使用了“对外开放”的表述，1984 年党的十二届三中全会把实行对外开放作为基本国策。把对外开放作为基本国策，最重要的依据就是邓小平关于“现在的世界是开放的世界”和“中国的发展离不开世界”两个重要观点。

当今的世界是开放的世界，这是对世界经济发展历史的深刻总结，是生产社会化和商品经济、市场经济发展的必然结果。早在18世纪中叶，第一次产业革命就开启了世界市场。到了20世纪中后期，在以信息化为基础的新技术革命推动下，世界经济联系更加紧密，经济全球化趋势更为明显，表现为生产领域的国际分工和协作不断深化和加强，国际贸易规模不断扩大，资本在国际间的流动速度不断加快，跨国公司迅速发展。为应对新技术革命和经济全球化的趋势，各国政府为在国际分工和国际竞争中获取最大利益，纷纷实行开放的政策，广泛地进行经济交流和合作，积极利用国外市场、资源、信息、技术和资金。在开放的世界中不实行开放政策，只能限制自己的发展，甚至会给国家和民族带来灾难。

中国的发展离不开世界。这是对中国发展历史的深刻总结。中国在西方国家产业革命以后变得落后了，一个重要的原因就是闭关自守。历史的经验教训一再告诉我们，关起门来搞建设、把自己孤立于世界之外是不行的，要发达起来，必须对外开放。中国作为一个发展中的大国，在实现现代化的进程中存在着许多困难和问题，要解决这些问题，就必须实行对外开放，利用国内和国际两种资源、两个市场。

实行对外开放也是充分发挥社会主义制度优越性的需要。社会主义要赢得与资本主义相比较的优势，就必须以积极的态度学习和吸收人类文明的一切优秀成果，吸收和借鉴当今世界各国包括资本主义发达国家的一切反映现代社会化生产规律的先进经营方式、管理方法。因为社会主义作为一种崭新的社会制度，只有在继承和利用资本主义社会已经创造出来的全部社会生产力和全部优秀文化成果的基础上，结合新的实际进行新的创造，才能顺利建设成功。江泽民指出，在社会主义同资本主义的关系上应当有全面的认识。我们既要看到社会主义同它对立和斗争的一面，也要充分看到社会主义同它还有学习、借鉴、合作和利用的一面。

实行对外开放要处理好对外开放与独立自主、自力更生的关系。我们始终要把独立自主、自力更生作为立足点，这是我国革命和建设的基本经验和重要原则。当今世界，人类社会步入了一个科技创新不断涌现的重要时期，坚持独立自主、自力更生，把增强自主创新能力作为国家战略，贯穿到现代化建设的各个方面，建设创新型国家，对不断巩固和发展中国特色社会主义伟大事业，是极其重要的。但独立自主、自力更生不是闭关自守、盲目排外。坚持独立自主、自力更生同对外开放是相辅相成的。独立自主、自力更生是实行对外开放的基础，只有增强独立自主、自力更生的能力，才能在国际上获得较高的信誉，吸引更多的合作者，才能不断扩大对外开放的深度和广度；对外开放是为了增强独立自主、自力更生的能力，在对外开放过程中积极利用外国的投资、先进技术与管理经验，取得更好的经济和社会效益，可以加快本国经济的发展，增强经济实力和综合国力。坚持独立自主、自力更生，积极实行对外开放，都是为了更好更快地推进社会主义现代化建设。正如江泽民所说："必须处理好扩大对外开放和坚持自力更生的关系，把立足点放在依靠自己力量的基础上。要引进先进技术，但必须把引进和开发、创新结合起来，形成自己的优势；要利用国外资金，但同时更要重视自己的积累。这样才能争取时间，加快缩小与发达国家的差距。独立自主不是闭关自守，自力更生不是盲目排外。讲独立自主、自力更生，绝不是要闭关锁国、关起门来搞建设，而是要把对外开放提高到一个新的更高水平。"①

二、对外开放是全方位、多层次、宽领域的开放

党的十一届三中全会以后，我国开始了对外开放的历史进程，随着经济特区的建立，沿海城市的开放，引进外资、对外经济技术交流与合作的迅速扩大，我国经济摆脱了原来的封闭半封闭状态，逐步形成了全方位、多层次、宽领域的对外开放格局。

所谓全方位就是不论对资本主义国家还是社会主义国家，对发达国家还是发展中国家都实行开放政策。各民族各国家，无论大小、无论发展程度如何、无论属于什么性质和类型，都有自己的长处，只要可以和我们互通有无，我国都应在平等互利的基础上积极发展同它们的经济贸易关系。基于这样的原则，改革开放以来我国已经与绝大多数国家和地区开展了贸易往来。所谓多层次，就是根据各

① 江泽民文选：第1卷［M］. 北京：人民出版社，2006：471.

地区的实际和特点，通过经济特区、沿海开放城市、经济技术开发区、沿海经济开放区、开放沿边和沿江地区以及内陆省区等不同开放程度的各种形式，形成全国范围内的对外开放。这种多层次对外开放格局的形成是一个在不断总结经验的基础上，有重点、有层次，由点到面、逐步推进、全面展开的过程。所谓宽领域，就是立足于我国国情，对国际商品市场、国际资本市场、国际技术市场、国际劳务市场的开放，把对外开放拓宽到能源、交通等基础产业以及金融、保险、房地产、科技、教育、文化、服务业等。

经过长达 15 年的谈判，2001 年 12 月，我国正式成为世界贸易组织的成员国。加入世界贸易组织，标志着我国对外开放进入了一个新的阶段，对我们来说既是机遇，也是挑战。它有利于扩大对外开放，为我国赢得更好的国际环境，有利于促进经济体制改革和经济结构战略性调整，增强我国经济发展活力和国际竞争力，总体上符合我国的根本利益和长远利益。同时，加入世贸组织后国际市场的竞争将更加深入地与国内市场的竞争结合在一起，面临的经济风险也显著增加。能否把有利条件用足，把不利影响减少到最低限度，关键在于我们自己的努力。

改革开放新时期以来，我们坚持对外开放的基本国策，从建立经济特区到沿海、沿江、沿边、内陆地区再到加入世界贸易组织，从大规模“引进来”到大踏步“走出去”，利用国际和国内两个市场、两种资源的水平显著提高，国际竞争力不断增强。我国对外贸易规模不断扩大，在国际贸易中的地位不断提升，对外贸易结构也发生了根本性转变，出口由过去以农产品和初级产品为主转向以工业制成品为主。外汇储备跃居世界第一，在吸引外资数量不断增加的同时，外资结构继续优化。在“引进来”的同时，我国企业也在加快“走出去”。对外工程承包和劳务合作发展迅速，业务遍布近 200 个国家和地区。当今世界是开放的世界，中国的发展离不开世界，世界的发展也需要中国，我们既要坚持独立自主，又要勇敢地参与全球化，推动经济全球化朝着均衡、普惠、共赢的方向发展，促进人类文明繁荣进步。

三、不断提高开放型经济水平

30 多年的对外开放取得了卓越的成就。但是随着我国参与经济全球化程度的加深，对外开放面临着一系列新的问题和挑战。世界经济形势复杂多变，不稳定不确定因素增多，经济风险加大；国际市场竞争日趋激烈，贸易摩擦日渐增多。

在开放条件下政府宏观调控的难度增大。为此，必须适应经济全球化趋势的新发展，以更加积极的姿态走向世界，把“引进来”和“走出去”结合起来，扩大开放领域，优化开放结构，提高开放质量，完善内外联动、互利共赢、安全高效的开放型经济体系，形成在经济全球化条件下参与国际经济合作和竞争的新优势。

第一，转变对外贸易增长方式，提高对外贸易效益。在积极发展对外贸易过程中要实施以质取胜的战略，优化进出口商品结构，着力提高对外贸易的质量；扩大具有自主知识产权、自主品牌的产品出口，控制高能耗、高污染产品出口，鼓励进口先进技术设备和国内短缺资源；着重提高加工贸易的产业层次和加工深度，增强国内配套能力；大力发展服务贸易，并不断提高服务贸易的层次和水平；完善公平贸易政策，健全外贸运行监控体系，增强处置贸易争端能力，维护企业合法权益和国家利益；积极参与多边贸易谈判，推动区域和双边经济合作，促进全球贸易和投资自由化、便利化。

第二，坚持“引进来”和“走出去”相结合的战略。提高利用外资水平，创新利用外资方式，优化利用外资结构，发挥利用外资在推动自主创新、产业升级、区域协调发展等方面的积极作用。积极实施“走出去”战略，创新对外投资和合作方式，支持企业在研发、生产、销售等方面开展国际化经营，加快培育我国的跨国公司和国际知名品牌。同时，要完善对境外投资的协调机制和风险管理，完善对外投资服务体系，为企业“走出去”创造条件。

第三，切实维护国家安全。经济全球化是社会生产力和科学技术发展的客观要求和必然结果，有利于促进资本、技术、知识等生产要素在全球范围内的优化配置，为我们带来了新的发展机遇，但它也使国家的经济安全、政治安全、文化安全以及环境与生态安全等受到挑战和威胁。因此，在开放过程中，要提高防范和化解各种风险、切实维护国家各种安全的能力。就经济发展而言，经济全球化在促进各国之间经济联系的同时，也使全球经济的不稳定性加剧。在开放度比较大的经济中，由全球经济波动引起的经济不稳定容易对国内经济产生冲击，这使政府对本国经济进行调控的能力受到一定程度的限制。因此，我们对开放型经济中产生的风险和问题要做好充分的准备。一方面加强对全球经济走势和波动的预测，增强防范和化解风险的能力；另一方面要坚持走中国特色自主创新道路，对国内产业提升、技术进步要有充分的认识，制定和实施国家技术和产业发展战略，着力提高自我发展能力。同时，要正确处理好利用国内资源和国际资源、发展国内市场和国际市场之间的关系。

思考题

1. 如何认识改革开放是决定当代中国命运的关键抉择？
2. 如何正确认识社会主义社会的基本矛盾？
3. 怎样全面认识中国的社会主义改革？
4. 如何正确处理改革、发展、稳定之间的关系？
5. 为什么说中国的发展离不开世界，世界的发展也需要中国？
6. 如何提高开放型经济水平，形成在经济全球化条件下参与国际经济合作和竞争的新优势？

第九章　建设中国特色社会主义经济

建立什么样的经济体制，是我国经济改革的核心问题，也是建设中国特色社会主义的重大问题。中国为什么选择社会主义市场经济体制？什么是社会主义市场经济？如何认识党对我国社会主义初级阶段基本经济制度和分配制度的新概括？如何全面理解公有制和按劳分配的含义及其主体地位？如何正确认识和处理公有制经济和非公有制经济、按劳分配和按生产要素分配的关系？如何才能使我国国民经济又好又快地发展？只有搞清这些问题，才能深刻理解和掌握中国特色社会主义经济的基本理论，不断推进中国特色社会主义经济建设。

第一节　建立和完善社会主义市场经济体制

一、社会主义市场经济体制目标模式的确立

党的十一届三中全会以后，邓小平领导中国共产党总结了历史经验，指出中国要发展，在坚持社会主义基本制度的同时，必须对原有的经济体制进行根本性的变革："要发展生产力，经济体制改革是必由之路"。[①] 1978 年以后，中国进入了改革开放的新时期。市场调节机制作用不断增强，大多数商品的价格逐步放开，计划直接管理的领域逐步缩小，市场对经济活动调节的范围不断扩大。改革开放的实践证明，市场作用发挥比较充分的地方，经济活力就比较强，发展态势就比较好。经济体制改革的进展和成效，为社会主义市场经济理论的形成和发展提供了实践基础。经过改革开放以来的不断

① 邓小平文选：第 3 卷［M］. 北京：人民出版社，1993：138.

探索，在总结实践经验的基础上，邓小平创造性地提出了社会主义市场经济的理论，实现了社会主义经济理论上的重大创新，为我国经济体制改革由高度集中的计划经济体制向社会主义市场经济体制转变，建立社会主义市场经济体制指明了方向。

我国关于社会主义市场经济体制目标模式的确立和邓小平关于社会主义市场经济的论述，概括起来，可以分为四个阶段。

第一阶段：1978 年至 1983 年提出了计划经济为主、市场调节为辅的改革思想。党的十一届三中全会以后，理论界有越来越多的人认为，社会主义经济中客观上存在商品货币关系，价值规律不仅在流通领域发挥作用，而且在生产领域也发挥作用。1979 年，邓小平曾提出，只有资本主义的市场经济肯定是不正确的，市场经济在封建社会时期就有了萌芽，社会主义应当把计划经济和市场经济结合起来，才能解放生产力，加速经济发展。社会主义也可以搞市场经济，这个不能说是资本主义。不搞市场经济，连世界上的信息都不知道，是自甘落后。这种认识打破了传统的社会主义只能实行计划经济的僵化观念，把市场经济和社会主义联系在了一起。1981 年党的十一届六中全会通过的《关于建国以来党的若干历史问题的决议》中正式提出“计划经济为主、市场经济为辅”的方针，并得到了党的十二大的肯定。

第二阶段：1984 年至 1987 年提出了有计划商品经济理论。在 1984 年党的十二届三中全会通过的《中共中央关于经济体制改革的决定》中，我们党明确提出了社会主义经济是公有制基础上的有计划商品经济。根据这一论断，我们在以下问题上取得了共识：商品经济是社会主义经济不可逾越的阶段，计划经济与商品经济具有统一性，计划与市场板块式结合。在有计划商品经济理论的指导下，从 1984 年底开始，经济体制改革的重心从农村转向城市，并进行了具有明显的市场取向的改革，如减少指令性计划比例，扩大市场调节范围，扩大企业自主权，推行价格双轨制等。1987 年党的十三大召开前，邓小平对计划和市场的关系问题进行了比较深入的论述，他指出，计划和市场都是方法，只要对发展生产力有好处，就可以利用，它为社会主义服务，就是社会主义的；为资本主义服务，就是资本主义的。因此，党的十三大把社会主义有计划商品经济体制界定为计划与市场内在统一的体制，强调计划和市场都是覆盖全社会的，新的经济运行机制，总体上来说应当是国家调控市场，市场引导企业的机制。这接近于国家宏观调控的市场经济的思想。

第三阶段：1987年至1992年提出了社会主义商品经济理论。1987年召开的党的十三大进一步发展了有计划商品经济的理论，明确指出，社会主义商品经济与资本主义商品经济的区别不在于市场与计划的多少。社会主义商品经济应该是计划与市场内在统一的体制，计划与市场的作用都是覆盖全社会的，计划调节与市场调节应有机结合。社会主义市场体系不但包括商品市场，而且包括资本、劳动等要素市场。作为经济体制改革目标，要建立“国家调节市场，市场引导企业”的经济运行模式。这一时期，邓小平对社会主义和市场经济的关系问题作了进一步的论述。1990年12月，邓小平提出：“必须从理论上搞懂，资本主义与社会主义的区分不在于是计划还是市场这样的问题。社会主义也有市场经济，资本主义也有计划控制。”① 1991年初，邓小平进一步指出：“不要以为，一说计划经济就是社会主义，一说市场经济就是资本主义，不是那么回事，两者都是手段，市场也可以为社会主义服务。”② 邓小平的这些论断，明确界定了市场经济的属性，从而解除了将社会主义与市场经济对立起来的思想束缚，为我国最终确立社会主义市场经济体制的目标模式奠定了理论基础。

第四阶段，1992年以后正式提出社会主义市场经济理论，从根本上破除了把计划经济和市场经济看作属于社会基本制度范畴的思想束缚，确认建立社会主义市场经济体制的改革目标。邓小平在1992年春的南方谈话中明确指出：“计划多一点还是市场多一点，不是社会主义与资本主义的本质区别。计划经济不等于社会主义，资本主义也有计划；市场经济不等于资本主义，社会主义也有市场。计划和市场都是经济手段。”③ 这一论断从根本上否定了把社会主义与市场经济对立起来的传统观念，从此拉开了经济体制改革新的一页。党的十四大明确提出，我国经济体制，改革的目标是建立社会

① 邓小平文选：第3卷［M］. 北京：人民出版社，1993：364.
② 邓小平文选：第3卷［M］. 北京：人民出版社，1993：367.
③ 邓小平文选：第3卷［M］. 北京：人民出版社，1993：373.

主义市场经济体制。1993 年，党的十四届三中全会作出的《中共中央关于建立社会主义市场经济体制若干问题的决定》，全面系统地阐明了建立社会主义市场经济的基本框架和战略部署。党的十五大进一步确认："建设有中国特色社会主义的经济，就是在社会主义条件下发展市场经济，不断解放和发展生产力。"党的十六大重申："健全现代市场体系，加强和完善宏观调控。在更大程度上发挥市场在资源配置中的基础性作用。"党的十七大根据在新的历史时期要实现的经济发展目标，提出了在完善社会主义市场经济体制方面要取得重大进展的要求，从制度上更好地发挥市场在资源配置中的基础性作用，形成有利于科学发展的宏观调控体系。

二、社会主义市场经济体制的基本特征

社会主义市场经济体制是社会主义基本制度与市场经济的结合。由这一结合而形成的市场经济体制，一方面它必然体现社会主义的制度特征，另一方面，它又具有市场经济的一般特征。作为社会主义的制度特征，主要表现在以下几方面：一是在所有制结构上，以公有制为主体、多种所有制经济共同发展，一切符合"三个有利于"标准的所有制形式都可以而且应该用来为社会主义服务。在公有制为主体的前提下，公有制企业与其他企业在市场经济中平等竞争、共同发展，国有经济在国民经济中发挥主导作用。二是在分配制度上，以按劳分配为主体、多种分配方式并存。运用包括市场在内的各种调节手段，既鼓励先进，促进效率，合理拉开收入差距，又防止两极分化，注重社会公平，逐步实现共同富裕。三是在宏观调控上，以实现最广大劳动人民利益为出发点和归宿，社会主义国家能够把人民的当前利益与长远利益、局部利益与整体利益结合起来，使市场在社会主义国家宏观调控下对资源配置起基础性作用，更好地发挥计划和市场两种手段的长处，使社会主义的优势与市场经济的优势都能够得到充分发挥。

正确认识社会主义市场经济体制具有的特征，必须准确把握社会主义市场经济与资本主义市场经济的区别和联系。社会主义市场经济与资本主义市场经济就其都是市场经济而言，两者具有共性：从资源配置方式看，都是以市场为基础性配置手段；从微观层面看，

企业都是独立的市场主体和法人实体；从经济活动看，市场经济规律起着支配作用；从宏观层面看，政府的宏观调控主要是通过经济手段来实现的；从经济运行看，法治起着基本的保障作用。这些共性是市场经济具有的一般特征和要求。社会主义市场经济也应该按照这些特征和要求来进行建设。正因为市场经济是具有共性的，所以，发达资本主义国家在发展市场经济过程中的一切有益的做法和经验都是值得我们借鉴和吸收的。

社会主义市场经济与资本主义市场经济又是两种不同的社会制度与市场经济的结合，它们体现的是不同社会经济制度下的市场经济。市场经济与不同的经济制度结合就会体现出不同的制度特征。市场经济与社会主义制度结合，就要坚持以公有制为主体、坚持以按劳分配为主体，坚持以实现共同富裕为目标。离开了这些特征就不是社会主义市场经济，而资本主义市场经济则不具有这样的特征。坚持走社会主义市场经济的发展道路，建设中国特色社会主义经济，最重要的就是坚持社会主义基本制度与市场经济的结合。这是我们的创造性和特色所在。如果离开了社会主义基本制度，就会走向资本主义。

总结改革开放以来我国经济建设和发展的成功经验，就是必须把坚持社会主义基本制度同发展市场经济结合起来，发挥社会主义制度的优越性和市场配置资源的有效性，使社会充满改革发展的创造活力。

第二节　社会主义初级阶段的基本经济制度

一、社会主义初级阶段基本经济制度的确立

改革开放以来，我国的所有制结构发生了巨大的变化，原来单一公有制的结构已经为公有制为主体条件下多种所有制共同发展所替代。根据实践的发展，党的十五大明确提出，以公有制为主体、多种所有制经济共同发展，是我国社会主义初级阶段的一项基本经济制度。

在社会主义初级阶段，应该确立什么样的基本经济制度，我们

党的认识有一个逐步深化的过程。这里的根本问题是如何正确认识非公有制经济在我国经济中的地位和作用。改革开放以前，由于对基本国情的认识超越了社会主义初级阶段的实际，总认为社会主义经济制度只能由社会主义性质的公有制经济构成，即使允许非公有制经济存在和一定的发展，也只能是暂时的权宜之计。从改革开放开始到党的十二大还只是肯定“劳动者的个体经济是公有制经济必要的补充”。经过20世纪80年代的实践发展，党的十三大才把私营经济、中外合资合作经济、外商独资经济同个体经济一起作为公有制经济必要的和有益的补充。党的十四大根据实践的发展，进一步强调，多种经济成分长期共同发展，不是权宜之计，而是一项长期的方针。党的十五大在深刻总结改革开放以来所有制结构改革经验的基础上，第一次明确提出，公有制为主体、多种所有制经济共同发展，是我国社会主义初级阶段的基本经济制度，非公有制经济是我国社会主义市场经济的重要组成部分。这标志着我们党对社会主义初级阶段基本经济制度的认识提升到了一个新的高度。

确立公有制为主体、多种所有制经济共同发展的基本经济制度，其基本根据包括如下几个方面。

第一，公有制是社会主义经济制度的基础，是社会主义生产关系区别于资本主义的本质特征，是劳动人民当家做主的经济基础，也是社会化大生产的客观要求。必须坚持以公有制作为社会主义经济制度的基础，使之牢牢占据主体的地位。没有作为主体地位的公有制经济，就不能确保我国社会的社会主义性质，就不能坚持社会主义道路，就不能巩固和发展社会主义制度。

第二，我国还处在社会主义初级阶段，生产力还不发达，生产社会化的程度还不高，发展还很不平衡，需要在公有制为主体的条件下发展多种所有制，以适应生产力发展的要求。离开了多种所有制，就背离了社会主义初级阶段的实际，就会重蹈超越阶段、违背国情的覆辙。

第三，一切符合“三个有利于”标准的所有制形式，都可以而且应该用来为发展社会主义服务。那种认为在社会主义社会不能发展非公有制经济的主张，已被实践证明是不符合社会主义初级阶段实际的。

社会主义初级阶段基本经济制度，既包括作为社会主义经济基础的公有制经济，也包括不是社会主义经济基础的非公有制经济。把非公有制经济纳入到基本经济制度之中，只是表明它们同作为主体的公有制经济一样，也是社会主义初级阶段中国特色社会主义经济的内容，并不意味着它们也是社会主义性质的经济。中国特色社会主义的特色，就在于社会主义初级阶段的经济兼有社会主义和非社会主义两种不同的经济。既不能因为公有制以外的其他经济成分不属于社会主义性质的经济而将它们排除在基本经济制度以外，也不能因为它们属于基本经济制度而认为它们也是社会主义性质的经济。社会主义基本经济制度的确立，能够把社会主义的本质特征和初级阶段的现实要求有机统一起来，因而更加有利于促进社会生产力的发展，有利于巩固和发展社会主义制度。

二、毫不动摇地巩固和发展公有制经济

社会主义初级阶段基本经济制度确立后，随着实践的发展，党的十六大根据解放和发展生产力的要求，进一步提出坚持和完善基本经济制度的原则是要做到两个“毫不动摇”和一个“统一”。即必须毫不动摇地巩固和发展公有制经济；必须毫不动摇地鼓励、支持和引导非公有制经济发展；坚持公有制为主体，促进非公有制经济发展，统一于社会主义现代化建设的进程中，不能把这两者对立起来。各种所有制经济完全可以在市场竞争中发挥各自优势，相互促进，共同发展。

毫不动摇地巩固和发展公有制经济，是坚持和完善社会主义初级阶段基本经济制度必须遵循的一条基本原则。马克思主义认为，所有制是社会经济制度的核心和基础，决定着社会经济制度的性质。我国是社会主义国家，必须坚持公有制的主体地位。公有制经济是我国社会主义现代化建设的支柱和国家进行宏观调控的主要物质基础，是社会主义经济性质的根本体现。坚持公有制的主体地位，对于发挥社会主义制度的优越性具有关键性作用。

巩固和发展公有制经济，首先要对什么是社会主义公有制经济有一个正确的理解。社会主义公有制作为一种生产关系的理论范畴，其实质和核心是全体社会成员或者部分社会成员共同占有生产资料，

实现人们在生产资料面前的平等。在公有制范围内，对生产资料的支配、使用，以及由此取得的收益都必须服从于和服务于他们共同的意志和需要。任何个人或者少数人都不能利用生产资料为自己牟取私利。

坚持公有制的主体地位，必须全面认识公有制经济的含义。实践表明，公有制经济的范围不仅包括国有经济和集体经济，还包括混合所有制经济中的国有成分和集体成分。

公有制的主体地位主要体现在两个方面：一是公有资产在社会总资产中占优势，二是国有经济控制国民经济命脉，对经济发展起主导作用。这是就全国而言的，有的地方、有些产业可以有所差别。鉴于过去只重视扩大公有资产在数量上的优势，不注意质量提高的情况，党的十五大特别提出，公有资产占优势，要有量的优势，更要注重质的提高。

国有经济起主导作用，主要体现在控制力上。国有经济需要控制的行业和领域主要包括：涉及国家安全的行业，自然垄断的行业，提供重要公共产品和服务的行业，以及支柱产业和高新技术产业中的重要骨干企业。在其他领域，可以通过资产重组和结构调整，根据“有进有退，有所为有所不为”的原则，加强重点，提高国有资产的整体质量。

巩固和发展公有制经济，还要努力寻找能够极大促进生产力发展的公有制实现形式。实现形式要解决的是发展生产力的组织形式和经营方式问题，只要能够有利于生产力的发展，公有制的实现形式可以而且应当多样化，一切反映社会化生产规律的经营方式和组织形式都可以大胆利用。要根据社会化生产规律的要求，采取多样化的经营方式和资产组织形式，使国有经济在更大的范围内获得广阔的发展空间。

适应经济市场化不断发展的趋势，进一步增强公有制经济的活力，要实现投资主体的多元化，使股份制成为公有制的主要实现形式。股份制本身不具有制度属性，它不等于公有制，也不等于私有制，关键看控股权掌握在谁手里。在社会主义条件下，国家和集体控股，具有明显的公有性。实行股份制有利于扩大公有资本的支配范围，有利于推进政企分开，实现所有权和经营权的两权分离，有利于实现转换机制和科学管理，提高企业和资本的运作效率，增强公有制的主体地位。

三、鼓励、支持和引导非公有制经济发展

毫不动摇地鼓励、支持和引导非公有制经济发展，是坚持和完善社会主义初级阶段基本经济制度必须遵循的又一条基本原则。

非公有制经济包括个体经济、私营经济、混合所有制经济中的非公有制成分等。必须毫不动摇地鼓励、支持和引导非公有制经济发展，根本上说是由它们在发展社会生产力中不可替代的地位和作用决定的。目前我国仍然处在社会主义初级阶段。社会主义初级阶段的生产力水平和发展的不平衡性，给非公有制经济留下了广阔的空间。鼓励、支持和引导非公有制经济发展，对于充分调动社会各方面的积极性，促进经济增长、扩大就业、活跃市场和满足人们多样化的需要等方面具有重要作用。

毫不动摇地鼓励、支持和引导非公有制经济发展，还因为它是我国社会主义市场经济的重要组成部分，在加强社会主义市场经济体制建设方面有着不可替代的作用。这主要表现在：第一，市场经济要求市场主体多元化，非公有制经济的存在和发展，提供了多种市场经济主体，为建立社会主义市场经济体制提供了不可缺少的条件；第二，通过竞争，促进作为主体的公有制经济，特别是国有经济加速市场化改革，提高经营管理水平，增强市场竞争力；第三，外资企业的进入不仅会带来资金、先进的技术和管理经验，而且还会带来一些与社会化生产规律和市场经济体制相适应的经营方式和资本组织形式，可为我国公有制经济特别是国有经济的体制创新提供借鉴。因此，在发展社会主义市场经济，促进社会主义现代化建设的进程中，必须把坚持公有制的主体地位同促进非公有制经济发展两者统一起来，而不能把这两者对立起来。

第三节　社会主义初级阶段的分配制度

一、坚持按劳分配的主体地位

社会主义初级阶段的基本经济制度决定了与此相联系的个人收

入分配实行的是按劳分配为主体、多种分配方式并存的制度。这一收入分配制度是随着我国所有制改革的不断深化和社会主义市场经济体制不断完善而逐步建立起来的。

马克思主义认为，分配方式是由生产方式决定的，有什么样的生产方式，就有什么样的分配方式。社会主义初级阶段的公有制为主体、多种所有制经济共同发展的基本经济制度，决定了收入分配领域必然实行按劳分配为主体、多种分配方式并存的制度。

按劳分配是社会主义的分配原则。社会主义初级阶段个人收入分配制度，必须坚持按劳分配的主体地位。社会主义所以必须实行按劳分配是由社会主义公有制和社会生产力的发展水平决定的。前者是实行按劳分配的所有制基础。生产资料公有制实现了人们在生产资料占有上的平等关系，排除了个人凭借对生产资料的所有权来无偿地占有他人劳动成果。每一个劳动者在共同占有生产资料的基础上为社会提供劳动，社会则根据每个劳动者提供的劳动数量和质量进行收入分配。后者是实行按劳分配的物质基础。当生产力水平还没有达到高度发达的程度，社会产品还没有极大丰富，劳动还是谋生的手段，还没有成为生活的第一需要，人们还不能做到不计报酬地为社会提供劳动，这决定了社会还不具备实行按需分配的条件。在社会主义社会，劳动者向社会提供的劳动数量和质量存在着差别。只有承认这种差别，并在个人收入分配上体现这种差别，才能充分调动劳动者的积极性。

坚持按劳分配的主体地位，体现在按劳分配是全社会分配领域中主体的分配原则，也体现在它是公有制经济内部主体的分配原则。在社会主义初级阶段，随着经济体制改革的深化，公有制的实现形式已经和正在发生着深刻的变化，职工持股、法人持股以及同各种非公有经济的合营等各种形式纷繁多样。因此，企业内部的分配形式也呈现多样化，企业职工收入的来源和形式已经不仅仅是依靠按劳分配。但是，只要企业仍然是公有制或公有控股企业，按劳分配应当仍然还是企业内部职工收入的主要形式，职工收入的主要部分仍然来自按劳分配。

坚持按劳分配的主体地位对于坚持中国特色社会主义经济的性质具有重要意义。按劳分配是社会主义公有制在分配方面的体现，只有坚持按劳分配的主体地位，才能体现公有制的主体地位的最终实现和社会主义初级阶段基本经济制度的社会主义性质；才能保证人们相互之间在平等的经济关系基础上建立和谐的经济利益关系；才能保证向共同富裕这一目标前进。

二、多种分配方式并存

在社会主义初级阶段，多种分配方式并存是收入分配制度的一大特点。按劳分配以外的多种分配方式，其实质就是按对生产要素的占有状况进行分配。社会的生产要素是多种多样的，归纳起来可以分成两大类，一类是各种物质生产条件，如土地等自然资源以及生产厂房、设备、原材料等；另一类则是人的劳动，包括人们在生产过程中提供的活劳动、技术、信息、管理等。

社会主义初级阶段实行按生产要素分配的必要性和根据，是存在着生产要素的多种所有制。各种生产要素同劳动一起，都是物质财富和使用价值的源泉，是社会生产不可或缺的因素，因此当它被排他性地占有时，必须实行按生产要素分配的原则才能有效地利用它来发展生产。确立按生产要素分配的原则，同劳动价值论并不矛盾，因此既不能因为肯定劳动价值论而否定按生产要素分配，也不能因为肯定按生产要素分配而否定劳动价值论。

按生产要素分配有多种不同的分配形式，就其内容可以分为三种类型。

一是以劳动作为生产要素参与分配。这里不包括公有制中的按劳分配，因为按劳分配得到收入的劳动者不是凭借作为独立的生产要素的所有者、以提供生产要素的身份来参与分配。这种分配与其他分配方式中凭借提供劳动这个生产要素参与分配具有完全不同的性质。以劳动作为生产要素参与分配的主要是个体劳动者和被雇于非公有制经济的雇佣劳动者。个体劳动者的收入是凭借自己的劳动和占有的生产资料从事个体劳动和经营所取得的收入；被雇于非公有制经济的雇佣劳动者取得的劳动收入，实质上是劳动者出卖劳动力商品，按劳动力价值得到的收入。

二是劳动以外的生产要素所有者参与分配。主要包括资本所有者在生产经营活动中凭借资本所取得的利润；生产要素的所有者将自有的货币或资本借给他人经营或存入金融机构所取得的利息；以实物形态资本租借给他人经营或使用而取得的租金等。

三是管理和知识产权类的生产要素，如科技发明、创造、信息、专利等参与分配。这类生产要素来自他们的所有者的劳动或劳动成果，在当代经济生活中发挥着越来越巨大的作用，在很大的程度上决定着企业经营的成败和发展前途。

在社会主义初级阶段，实行按劳分配和按生产要素分配结合的分配制度，有利于优化资源配置，促进经济发展，有利于最广泛最充分地调动一切积极因素，让劳动、知识、技术、管理和资本的活力竞相迸发，让一切创造财富的源泉充分涌流，以造福人民，造福社会。

三、深化分配制度改革，健全社会保障体系

（一）深化分配制度改革

完善分配结构和分配方式，必须深化分配制度改革。为此必须注意以下两个问题。

第一，正确认识“先富”与“共富”的关系。

社会主义必须走共同富裕之路，但怎样才能实现共同富裕，需要在实践中不断进行探索。改革开放以前，在消费资料分配问题上存在一种误解，即把共同富裕看成是全体人民在同一时间以同等的速度富裕起来，如果社会成员的收入出现了较大的差距，就认为是两极分化，背离社会主义。在这样的思想指导下，分配制度和分配政策虽然仍强调按劳分配，但收入差距太小，基本上实行的是“大体平均，略有差别”的政策。实行平均主义只能是打击先进、鼓励落后，严重挫伤人们的劳动积极性。

改革开放初期，邓小平在总结历史经验的基础上提出了允许和鼓励一部分地区、一部分人先富起来，先富带动后富，逐步实现共同富裕。这意味着对怎样实现共同富裕有了一个新的认识，即共同富裕决不等于也不可能是完全平均，决不等于也不可能是所有社会成员在同一时间以同等速度富裕起来；共同富裕作为一个历史过程，全体社会成员在共同富裕的道路上必然会出现有先有后、有快有慢的不同，这是整个社会走向共同富裕的必由之路。

在社会主义初级阶段，承认和允许人们在收入方面存在差别，并且在一定时期内收入差距的扩大，有其客观必然性。主要是：其一，因为劳动者的个人禀赋和家庭负担不同，实行按劳分配原则必然产生收入和富裕程度的不同。其二，实行多种所有制经济和多种分配方式，拥有不同生产要素的不同社会成员也必然会产生收入的差距和富裕程度的不同。其三，发展社会主义市场经济，在价值规律和竞争的作用下优胜劣汰，使具有不同竞争能力的人在富裕程度上必然出现差距。其四，城乡之间、地区之间、脑力劳动与体力劳动之间，以及不同经济领域和部门之间客观上存在的差别，也必然引起收入的差别和富裕程度的不同。后三个方面不仅是产生收入差距的经济条件，而且必然在一定时期内导致收入差距的扩大。这些造成社会成员收入和富裕程度产生和扩大差距的因素，在社会主义初级阶段都会长期存在着，这就决定了共同富裕的目标只能是一个逐步实现的过程。从我国生产力发展的实际出发，如果不谈“先富”、只谈“共富”，不仅不可能为实现“共富”逐步创造物质基础，相反只能回到平均主义的老路上去，导致共同的贫穷。当然，如果不谈“共富”、只谈“先富”，就会导致两极分化，偏离社会主义的目标。只有实行邓小平提出的这一政策，才能逐步创造条件，最终达到共同富裕。

邓小平提出的这一政策的出发点和落脚点是实现共同富裕。他强调指出：“让一部分人、一部分地区先富起来，大原则是共同富裕。”① 但是，允许和鼓励一部分地区、一部分人先富起来的条件必须和只能是依靠诚实劳动和合法经营。从逐步实现共同富裕的目标出发，在处理“先富”与“共富”的关系上，在不同的时期也应该有不同的重点。邓小平指出：“沿海地区要加快对外开放，使这个拥有两亿人口的广大地带较快地先发展起来，从而带动内地更好地发展，这是一个事关大局的问题。内地要顾全这个大局。反过来，发展到一定的时候，又要求沿海拿出更多力量来帮助内地发展，这也是个大局。那时沿海也要服从这个大局。”② 邓小平提出的“两个大局”的思想，就是处理“先富”与“共富”关系的基本指导原则。

---

① 邓小平文选：第3卷［M］. 北京：人民出版社，1993：166.

② 邓小平文选：第3卷［M］. 北京：人民出版社，1993：277-278.

在一定时期内需要着重强调让一部分地区、一部分人先富起来，而发展到一定的时候，就应该逐步把“共富”作为重点。他设想到20世纪末达到小康水平的时候，就要研究提出分配这个问题和它的意义，就要突出地提出和解决发达地区支持贫困地区发展的问题。这既符合事物发展的客观规律，同时也保证了我们的发展结果始终不偏离社会主义的原则。

第二，注重社会公平，防止两极分化。

允许和鼓励一部分地区、一部分人先富起来，是承认在发展经济的过程中允许收入差别的存在和在一定程度内的扩大，但这并不意味着社会成员之间的收入差距愈大愈好，愈大愈能促进社会生产力的发展和为实现共同富裕创造条件。实行这一政策除了坚持只能允许以诚实劳动和合法经营的手段富裕起来外，还需要解决一个富裕程度差别的扩大不能导致社会产生两极分化的问题。在提出这一政策的同时，邓小平就不断强调要防止产生两极分化。他指出，社会主义与资本主义不同的特点就是共同富裕，不搞两极分化。共同富裕是体现社会主义本质的一个东西。如果搞两极分化，情况就不同了，民族矛盾、区域间矛盾、阶级矛盾都会发展，相应地中央和地方的矛盾也会发展，就可能出乱子。社会主义制度应该而且能够避免两极分化。他强调：“我们的政策是不使社会导致两极分化，就是说，不会导致富的越富，贫的越贫。”①

防止两极分化，必须有针对性地规范收入分配秩序，防止收入高低过于悬殊。改革收入分配制度，规范收入分配秩序，构建科学合理、公平公正的社会收入分配体系，关系到最广大人民的根本利益，关系到广大干部群众积极性、主动性、创造性的充分发挥，关系到全面建设小康社会、开创中国特色社会主义事业的全局，必须高度重视并切实抓好。

党的十四大以来，为充分调动人们的积极性，加快生产力的发展，相继提出了兼顾效率和公平与效率优先、兼顾公平的原则。随着在经济发展进程中收入分配差距的不断扩大，党的十六大进一步提出，在坚持效率优先、兼顾公平方面既要提倡奉献精神，又要落

① 邓小平文选：第3卷［M］．北京：人民出版社，1993：172.

实分配政策，既要反对平均主义，又要防止收入悬殊。初次分配注重效率，发挥市场的作用，鼓励一部分人通过诚实劳动、合法经营先富起来；再分配注重公平，加强政府对收入分配的调节职能，调节差距过大的收入，规范分配秩序。党的十六届四中全会按照构建社会主义和谐社会的要求，强调要注重社会公平，合理调整国民收入分配格局，切实采取有力措施解决地区之间和部分社会成员收入差距过大的问题，逐步实现全体人民共同富裕。党的十六届五中全会针对当前收入分配领域存在的矛盾比较突出的问题，以科学发展观为指导，提出要在经济发展的基础上，更加注重社会公平，合理调整国民收入分配格局，加大调节收入分配的力度，使全体人民都能享受到改革开放和社会主义现代化建设的成果。为此必须坚持和完善按劳分配为主体、多种分配方式并存的分配制度，坚持各种生产要素按贡献参与分配，积极推进收入分配制度改革，进一步理顺分配关系，完善分配制度，规范收入分配秩序，努力缓解地区之间和部分社会成员收入分配差距扩大的趋势。党的十七大进一步提出，初次分配和再分配都要处理好效率和公平的关系，再分配更加注重公平。这就把公平问题提到了更加突出的位置，公平问题不只是再分配要解决的问题，在初次分配中同样有一个要解决好效率和公平的问题。只有在初次分配中使效率和公平问题得到了较好的解决，再分配才能更有效地发挥更加注重公平的功能。这些提法的变动，反映了分配理论在解决利益分配和收入差距实践基础上的与时俱进。

实现社会公平正义是中国特色社会主义的内在要求，处理好效率和公平的关系是中国特色社会主义的重大课题。讲求效率才能增添活力，注重公平才能促进和谐，坚持效率和公平的有机结合才能更好地体现社会主义的本质。因此，必须把提高效率同促进社会公平结合起来，实现在经济发展的基础上由广大人民共享改革发展成果，推动社会主义和谐社会建设。

（二）健全社会保障体系

建立与经济发展水平相适应的社会保障体系，是社会稳定和国家长治久安的重要保证。建立多层次的社会保障体系，对于深化企业和事业单位改革，保持社会稳定，顺利建立和完善社会主义市场经济体制具有重大意义。

社会保障体系包括社会保险、社会救济、社会福利、优抚安置和社会互助、商业保险与慈善事业等。在市场经济条件下，无论企业还是个人都无力单独承担社会保障所涉及的各项内容。因此，动员国家、集体和个人的力量建立覆盖全社会的保障体系，对于缓解社会矛盾，保证社会稳定，促进经济发展，具有极为重要的作用。

建立和健全社会保障体系要以经济的发展为基础，要根据经济发展水平合理地确定保障方式和标准，量力而行，循序前进。经过多年努力，我国已初步形成了社会保障体系的总体框架。现有社会保障制度的主要内容有：职工的基本养老保险制度，基本医疗保险制度，失业保险制度和城市居民最低生活保障制度。由于我国正处在社会主义初级阶段，生产力发展水平还不高，我国目前社会保障体系存在着覆盖范围窄、制度不健全、管理基础薄弱等问题，不适应人口老龄化、城镇化和就业方式多样化的要求。要从统筹经济发展与社会建设、统筹劳动就业和社会保障、统筹城镇社会保障和农村社会保障、统筹公平和效率、统筹政府作用与市场效率的高度，进一步建立健全社会保障体系。

我国是一个发展中的大国，社会经济发展很不平衡，居民收入有较大差距，这也决定了我国社会保障的方式是多样化的，既要有国家法定的基本保障，也要有补充保险和商业保险，以满足各方面的需要。国家法定的保障解决的是人们基本的保障，而较高水平的保障需求应通过发展补充保险和商业保险来解决。随着经济的发展和国家与个人财富的增加，保障范围和标准也将适当调整，使更多的城乡居民分享到改革和发展的成果。

第四节 促进国民经济又好又快发展

一、国民经济又好又快发展，要求“好”与“快”有机结合

改革开放以来，我国经济总量大幅跃升，人民生活从温饱不足发展到总体小康。在经济快速发展的实践过程中，对经济发展质量和效益的认识也不断深化，越来越感到国民经济发展要速度“快”，

而且还要质量和效益"好"。从党的十四大到十六大，在不断总结发展过程中的经验和问题的基础上，对"好"字不断充实内容。从原来的"效益比较好"，相继增加了"整体素质不断提高""资源消耗低""环境污染少"等要求，进一步突出了保护资源和环境，实现可持续发展的问题，对转变经济增长方式提出了更加明确的要求。2003 年党的十六届三中全会上明确提出了坚持以人为本、全面协调可持续的科学发展观。2006 年 12 月，中央经济工作会议在总结几年来落实科学发展观的实践经验时指出，"又好又快发展是全面落实科学发展观的本质要求"。2007 年党的十七大明确提出要促进国民经济又好又快发展。

提出国民经济又好又快发展，是以改革开放以来我国经济发展取得的举世瞩目的重大成就为前提的。2010 年我国 GDP 总量上升到世界第二位，我国的经济体制实现了由高度集中的计划经济向社会主义市场经济的转变，对外开放不断扩大，我国成为世界第三贸易大国。在经济实力大幅度提升、改革开放取得重大突破的条件下，新中国成立以来长期存在的短缺状况基本改变，买方市场初步形成，人均收入水平的提高和进出口贸易的大幅度增加，推动着消费结构升级。正是这些成就和变化，为我们走向"又好又快"发展这一新的历史起点提供了坚实的物质基础。

提出国民经济又好又快发展，也是进一步发展的迫切要求。进入新世纪，我国经济发展进入新阶段，随着人均收入水平提高，居民消费结构不断升级，产业结构加快调整，如何以更好的质量、更多的品种满足多样化的社会需求，通过自主创新，以具有自主知识产权和知名品牌的产品开拓市场，成为持续快速发展的关键因素。同时，随着工业化、城镇化步伐加快，资源环境状况对经济发展已构成严重制约，城乡之间、区域之间、经济与社会之间发展不平衡的矛盾趋于突出。

资源相对短缺、生态环境脆弱、环境容量不足，已经成为我国发展中的重大问题，如果不能很好地解决，经济的持续快速增长将难以为继。这表明，我国国民经济的进一步发展对提高质量和效益、节约资源和保护环境、实现经济和社会协调的要求，相对说来比经济增长的数量和速度更加突出。因此，无论是从现实出发还是从未来着眼，都要求我们必须“好”字当前，坚持“好”中求“快”，努力实现“又好又快发展”。

提出国民经济又好又快发展，并不意味着发展速度问题无足轻重。改革开放以来我国的面貌虽然发生了很大的变化，但是，社会主义初级阶段的基本国情没有变，人民日益增长的物质文化需要同落后的社会生产之间的主要矛盾没有变。我国现在仍然是一个发展中国家，人均水平还很低，完成现代化的任务依然十分艰巨。因此速度问题仍然十分重要。问题在于进一步发展所要求的经济增长速度应当是在结构优化、效益提高、节约资源、保护环境基础上的速度，是增长的质量和竞争力不断提升、能够稳定持续发展的速度，是重大关系比较协调、人民得到实惠比较多的速度。

为促进国民经济又好又快发展，实现未来经济发展目标，关键要在加快转变经济发展方式、完善社会主义市场经济体制方面取得重大进展。要大力推进经济结构战略性调整，更加注重提高自主创新能力、提高节能环保水平、提高经济整体素质和国际竞争力。要深化对社会主义市场经济规律的认识，从制度上更好发挥市场在资源配置中的基础性作用，形成有利于科学发展的宏观调控体系。

二、推进自主创新，建设创新型国家

创新是一个民族进步的灵魂，是一个国家兴旺发达的不竭动力。从全面建设小康社会、开创中国特色社会主义事业新局面的全局出发，综合分析世界发展大势和我国所处历史阶段，作出了推进自主创新、建设创新型国家的重大决策。这是继科教兴国和人才强国战略以来我们党提出的事关社会主义现代化建设全局的重大战略决策。党的十七大进一步指出，提高自主创新能力，建设创新型国家，是国家发展战略的核心，是提高综合国力的关键。既反映了我们党对世界经济、科技发展趋势和内在规律的准确把握，也反映了我们党对我国基本国情的战略需求的科学分析。

进入21世纪，在科学技术的引领和推动下，人类正经历着从工业社会向知识社会的演进。科学技术特别是战略高技术正日益成为经济社会发展的决定性力量，成为综合国力竞争的焦点。面对世界科技发展的大势，面对日趋激烈的国际竞争，我们必须把科学技术真正置于优先发展的战略地位，加快自主创新步伐，增强国家核心竞争力，带动我国社会生产力实现质的飞跃，努力在激烈的国际竞争中赢得和保持发展的主动权。

建设创新型国家，同时也是贯彻落实科学发展观、全面建设小康社会的重大举措，是解决我国当前发展面临的突出矛盾和问题的紧迫要求。只有通过大力推进科技进步和创新，增强自主创新能力，推动我国经济增长从资源依赖型转向创新驱动型，才能继续保持经济平稳较快和可持续增长，实现又快又好发展。

创新型国家，一般来说，是指将科技创新作为国家基本战略，大幅度提高科技创新能力，从而形成强大的国家竞争优势。建设创新型国家，核心就是要把增强自主创新能力作为发展科学技术的战略基点，走出中国特色自主创新道路，推动科学技术的跨越式发展；就要把增强自主创新能力作为调整经济结构、转变经济增长方式的中心环节，建设资源节约型、环境友好型社会，推动国民经济又快又好发展；就要把增强自主创新能力作为国家战略，贯穿到现代化建设各个方面，激发全民族创新精神，培养高水平创新人才，形成有利于自主创新的体制机制，大力推进理论创新、制度创新、科技创新，不断巩固和发展中国特色社会主义伟大事业。

走中国特色自主创新道路，必须坚持自主创新、重点跨越、支撑发展、引领未来的指导方针。自主创新，不是意味着什么都自己干，完全由自己来创新，而是从增强国家创新能力出发，加强原始创新（独立自主地完成科学新发现和技术新发明）、集成创新（把各种已有的相关技术有机融合起来的创新活动）和引进消化吸收再创新（在消化吸收国外先进技术基础上进行的创新）。重点跨越，就是坚持有所为有所不为，选择具有一定基础和优势、关系国计民生和国家安全的关键领域，集中力量、重点突破，实现跨越式发展。支撑发展，就是从现实的紧迫需求出发，着力突破重大关键技术和共性技术，支撑经济社会持续协调发展。引领未来，就是着眼长远，超前部署前沿技术和基础研究，创造新的市场需求，培育新兴产业，引领未来经济社会发展。这一方针，是我国半个多世纪科技事业发展实践经验的概括总结，是面向未来、实现中华民族伟大复兴的重要抉择，必须贯穿于我国科技事业发展的全过程。

加强自主创新是我国科学技术发展的战略基点。我们必须高度重视提高原始创新能力，要有更多的科学发现和技术发明，在关键领域掌握更多的自主知识产权，在科学前沿和战略高技术领域占有一席之地。集成创新能力是一个国家创新能力的重要标志。我们必须注重提高国家集成创新能力，使各种相关技术有机融合，形成具有市场竞争力的产品和产业。在引进技术的基础上消化吸收再创新也是创新，要继续把对引进技术的消化吸收再创新作为增强国家创新能力的重要方面。

2006年初，国务院制定了《国家中长期科学和技术发展规划纲要（2006—2020）》，提出用15年时间使我国进入创新型国家行列的重大战略任务。我国建设创新型国家的总体目标是：到2020年，使我国的自主创新能力显著增强，科技促进经济社会发展和保障国家安全的能力显著增强，为全面建设小康社会提供强有力的支撑。基础科学和前沿技术研究综合实力显著增强，取得一批在世界具有重大影响的科学技术成果，进入创新型国家行列，为在21世纪中叶成为世界科技强国奠定基础。

加快建设国家创新体系，促进科技成果向现实生产力转化，是建设创新型国家的一项重要任务。国家创新体系是以政府为主导、充分发挥市场配置资源的基础性作用、各类创新主体紧密联系和有效互动的社会系统。要通过进一步深化科技体制改革，充分发挥企业在技术创新中的主体作用，充分发挥国家科研机构的骨干和引领作用，充分发挥大学的基础和生力军作用，努力建设技术创新体系、知识创新体系、国防科技创新体系、区域创新体系、科技中介服务体系，进一步形成科技创新的整体合力，为建设创新型国家提供良好的制度保障。

建设创新型国家，科技是关键，人才是核心，教育是基础。科技人才是提高自主创新能力的关键所在。要把创造良好环境和条件，培养和凝聚各类科技人才特别是优秀拔尖人才，充分调动广大科技人员的积极性和创造性，作为科技工作的首要任务，努力开创人才辈出、人尽其才、才尽其用的良好局面，努力建设一支与经济社会发展和国防建设相适应的规模宏大、结构合理的高素质科技人才队伍，为我国科学技术发展提供充分的人才支撑和智力保证。

三、走新型工业化的道路

促进国民经济又好又快发展，必须加快转变经济发展方式，推进经济结构调整，推动产业结构优化升级。这是党的十七大报告提出的一个关系国民经济全局的紧迫而重大的战略任务。

自党的十四届五中全会确立实现经济增长方式根本性转变的战略方针以来，我国虽然已在这方面取得不少成效，但从总体上看，经济增长方式尚未实现根本性转变。近些年来随着经济增长速度加快，增长方式粗放的问题仍很突出，资源环境面临的压力越来越大，不仅影响短期的健康发展，更为重要的是，将严重制约长期的持续发展和全面建设小康社会目标的顺利实现。党的十七大报告从当前的发展实际出发，将“转变经济增长方式”改为“转变经济发展方式”。这两个字的改动，寓意深远，意义重大，针对性和指导性更强，有着深刻内涵。经济增长方式是指通过不同要素投入和技术组合获得经济增长的方法和模式，强调的主要是提高经济增长效益；而经济发展方式除了涵盖前者的含义外，还对经济发展的理念、战略和途径等提出了更高要求，强调的不仅是提高经济增长效益，还包括促进经济结构优化、经济增长与资源环境相协调、发展成果合理分配等内容。提出转变经济发展方式，实质就是要求我们采取综合措施，加快形成与贯彻落实科学发展观、实现经济社会全面协调可持续发展相一致的发展方式。

当前和今后一个时期，转变经济发展方式主要要做到“两个坚持”和“三个转变”，即坚持走中国特色新型工业化道路，坚持扩大国内需求特别是消费需求的方针，促进经济增长由主要依靠投资、出口拉动向依靠消费、投资、出口协调拉动转变，由主要依靠第二产业带动向依靠第一、第二、第三产业协同带动转变，由主要依靠增加物质资源消耗向主要依靠科技进步、劳动者素质提高、管理创新转变。

坚持走中国特色新型工业化道路，就是要坚持以信息化带动工业化，以工业化促进信息化，走出一条科技含量高、经济效益好、资源消耗低、环境污染少、人力资源优势得到充分发挥的新型工业化路子。新型工业化道路是以信息化带动的工业化，是以科技进步为动力、以提高经济效益和市场竞争力为中心的工业化，是同实施可持续发展战略相结合的工业化，是充分发挥我国人力资源优势的工业化。

新型工业化道路是相对于传统工业化道路而言的。所谓“新”，就在于它同信息化等现代高科技发展紧密结合；注重经济发展同资源环境相协调；坚持城乡协调发展；实现资金技术密集型产业同劳动密集型产业相结合。

走新型工业化道路是从中国国情和世界经济发展情况出发，既遵循工业化客观规律，又体现时代特点的工业化道路。随着经济的发展和对外开放的扩大，我国经济已经融入世界经济，成为国际分工体系中的一个重要组成部分。在经济全球化的条件下，我国已不可能关起门来先搞工业化，再搞信息化，而是必须走新型工业化道路。

走中国特色新型工业化道路，要紧紧抓住加快经济结构战略性调整这条主线，着力推进产业结构优化升级。党中央针对我国经济结构中存在的突出问题，作出了加快推进产业结构调整，完善现代产业体系的战略部署，为我们推进产业结构优化升级指明了方向。完善现代产业体系，要大力培育能源资源消耗低、辐射带动力强、发展前景广阔的战略性新兴产业，使之尽早成为国民经济的先导产业和支柱产业；大力推进信息化与工业化融合，促进工业由大变强，振兴装备制造业，淘汰落后生产能力；提升高新技术产业，发展信息、生物、新材料、航空航天、海洋等产业；发展现代服务业，提高服务业比重和水平；加强基础产业基础设施建设，加快发展现代能源产业和综合运输体系，逐步形成全面发展的产业格局。

转变经济发展方式的基本思路就是实现“三个转变”，这是我国今后一个时期推动经济发展的重要方针。

促进经济增长由主要依靠投资、出口拉动向依靠消费、投资、出口协调拉动转变。这是包括内外需结构、内需中消费与投资结构在内的整体需求结构的调整方向，是针对近年来我国经济增长过于依赖投资和出口带动的问题提出的。我国是人口大国，这一基本国情决定了我国比世界上其他任何国家都更加具备立足扩大国内需求推动发展的有利条件。立足扩大国内需求推动经济社会发展，要处理好投资需求与消费需求的关系。把经济发展根植于国内需求特别是居民消费需求，形成消费与投资、出口协调拉动经济增长的格局，这样才能保持经济持久稳定的增长，而不是短期的繁荣。

促进经济增长由主要依靠第二产业带动向依靠第一、第二、第三产业协同带动转变。这是三次产业层面的产业结构调整的基本方向，是针对农业基础薄弱、工业大而不强、服务业发展滞后以及三个产业之间比例不合理的问题提出的。产业结构不合理的状况，不仅加大了资源环境的压力，影响经济整体素质和效益的提高，也不利于缓解就业压力，影响经济的稳定性。因此，当前和今后一个时期，要大力推进经济结构战略性调整，要围绕保增长、促升级，加强农业基础地位，逐步实现农业由弱变强；抓好工业结构调整，提高工业技术水平，实现工业由大变强；加速发展服务业，实现服务业由慢变快，使经济增长由主要依靠第二产业带动向依靠第一、第二、第三产业协同带动转变。

促进经济增长由主要依靠增加物质资源消耗向主要依靠科技进步、劳动者素质提高、管理创新转变。这是经济增长中要素投入结构调整的基本方向，是针对经济增长中过于依赖物质资源投入的增加和简单劳动，而科技进步、劳动者素质提高、管理创新等对经济增长的贡献不大的问题提出的。我国目前面临的情况，无论是从国际科技竞争加剧的趋势看，还是从我国劳动力供给出现的新情况以及资源环境的压力看，都已经到了必须更多依靠科技进步、提高劳动者素质和管理创新等带动经济发展的阶段。必须全面提高自主创新能力，逐步形成以科技进步和创新为基础的新竞争优势。

经过多年努力，我们已经具备支撑经济又好又快发展的诸多有利条件，关键是要以科学发展观为指导，在转变经济发展方式上下工夫，按照“两个坚持”和“三个转变”的要求，努力开创科学发展的新局面。

四、建设社会主义新农村

统筹城乡经济社会发展，逐步改变城乡二元经济结构，建设社会主义新农村，是我们党从全面建设小康社会全局出发作出的重大决策。它集中体现了我们党在新阶段“三农”工作的新理念、新思路，是对我们党长期以来特别是改革开放以来关于农业、农村、农民问题战略思想的继承和发展，是统筹城乡发展的根本措施。

党的十六大以来，我们党强调要把解决好“三农”问题作为全党工作的重中之重。胡锦涛在党的十六届四中全会上，明确提出了“两个趋向”的重要论断，即在工业化初始阶段，农业支持工业、为工业提供积累是带有普遍性的趋向；但在工业化达到相当程度后，工业反哺农业、城市支持农村，实现工业与农业、城市与农村协调发展，也是带有普遍性的趋向。当前，我国总体上已进入以工促农、以城带乡的发展阶段。

党的十六届五中全会进一步提出了建设社会主义新农村是我国现代化进程中的重大历史任务。2006 年，中共中央、国务院颁发了《关于推进社会主义新农村建设的若干意见》，对统筹城乡经济社会发展，扎实推进社会主义新农村建设作了全面部署。

中央提出的建设社会主义新农村的总要求是：生产发展、生活宽裕、乡风文明、村容整洁、管理民主。生产发展，是新农村建设的中心环节，是实现其他目标的物质基础。生活宽裕，是新农村建设的目的，也是衡量我们工作的基本尺度。乡风文明，是农民素质的反映，体现农村精神文明建设的要求。村容整洁，是展示农村新貌的窗口，是实现人与环境和谐发展的必然要求。管理民主，是新农村建设的政治保证，显示了对农民群众政治权利的尊重和维护。这五句话二十个字，内涵丰富，要求明确，全面体现了当前和今后一个时期“三农”工作的主要方面，不仅勾画出了现代化农村的美好图景，而且提出了解决“三农”问题的系统思路。

建设社会主义新农村是一项系统工程，要按照工业反哺农业、城市支持农村和“多予少取放活”的方针，有计划有步骤有重点地推进。要通过坚持农村基本经营制度，强化支农惠农政策，加快农业科技进步，调整优化农村经济结构，加大扶贫力度，促进农业不断增效、农村加快发展、农民持续增收。为此，各级政府要把基础设施建设和社会事业发展的重点转向农村，逐步加大政府土地出让金用于农村的比重，探索确保农民现实利益和长期稳定收益的有效办法，解决好被征地农民的就业和社会保障。要加快培养新型农民，充分发挥广大农民在新农村建设中的主体作用。

建设社会主义新农村又是一项长期、艰巨、复杂的重大历史任务，要动员全党全社会关心农业、关注农村、关爱农民，积极支持和参与新农村建设，使建设社会主义新农村成为全党全国人民的共同行动。

五、统筹区域发展

区域经济是指一定区域范围内的经济活动。统筹区域发展，促进地区协调发展，缩小区域间的发展差距，是我国经济社会发展的一个重要原则。

我国区域经济的协调发展，主要是处理好东部和中西部的关系、沿海和内地的关系。党的十一届三中全会以来，以邓小平为核心的党中央领导集体，制定了“三步走”的发展战略，提出了包括促进东西部地区经济合理布局和协调发展的“两个大局”思想。以江泽民为核心的党中央领导集体，按照邓小平的“两个大局”思想，在党的十五届四中全会上明确提出实施西部大开发战略。进入新世纪，以胡锦涛为总书记的党中央根据我国区域发展的实际情况和全面推进现代化建设的要求，进一步提出促进区域协调发展的战略布局：继续推进西部大开发，振兴东北地区等老工业基地，促进中部地区崛起，鼓励东部地区率先发展，形成分工合理、特色明显、优势互补的区域产业结构，推动地区共同发展。这是从全面建设小康社会和加快现代化全局出发作出的总体战略部署。

为推动区域协调发展，逐步缩小区域发展差距，必须注重实现基本公共服务均等化，引导生产要素跨区域合理流动，这是我国未来相当长的时期内缩小区域发展差距的基本目标和促进区域协调发展的基本途径。但也应当看到，区域发展差距是自然、历史、经济综合作用的结果，具有一定的客观必然性，解决起来具有长期性。所以，缩小区域发展差距不能只注重经济总量，还要注重不同区域的人民生活水平。首先注重缩小区域间基本公共服务的差距，实现基本公共服务均等化，使不同区域的人民生活水平的差距不断缩小，是比较切合实际的要求。

我国有近1/3的国土属于难以开发利用、不适宜人类居住和生产的空间。根据这一基本国情，党的十七大提出要加强国土规划，按照形成主体功能区的要求，完善区域政策，调整经济布局。要按照资源、环境的承载能力、现有开发基础和未来发展潜力，统筹考虑未来人口分布、经济分布、国土利用和城镇化格局，引导生产要素跨区域合理流动。我们要创造条件引导中西部劳动力向经济相对集中的地区转移，充分发挥这些地区的人口承载力；引导资金、技术等生产要素向中西部地区流动，增强中西部地区的经济实力。通过人口和生产要素的合理流动，促进区域协调发展，逐步缩小发展差距。

六、建设资源节约型、环境友好型社会

党的十六届五中全会从贯彻落实科学发展观、构建社会主义和谐社会的高度，提出了建设资源节约型、环境友好型社会的奋斗目标。这是党对社会主义现代化建设规律认识的新飞跃，是统筹人与自然和谐发展和促进可持续发展的重大举措，是实现节约发展、清洁发展、安全发展的重要任务。

建设资源节约型、环境友好型社会，是根据我国国情和可持续发展要求作出的正确选择。中国是世界上人口最多的发展中国家，资源的人均占有量少。改革开放以来，我国经济社会发展取得了举世瞩目的成就，环境保护工作不断得到加强。但由于经济增长基本建立在高消耗、高污染的传统发展模式上。资源相对短缺、生态环境脆弱、环境容量不足，逐渐成为中国发展中的重大问题。这种状况如果一直延续下去，不仅将直接影响全面建设小康社会宏伟目标的顺利实现，而且是关系中华民族生存和长远发展的根本大计。因此，必须加快建立资源节约型、环境友好型社会。

资源节约型社会，是指以能源资源高效率利用的方式进行生产、以节约的方式进行消费为根本特征的社会。它不仅体现了经济增长方式的转变，更是一种全新的社会发展模式，它要求在生产、流通、消费的各个领域，在经济社会发展的各个方面，以节约使用能源资源和提高能源资源利用效率为核心，以节能、节水、节材、节地、资源综合利用为重点，以尽可能小的资源消耗，获得尽可能大的经济和社会效益，从而保障经济社会的可持续发展。

环境友好型社会，是人与自然和谐发展的社会，通过人与自然

的和谐来促进人与人、人与社会的和谐。具体说来，它是一种以人与自然和谐相处为目标，以环境承载能力为基础，以遵循自然规律为核心，以绿色科技为动力，坚持保护优先、开发有序，合理进行功能区划分，倡导环境文化和生态文明，追求经济、社会、环境协调发展的社会体系。

建设资源节约型、环境友好型社会，必须处理好经济建设、人口增长与资源利用、生态环境保护之间的关系，要充分考虑人口承载力、资源支撑力、生态环境承受力，正确处理经济发展与人口、资源、环境的关系，统筹考虑当前发展和长远发展的需要，不断提高发展的质量和效益，走生产发展、生活富裕、生态良好的文明发展道路。为此必须转变关于发展的传统观念，从重经济增长轻环境保护转变为保护环境与经济增长并重，在保护环境中求发展；从环境保护滞后于经济发展转变为环境保护和经济发展同步，改变先污染后治理、边治理边破坏的状况；从主要用行政办法保护环境转变为综合运用法律、经济、技术和必要的行政办法解决环境问题，自觉遵循经济规律和自然规律，提高环境保护工作水平。

建设生态文明是建设资源节约型、环境友好型社会的内在要求。党的十七大报告第一次明确提出了建设生态文明的目标。生态文明既包括人类对传统文明形态特别是工业文明进行深刻反思和探索的认识成果，又包括人类在发展物质文明过程中保护和改善生态环境的实践成果，表现为人与自然和谐程度的提高和人们生态观念的增强。当前，建设生态文明必须着力做好四个方面的工作：一是坚持节约资源和保护环境的基本国策，完善有利于节约能源资源和保护生态环境的法律和政策，加快形成可持续发展体制机制；二是发展清洁能源和可再生能源，建设科学合理的能源资源利用体系，提高能源资源利用效率；三是加大节能环保投入，重点加强水、大气、土壤等污染防治，改善城乡人居环境；四是加强水利、林业、草原建设，促进生态修复。

发展循环经济和低碳经济，是建设资源节约型、环境友好型社会和实现可持续发展的重要途径，是一种新的经济增长方式。循环经济以减量化、再利用和资源化为原则，以提高资源利用率为核心，以资源节约、资源综合利用、清洁生产为重点，通过调整结构、技术进步和加强管理等措施，大幅度减少资源消耗、降低废物排放、提高劳动生产率。低碳经济是以低能耗、低污染、低排放为基础的经济模式，通过能源资源节约型的经济发展方式和消耗方式，促进经济社会可持续发展。我国是一个高能耗国家，需要从节能减排、低碳发展的内在规律出发，找到能源资源浪费和环境污染的本源，逐步向循环经济和低碳经济新的发展模式转变。

思考题

1. 邓小平关于社会主义市场经济理论的主要内涵是什么？

2. 如何从理论上认识社会主义市场经济与资本主义市场经济之间的关系？

3. 社会主义初级阶段基本经济制度的确立，在社会主义所有制理论上实现了哪些重大的突破和创新？

4. 如何认识公有制的性质与实现形式之间的关系？

5. 结合现阶段个人收入分配制度和按劳分配的理论，对现实经济生活中个人收入出现差距的现象进行分析。

6. 如何理解走新型工业化道路，建设社会主义新农村，统筹区域发展的重大意义？

7. 如何理解建设创新型国家，建设资源节约型、环境友好型社会，积极扩大就业的重大意义？

第十章　建设中国特色社会主义政治

一个国家实行什么样的政治制度，走什么样的民主道路，要与本国的国情相适应。与中国国情相适应的政治制度和民主道路应该是什么样的？它有什么特色？它的优势在哪里？弄清楚这些问题，对于进一步深化政治体制改革，推进中国特色社会主义民主政治建设，建设社会主义法治国家，具有十分重要的理论意义和现实意义。

第一节　中国特色的社会主义民主政治

一、坚持党的领导、人民当家做主和依法治国的有机统一

民主是人类政治文明发展的成果，也是世界各国人民的普遍要求。发展社会主义民主政治，建设社会主义政治文明，是全面建设小康社会的重要目标，也是构建社会主义和谐社会的根本保证。党的十六大指出，发展社会主义民主政治，最根本的是要把坚持党的领导、人民当家做主和依法治国有机统一起来。党的十七大报告进一步强调："要坚持中国特色社会主义政治发展道路，坚持党的领导、人民当家做主、依法治国有机统一；坚持和完善人民代表大会制度、中国共产党领导的多党合作和政治协商制度、民族区域自治制度以及基层群众自治制度，不断推进社会主义制度自我完善和发展。"这是我们党以邓小平理论和"三个代表"重要思想为指导，总结执政经验，对于社会主义政治建设所作出的规律性认识；推进政治文明建设必须遵循的基本方针。

第一，中国共产党的领导是人民当家做主和依法治国的根本保证。我们党领导人民推翻剥削阶级的统治，建立人民民主专政的国家政权，就要组织和支持人民依法管理国家和社会事务、管理经济

和文化事业，当家做主，实现人民群众的根本利益。而人民利益的广泛性和实现人民利益的复杂性、艰巨性，必然要求有一个代表最广大人民根本利益的坚强的政治核心，来广泛地动员、领导和组织人民掌握好国家权力，管理好国家、社会事务和各项事业。只有坚持党的领导，才能坚持我国民主发展的社会主义方向，人民当家做主和依法治国才能有可靠的保证。因此，发展社会主义民主政治，建设社会主义政治文明，核心在于坚持党的领导。

第二，人民当家做主是社会主义民主政治的本质和核心要求，是社会主义政治文明建设的根本出发点和归宿。社会主义民主政治的本质是人民当家做主。共产党执政就是领导和支持人民当家做主。健全民主和法制，全面落实依法治国的基本方略，切实尊重和保障人民的政治、经济和文化权益，是社会主义民主政治建设的根本要求，也是我们党执政的根本目的和可靠基础。发扬人民民主，又是加强和改善党的领导的有效途径。党的领导方式和执政方式集中反映在党与国家以及人民群众关系的具体形式上。党只有领导人民创造各种有效的当家做主的民主形式，坚持依法治国，才能充分实现人民当家做主的权利，巩固和发展党的执政地位。

第三，依法治国是党领导人民治理国家的基本方略。依法治国与人民民主、党的领导是紧密联系、相辅相成、相互促进的。依法治国不仅从制度上、法律上保证人民当家做主，而且也从制度上、法律上保证党的执政地位。我国的宪法和法律是党的主张和人民意志相统一的体现。人民在党的领导下，依照宪法和法律治理国家，管理社会事务和经济文化事业，保障自己当家做主的各项民主权利，这是依法治国的实质。依法治国的过程，实际上就是在党的领导下，维护人民主人翁地位的过程，保证人民实现当家做主的过程。党领导人民通过国家权力机关制定宪法和各项法律，又在宪法和法律范围内活动，严格依法办事，保证法律的实施，从而使党的领导、人民当家做主和依法治国有机地统一起来。

总之，党的领导、人民当家做主和依法治国统一于建设中国特色社会主义民主政治的伟大实践之中，决不能把它们分割开来或对立起来。

二、中国特色的社会主义民主制度

（一）人民民主专政

民主是国体和政体的统一。所谓国体，就是国家的阶级性质，即国家的权力由社会的哪个阶级或哪些阶级掌握。所谓政体，主要是指国家的政权组织形式，即体现国体的具体政治制度。

人民民主专政是我国的国体。我国宪法明确规定："中华人民共和国是工人阶级领导的、以工农联盟为基础的人民民主专政的社会主义国家。"这一规定表明：人民民主专政是工人阶级（经过共产党）领导的、以工农联盟为基础的对人民实行民主和对敌人实行专政的国家政权。

人民民主专政是适合中国国情和革命传统的一种形式，具有鲜明的中国特色：第一，从政权组成的阶级结构来看，在新民主主义革命时期和向社会主义过渡的时期，参加国家政权的不仅有工人、农民和城市小资产阶级，在一定历史时期中还有民族资产阶级。进入社会主义以后，包括知识分子在内的工人阶级、占人口大多数的农民阶级、一切拥护社会主义和拥护祖国统一的爱国者，都属于人民的范畴，在最广大的人民内部实行民主，只对极少数人实行专政；第二，从党派之间的关系看，实行共产党领导的多党合作与政治协商。这种新型的政党关系是国际共产主义运动史上一个成功的创造，也是我国政治制度中的一个特点和优点；第三，从概念表述上看，人民民主专政的提法更全面、更明确地表示出人民民主和人民专政这两个相互联系的方面。邓小平指出，人民民主专政"实质上也就是无产阶级专政，但是人民民主专政的提法更适合于我们的国情"①。

坚持人民民主专政的实质，就是要不断发展社会主义民主，切实保护人民的利益，维护国家的主权、安全、统一与稳定。

坚持人民民主专政，首先要坚持国家的一切权力属于人民，保证人民依照宪法和法律规定，通过各种形式和途径，管理国家事务，管理经济和文化事业，管理社会事务，保证人民当家做主。

---

① 邓小平文选：第2卷［M］. 北京：人民出版社，1994：372.

坚持人民民主专政，还必须充分履行国家政权的专政职能。任何国家要保持政权巩固和社会稳定发展，都要履行专政的职能。从当今的国际形势看，世界范围内的社会主义力量在一个相当长时期内会弱于资本主义，国际敌对势力对我国进行渗透、分化和颠覆的图谋没有改变。从国内形势看，阶级斗争还将在一定范围内长期存在，不可能在短期内消除，有时还会很尖锐；在社会生活中，还存在也不可能杜绝各种违法犯罪活动。因此，要在充分发挥人民民主的基础上，加强国家政权的专政力量。

（二）人民代表大会制度

人民代表大会制度是中国人民当家做主的根本政治制度，是我国的政体。

实行人民代表大会制度最符合我国国情。在国家机构体系中，人民代表大会作为国家最高权力机关统一行使国家权力，实行民主集中制，集体行使职权，集体决定问题；国家行政机关、审判机关、检察机关由人民代表大会选举产生，对它负责、受它监督，合理分工、协调一致地工作，保证了国家统一有效地组织各项事业，保证一切权力属于人民。正如邓小平指出的："我们实行的就是全国人民代表大会一院制，这最符合中国实际。如果政策正确，方向正确，这种体制益处很大，很有助于国家的兴旺发达，避免很多牵扯。"①

改革开放以来，人民代表大会制度建设和人民代表大会的工作得到不断推进，人民民主不断扩大和深入。我们把直接选举人民代表大会代表的范围扩大到县，实行普遍的差额选举制度；完善了全国人民代表大会常务委员会的职权；在县级以上地方各级人民代表大会设立了常务委员会并赋予其相应职权；立法工作取得显著进展，以宪法为核心的中国特色社会主义法律体系初步形成，有力地推动和保障了改革开放和社会主义现代化建设的顺利进行。

（三）中国共产党领导的多党合作和政治协商制度

中国共产党领导的多党合作和政治协商制度，是我国的一项基本政治制度，是中国社会主义民主政治制度的重要形式。

除中国共产党外，中国大陆目前还有八个民主党派。它们是：

---

① 邓小平文选：第3卷［M］. 北京：人民出版社，1993：220.

中国国民党革命委员会、中国民主同盟、中国民主建国会、中国民主促进会、中国农工民主党、中国致公党、九三学社和台湾民主自治同盟。共产党领导的多党合作和政治协商制度，是在中国人民反抗帝国主义、封建主义和官僚资本主义的革命斗争中形成的，是共产党和各民主党派及社会各界民主人士的共同选择。

中国共产党的领导是多党合作的首要前提和根本保证。但这种领导是政治领导，即政治原则、政治方向和重大方针政策的领导。中国共产党与各民主党派都以宪法为根本活动准则，负有维护宪法尊严、保证宪法实施的职责。中国共产党与各民主党派合作的基本方针是“长期共存、互相监督、肝胆相照、荣辱与共”。

中国人民政治协商会议是中国人民爱国统一战线的组织，是中国共产党领导的多党合作和政治协商的重要机构，也是中国政治生活中发扬民主的重要形式。团结和民主是人民政协的两大主题。人民政协的主要职能是政治协商、民主监督、参政议政。人民政协的政治协商就是中国共产党同各民主党派、人民团体及各方面的代表人士，在共同遵守宪法和基本路线的基础上，就有关国家事务和地方事务的重大问题，进行各种形式的充分讨论，集中各方面提出的正确意见，采取协商一致的原则，解决问题。政治协商是中国共产党领导的多党合作的重要体现，是党和国家实行科学民主决策的重要环节，是党提高执政能力的重要途径。人民政协的民主监督是参加人民政协的各党派团体和各族各界人士通过政协组织对国家机关及其工作人员的工作进行的监督，也是中国共产党在政协中与各民主党派和无党派人士之间进行的互相监督。民主监督是我国社会主义监督体系的重要组成部分。人民政协的参政议政是对政治、经济、文化和社会生活中的重要问题以及人民群众普遍关心的问题，开展调查研究，反映社情民意，进行协商讨论，通过调研报告、提案、建议案或其他形式，向党和国家机关提出意见和建议。人民政协的参政议政是人民政协履行职能的重要形式，也是党政领导机关经常听取参加人民政协的各民主党派、人民团体和各族各界人士的意见和建议、切实做好工作的有效方式。

我国的政党制度是一种社会主义的新型政党制度，与资本主义国家的两党制或多党制有根本的不同。西方资本主义国家实行的两党制或多党制，建立在资本主义私有制基础之上，实质是资产阶级不同利益集团之间的竞争在政治上的反映。我国的政党制度建立在公有制占主体地位的社会主义经济基础之上，同社会主义国家国体的性质相适应，具有如下特征：第一，在我国的政党制度中，中国共产党是执政党，民主党派是参政党，不是在野党，更不是反对党。第二，中国共产党和各民主党派有着共同的根本利益和共同的目标，都以四项基本原则为共同准则，以实现不同时期的总任务为共同纲领，以建设中国特色社会主义为共同理想。第三，各民主党派都参加国家政权，参与国家事务的管理，参与国家大政方针和国家领导人选的协商，参与国家方针、政策、法律、法规的制定与执行。第四，中国共产党和各民主党派都以宪法为根本活动准则，都受到宪法的保护，享有宪法规定范围内的政治自由、组织独立和法律上的平等地位。在构建社会主义和谐社会的进程中，多党合作与政治协商具有重要作用。

（四）民族区域自治制度

民族区域自治是解决我国民族问题的基本政策，是国家的一项基本政治制度。实行这种制度，体现了我国坚持实行各民族平等、团结、合作和共同繁荣的原则。

中国是一个统一的多民族国家，在 56 个民族中，汉族人口最多，其他 55 个民族人口较少，习惯上被称为少数民族。

在处理民族问题方面，中国采用民族区域自治制度，民族区域自治是在统一而不可分离的国家领导下，在各少数民族聚居的地方设立自治机关，行使自治权，实行区域自治。民族区域自治的核心，是保障少数民族当家做主，管理本民族、本地方事务的权力。

实行民族区域自治，是中国共产党根据我国的历史发展、文化特点、民族关系和民族分布等具体情况作出的制度安排，符合各民族人民的共同利益和发展要求。第一，统一的多民族国家的长期存在和发展，是我国实行民族区域自治的历史依据。中国在历史上长期就是一个集中统一的国家，各民族之间虽有战有和，有统有分，但在漫长的历史进程中，认同自己是中国大家庭中的一员，始终是各民族关系的主流。第二，近代以来在反抗外来侵略斗争中形成的爱国主义精神，是实行民族区域自治的政治基础。近代以来，在共同反抗外来侵略的浴血斗争中，中国人民体会到，各族人民只有紧密地团结和联合起来，才能维护国家的主权统一和领土完整；只有实现国家的独立自主和繁荣富强，各民族才能拥有真正的自由、平等、发展和进步。第三，各民族大杂居、小聚居的人口分布格局，各地区资源条件和发展的差异，是实行民族区域自治的现实条件。在长期的历史发展过程中，我国各民族频繁迁徙，逐步形成了大杂居、小聚居的分布格局。汉族作为中国人口最多的民族遍布全国，少数民族人口虽少，且主要聚居在广大边疆地区，但在内地所有县以上行政区域都有居住。这种你中有我、我中有你、相互依存的人口分布状况，决定了在一些少数民族聚居的地方，建立不同类型和不同行政级别的民族自治地方，有利于民族关系的和谐稳定和各民族的共同发展。截至 2003 年底，我国共建立了 155 个民族自治地方，实行区域自治的少数民族人口占少数民族总人口的 71%，民族自治地方的面积占全国国土总面积的 64% 左右。

根据《中华人民共和国宪法》《中华人民共和国民族区域自治法》和其他法律的规定，我国各民族自治地方的自治机关享有广泛的自治权利。一是自主管理本民族、本地区的内部事务；二是享有制定自治条例和单行条例的权利；三是享有宗教信仰自由的权利；四是享有使用和发展本民族语言文字、按照传统风俗习惯生活及进行社会活动的权利和自由。此外，还拥有自主安排、管理、发展经济建设事业，自主发展教育、科技、文化等其他各项权利。

（五）基层群众自治制度

基层民主是我国广大工人、农民、知识分子和各阶层人士，在城乡基层政权机关、企事业单位和基层自治组织中依法直接行使的民主权利，包括政治、经济、文化、教育等领域的民主权利，渗透到社会生活各个方面，具有全体公民广泛和直接参与的特点。它不仅是一种基层自治和民主管理制度，而且作为国家制度民主的具体化，是社会主义民主广泛而深刻的实践。

党的十七大首次把基层群众自治制度纳入中国特色社会主义民主政治制度的基本范畴，明确指出：“人民依法直接行使民主权利，管理基层公共事务和公益事业，实行自我管理、自我服务、自我教育、自我监督，对干部实行民主监督，是人民当家做主最有效、最广泛的途径，必须作为发展社会主义民主政治的基础性工程重点推进。”这是因为：一方面，发展基层民主是发展社会主义民主的基础性工作。在我国，人民是国家的主人。保证工人阶级和广大劳动群众行使管理国家、管理经济和社会事务的权利，首先必须保证他们在基层的经济、政治、文化和其他社会事务中当好家做好主，这是实现工人阶级和广大劳动群众在整个国家的经济、政治、文化和社会生活中当家做主的基础。另一方面，基层民主是社会主义民主最广泛的实践，发展基层直接民主，有利于提高全民的民主素养，为发展社会主义民主进一步创造条件。

改革开放以来，随着中国的发展和进步，全国各地城乡基层民主不断扩大，公民有序的政治参与渠道增多，民主的实现形式日益丰富。目前，中国已经建立了以农村村民委员会、城市居民委员会和企业职工代表大会为主要内容的基层民主自治体系。广大人民在城乡基层群众性自治组织中，依法直接行使民主选举、民主决策、民主管理和民主监督的权利，对所在基层组织的公共事务和公益事业实行民主自治，已经成为当代中国最直接、最广泛的民主实践。

农村基层民主政治建设。经过多年的探索和实践，中国共产党领导亿万农民找到了一条适合中国国情的推进农村基层民主政治建设的途径，这就是实行村民自治。村民自治是广大农民直接行使民主权利，依法办理自己的事情，实行自我管理、自我教育、自我服务的一项基本制度。民主选举、民主决策、民主管理和民主监督是村民自治的主要内容。村民自治发端于20世纪80年代初期，发展于80年代，普遍推行于90年代，已成为在当今中国农村扩大基层民主和提高农村治理水平的一种有效方式。

城市社区民主政治建设。城市居民委员会是中国城市居民实现自我管理、自我教育、自我服务的基层群众性自治组织，是在城市基层实现直接民主的重要形式。新中国成立后，即在全国各个城市普遍建立居民委员会，实现城市居民对居住地公共事务管理的民主自治。1982年，城市居民委员会制度首次被写入我国宪法。1989年，全国人大常委会制定了《中华人民共和国城市居民委员会组织法》，为城市居民委员会发展提供了法律基础和制度保障。目前，城市社区建设正在由点到面、由大城市向中小城市、由东部地区向西部地区推进，以完善城市居民自治，建设管理有序、服务完善、环境优美、文明祥和的新型社区正在全国展开。

职工代表大会制度建设。职工代表大会，是保证职工对企事业单位实行民主管理的基本制度。在中国，职工在企事业单位中享有的当家做主的民主权利，主要通过职工代表大会制度来实现。中国宪法、全民所有制工业企业法、劳动法、工会法和全民所有制工业企业职工代表大会条例等法律法规，均对职工代表大会制度作了相应规定。改革开放以来，职工代表大会和其他形式的企事业单位的民主管理制度在实行民主管理、协调劳动关系、保障和维护职工合法权益、推进企事业单位的改革、发展、稳定等方面发挥了不可替代的作用。

第二节　依法治国，建设社会主义法治国家

发展社会主义民主，健全社会主义法制，依法治国，建立社会主义法治国家，是建设中国特色社会主义的重要目标。

针对“文化大革命”时期我国法制建设遭受严重破坏以及改革开放出现的新情况，邓小平十分强调和重视法制建设。他指出：“要继续发展社会主义民主，健全社会主义法制。这是三中全会以来中央坚定不移的基本方针，今后也决不允许有任何动摇。我们的民主制度还有不完善的地方，要制定一系列的法律、法令和条例，使民主制度化、法律化。”① 党的十三届四中全会以后，江泽民进一步继承和发展了邓小平关于加强社会主义法制建设的思想，并于 1996 年 2 月提出了“依法治国”思想。党的十五大报告第一次深刻地阐述了依法治国的含义，把依法治国确定为党领导人民治理国家的基本方略。1999 年 3 月，九届全国人大二次会议通过的宪法修正案明确指出“中华人民共和国实行依法治国，建设社会主义法制国家”，正式把这一治国方略以国家根本大法的形式确定下来。

一、依法治国的内涵

依法治国就是广大人民群众在党的领导下，依照宪法和法律规

① 邓小平文选：第 2 卷 [M]. 北京：人民出版社，1994：359.

定，通过各种途径和形式管理国家事务，管理经济文化事业，管理社会事务，保证国家各项工作都依法进行，逐步实现社会主义民主的制度化、法律化，使这种制度和法律不因领导人的改变而改变，不因领导人看法和注意力的改变而改变。

深刻理解依法治国的科学内涵，应注意把握：依法治国的主体是党领导下的人民群众，也就是党领导人民实行依法治国。依法治国的客体是国家事务、经济文化事业和社会事务。依法治国就是要保证对所有这些事业、事务的管理工作都要依法进行。依法治国所依的法，最重要的是宪法和法律。我国宪法和法律体现了党的主张和人民利益、人民意志的统一。

依法治国是社会文明进步的显著标志，是国家长治久安的重要保障，是社会主义民主政治的基本要求，也是建设中国特色社会主义经济、政治、文化，构建和谐社会的必然要求。

第一，依法治国是中国共产党执政方式的重大转变，有利于加强和改善党的领导。依法治国同坚持和改善党的领导是完全一致的。江泽民指出："依法治国，有利于从法律上制度上保证党的基本路线和基本方针的贯彻落实，保证党始终发挥总揽全局、协调各方的核心作用。"①

第二，依法治国是发展社会主义民主、实现人民当家做主的根本保证。民主与法治相互依赖，相互促进，密不可分。社会主义民主是社会主义法治的基础，社会主义法治是社会主义民主的保障。只有人民掌握政权，实行社会主义民主，才能把自己的意志上升为国家法律，建立起自己的法律制度。同时，人民的民主权利和公民的基本权利，国家经济、政治、文化和社会生活各个方面的民主制度、民主结构、民主形式和民主程序，都需要由法律加以确认、规范，并通过国家的强制力来保证实施。

第三，依法治国是发展社会主义市场经济和扩大对外开放的客观需要。一个比较成熟的市场经济，必然要求并具有比较完备的法制。市场经营活动的运行，市场秩序的维系，国家对经济活动的宏观调控和管理，以及生产、交换、分配、消费等各个环节，都需要

① 江泽民论有中国特色社会主义：专题摘编［M］．北京：中央文献出版社，2002：328.

法律的引导和规范。在国际经济交往中，也需要按国际惯例和国与国之间约定的规则办事。这些都是市场经济的内在要求。实行依法治国，才能适应发展社会主义市场经济的要求，适应我国加入世贸组织、发展开放型经济的需要。

第四，依法治国是国家长治久安的重要保障。社会稳定、安定团结是我们各项事业顺利发展的前提。稳定压倒一切。要保持社会稳定，就必须依靠法治来协调社会关系，化解社会矛盾。同时，还要依法严厉打击各种犯罪活动，加强社会治安综合治理，创造良好的社会治安环境。

二、加强社会主义法制建设

社会主义法制是人民按照自己的意志，通过国家政权所建立起来的法律制度和执法原则，是人民当家做主和治理国家的基本方法。法制是依法治国的前提和基础。经济的发展，社会的进步，都离不开法制的健全。推进依法治国进程，建设社会主义法治国家，必须大力加强社会主义法制建设。

加强社会主义法制建设的基本要求，可以用 16 个字来概括，即“有法可依，有法必依，执法必严，违法必究”。这四个方面相互联系、相互制约。有法可依是前提，有法必依是核心，执法必严是关键，违法必究是保障。

“有法可依”就是要建立统一、完备、科学的法律体系和制度，即立法能够适应不断发展的经济、政治、文化和社会生活的需要，及时对各种社会关系进行规范。法律体系应当力求完整、科学、严谨、系统；各部门法应当合理划分，彼此协调，共同发挥作用；法律规范应当明确、肯定、具体，具有可操作性。法律的内容应当体现最广大人民的利益，不能把部门利益法律化。应当避免和消除各国家机关不同时期的法律、法规之间的矛盾以及法律、法规与法律解释之间的矛盾。

“有法必依”就是要保证法律效力的普遍性和有效性，即尽量排除和杜绝立法、执法、司法、守法和法律监督中的随意性、偶然性和腐败现象；坚持法律面前人人平等，任何组织和个人都不能有超越宪法和法律的特权。公民不分民族、种族、性别、职业、家庭出身、宗教信仰、教育程度、财产状况、居住期限，都必须平等地遵守宪法、法律和其他法规，依法平等地享有法定的权利和承担法定的义务；任何公民的合法权益必须毫无例外地受到法律的平等保护。要建立和健全法律服务机构，保证法律正确实施。

“执法必严”就是要确保严格公正的执法和司法。司法机关应当独立公正地行使司法权，不受其他机关、社会团体和个人的非法干预。要按照公正司法、文明执法的要求，完善司法机关的机构设置、职能划分和管理制度，形成权责明确、相互配合、相互制约、高效运行的司法体制和工作机制，维护司法权威，维护公民、法人和其他组织的合法权益，维护社会公平和正义。要加强执法、司法队伍的建设和对他们工作的监督，防止他们滥用权力。

“违法必究”就是对一切违法犯罪行为都要按照“以事实为依据，以法律为准绳”的原则，给予惩处。在法律面前人人平等，不容许任何组织和个人有超越宪法和法律的特权。

第三节 推进政治体制改革，发展民主政治

一、深化政治体制改革，扩大社会主义民主

政治体制，是指政治制度的具体表现和实现形式，主要是指党和国家的领导制度、组织制度、工作制度等具体制度。邓小平指出：“评价一个国家的政治体制、政治结构和政策是否正确，关键看三条：第一是看国家的政局是否稳定；第二是看能否增进人民的团结，改善人民的生活；第三是看生产力能否得到持续发展。”① 我国建立的社会主义基本政治制度是好的，它符合中国的国情，保证了人民以国家和社会主人的身份充分发挥建设国家、管理国家的积极性、主动性和创造性，不断推动中国的经济发展和社会全面进步。但它还很不完善，党和国家现行的具体领导制度、组织形式和工作方式还存在一些缺陷。为把我国建设成为富强民主文明和谐的社会主义现代化强国，必须深化政治体制改革。

① 邓小平文选：第3卷［M］. 北京：人民出版社，1993：213.

深化政治体制改革，必须坚持正确政治方向，以保证人民当家做主为根本，以增强党和国家活力、调动人民积极性为目标，扩大社会主义民主，建设社会主义法治国家，发展社会主义政治文明。要坚持党总揽全局、协调各方的领导核心作用，提高党科学执政、民主执政、依法执政水平，保证党领导人民有效治理国家；坚持国家一切权力属于人民，从各个层次、各个领域扩大公民有序政治参与，最广泛地动员和组织人民依法管理国家事务和社会事务、管理经济和文化事业；坚持依法治国基本方略，树立社会主义法治理念，实现国家各项工作法治化，保障公民合法权益；坚持社会主义政治制度的特点和优势，推进社会主义民主政治制度化、规范化、程序化，为党和国家长治久安提供政治和法律制度保障。

推进政治体制改革，必须从我国国情出发，既要态度积极，又要步子稳妥。政治体制改革情况复杂，任务艰巨，每项改革涉及的人和事都很广泛、很深刻，触及很多人的利益，会遇到很多的障碍，需要审慎从事。改革的方针必须坚定，但方法要细密，步子要稳妥。要高度重视和认真做好维护社会稳定的工作，始终保持安定团结的社会政治局面，在和谐稳定的环境中有序地推进政治体制改革。

推进政治体制改革，必须坚定不移地走中国特色社会主义政治发展道路，绝对不能照搬西方政治模式。这并不意味着不能和不需要批判地吸收和借鉴西方政治文明的积极成果。世界是丰富多彩的，没有也不可能有一种放之四海而皆准的政治制度模式。不能否认，社会主义民主政治同资本主义民主政治之间存在着某种联系。资本主义民主政治是在反对封建专制的过程中产生的，是一种历史进步，其中包含了人类社会共同的文明成果。因此，它的某些观念、形式和方法，有我们可以吸收借鉴的地方。但吸收和借鉴应是有分析、有批判的，不能简单模仿、全盘照搬。

在当前和今后一个时期，我国政治体制改革的主要任务是：要健全民主制度，丰富民主形式，拓宽民主渠道，依法实行民主选举、民主决策、民主管理、民主监督，保障人民的知情权、参与权、表达权、监督权，实现社会主义民主政治制度化、规范化、程序化，巩固人民当家做主的政治地位。完善法律制度，维护社会主义法制的统一和尊严，树立社会主义法制权威。完善司法体制机制，坚持司法为民、公正司法，推进司法体制和工作机制改革，建设公正、高效、权威的社会主义司法制度，发挥司法维护公平正义的职能作用。加快行政管理体制改革，建设服务型政府，着力转变职能、理顺关系、优化结构、提高效能，形成权责一致、分工合理、决策科学、执行顺畅、监督有力的行政管理体制。健全政府职责体系，完善公共服务体系，推行电子政务，强化社会管理和公共服务。完善制约和监督机制，坚持用制度管权、管事、管人，建立健全决策权、执行权、监督权既相互制约又相互协调的权力结构和运行机制，让权力在阳光下运行，保证人民赋予的权力始终用来为人民谋利益。深入开展党风廉政建设和反腐败斗争，坚持党要管党、从严治党，贯彻标本兼治、综合治理、惩防并举、注重预防的反腐倡廉战略方针，重点加强对领导干部特别是主要领导干部、人财物管理使用、关键岗位的监督，健全质询、问责、经济责任审计、引咎辞职、罢免等制度，推进教育、制度、监督并重的惩治和预防腐败体系建设。

二、社会主义社会的民主、自由和人权

“民主”一词起源于古希腊文，由“人民”和“权力”两词合成，意为“人民的政权”，是人民当家做主的意思。“自由”通常讲政治自由，主要是指公民在法律范围内参与国家政治生活的一种权利。“民主”是政权的一种构成形式，“自由”则是政权给予公民的政治权利。“人权”泛指人身自由和其他民主权利，主要包括生存权、经济权、政治权、文化权等。而公民在政治上应该享有的自由和民主权利，一般也被称作“人权”。

人类政治文明发展的历史和现实情况说明，任何一种民主的本质、内容和形式，都是随着本国经济文化的发展而发展的。民主作为一种国家制度，作为上层建筑，它的本质是由经济基础决定的。在民主政治发展的进程中，存在着建立在私有制基础上的为少数人服务的民主和建立在公有制基础上的为多数人服务的民主。不管是资本主义民主，还是社会主义民主，都是为了维护统治阶级的权益，都不容许动摇它的现有制度，都不会给它的“颠覆力量”以民主。

人民民主是社会主义的生命。社会主义民主是多数人的民主，是迄今为止人类历史上最高形态的民主，它的本质就是人民当家做

主，它和资本主义民主的最大不同在于广大人民群众翻身做了主人，获得了管理国家和社会的权利。社会主义民主是真实的民主。它公开承认自身的阶级性，认为统治阶级的民主就意味着对于被统治者的专政，民主和专政，两个方面相辅相成。中国是有五千多年历史的文明古国，但人民真正当家做主，成为国家、社会和自己命运的主人，只是在新中国成立以后才成为现实。看不到这点，就不能从根本上正确认识中国政治制度和人民民主的本质。

民主建设是逐步发展的历史过程，它的发展程度同一定的经济文化状况相关联。由于我国还处于社会主义初级阶段，现在我国社会主义民主形式仍不够完备，还有许多地方需要丰富和完善。因此从我国的国情出发，在党的领导下有步骤、有秩序地推进我国民主制度建设，积极探索符合我国当前社会历史条件的社会主义民主形式是当前的主要任务。

自由同样不是抽象的概念，而有其实际的内容。在社会主义制度下，劳动人民当家做主，政权在人民手中，这是最大的政治自由；公有制为主体，从经济基础上铲除了金钱对自由的束缚。与此同时，以马克思主义为指导的社会主义文化建设，开辟了人类自觉创造历史的新时代，使人们在思想上获得了空前的自由。发展和完善社会主义的自由，必须不断克服官僚主义、家长制、以权谋私和利用职权对人民自由的践踏。人民要珍惜自己的权利，不断提高行使宪法赋予的权利的觉悟和能力。

人权作为权利的一般表现形式，是社会的产物。从马克思主义的观点看，人权不能局限于个人的政治权利，而应当扩大范围。人权的基础是生命的生存和发展，没有生存权，其他人权均无从谈起。邓小平曾指出："什么是人权？首先一条，是多少人的人权？是少数人的人权，还是多数人的人权，全国人民的人权？西方世界的所谓'人权'和我们讲的人权，本质上是两回事，观点不同。"① 西方发达国家人权理论强调的主要是个人的政治权利，而不大讲经济和社会权利。我们强调，人权不仅包括个人权利，还包括集体人权，不仅包括政治权利，而且包括经济、社会、文化、公民权利。对于发

① 邓小平文选：第3卷［M］．北京：人民出版社，1993：125.

展中国家来说，生存权和发展权是最根本、最重要的人权。新中国成立以来，特别是改革开放以来，我国大力组织扶贫开发，解决了几亿人口的温饱问题。它充分证明社会主义对人的生存权和发展权的高度重视。

民主、自由、人权，核心是民主。公民权利的实现和发展，都要通过国家政权、依赖国家政权。只有人民掌握政权，巩固和发展政权，人民才会拥有真正属于自己的民主、自由和权利。西方国家打着“人权高于主权”的旗号干涉别国内政，甚至颠覆别国政权。在它们看来，不许少数敌对分子对本国进行颠覆活动，就是没有“民主”，社会主义国家或发展中国家惩治颠覆力量，就是侵犯“人权”。对此，邓小平曾明确指出：“人们支持人权，但不要忘记还有一个国权。”① 他还说，人权重要，还是国格重要？国格是关系国家独立、主权和尊严的问题，是压倒一切的。任何一个人都是国家的一个成员，连自己国家的独立、主权都能背叛的人，值得信任和尊重吗？没有国权和国格，个人的人权就没有保障。江泽民指出，如果失去了国家主权、民族独立和国家尊严，也就失去了人民民主，并且从根本上失去了人权。有鉴于此，我们同第三世界国家更加重视国家主权，要求国际民主，反对霸权主义干预别国内政。

思考题

1. 如何正确理解坚持党的领导、人民当家做主和依法治国的有机统一？

2. 为什么要坚持和完善人民民主专政的国体和人民代表大会制度的政体？

3. 为什么要坚持和完善中国共产党领导的多党合作和政治协商制度？

4. 为什么要坚持和完善民族区域自治制度？

5. 为什么要加强基层群众自治制度建设？

6. 依法治国的含义是什么？实行依法治国的重要意义何在？

7. 怎样正确理解社会主义社会的民主、自由和人权？

---

① 邓小平文选：第3卷［M］. 北京：人民出版社，1993：331.

第十一章　建设中国特色社会主义文化

在世界多极化、经济全球化不断发展和实行社会主义市场经济的背景下，面对各种思想文化相互交织、相互激荡的复杂局面，如何建设中国特色社会主义文化，发展社会主义先进文化？如何建设和谐文化？为什么要建设社会主义核心价值体系？如何加强思想道德建设和教育科学文化建设？这是我们在建设中国特色社会主义、实现中华民族伟大复兴的历史进程中，必须认真研究和回答的问题。

第一节　发展社会主义先进文化

一、中国特色社会主义文化的科学含义

文化有广义和狭义之分。广义上的文化是指人类在社会发展历史过程中所创造的物质文明和精神文明的总和。狭义上的文化是指与经济、政治并列的，即有人类社会生活的思想理论、道德风尚、文学艺术、教育和科学等精神方面的内容。中国特色社会主义文化，就其内容来说，同改革开放以来一贯倡导的社会主义精神文明是一致的。文化相对于经济、政治而言，精神文明相对于物质文明而言。只有经济、政治、文化协调发展，只有两个文明都建设和发展好，才是中国特色社会主义。

江泽民同志在党的十五大报告中指出："建设有中国特色社会主义的文化，就是以马克思主义为指导，以培育有理想、有道德、有文化、有纪律的公民为目标，发展面向现代化、面向世界、面向未来的，民族的科学的大众的社会主义文化。"发展社会主义文化，建设社会主义精神文明，也就是发展先进文化。江泽民同志在党的十六大报告中再次指出："在当代中国，发展先进文化，就是发展面向

现代化、面向世界、面向未来的、民族的科学的大众的社会主义文化，以不断丰富人们的精神世界，增强人们的精神力量。”先进文化，既是人类文明进步的结晶，又是人类文明进步的旗帜，是推动人类继往开来、与时俱进的强大精神力量。

进入全面建设小康社会的新阶段，以胡锦涛为总书记的党中央把文化建设摆在更加突出的位置，强调要牢牢把握社会主义先进文化的前进方向，兴起社会主义文化建设新高潮，激发全民族文化创造活力，提高国家文化软实力，使人民基本文化权益得到更好保障，使社会文化生活更加丰富多彩，使人民精神风貌更加昂扬向上。社会主义核心价值体系是社会主义意识形态的本质体现，要建设社会主义核心价值体系，增强社会主义意识形态的吸引力和凝聚力。要建设和谐文化，培育文明风尚。要弘扬中华文化，建设中华民族共有精神家园。解放和发展文化生产力是繁荣文化的必由之路，要推进文化创新，增强文化发展活力。

在当代中国，发展社会主义先进文化，建设和谐文化，就是建设中国特色社会主义文化。中国特色社会主义文化，就其主要内容来说，同改革开放以来我们一贯倡导的社会主义精神文明是一致的。要实现我国社会主义现代化建设和中华民族伟大复兴的宏伟目标，必须牢牢把握社会主义先进文化的前进方向，努力建设中国特色社会主义文化。

二、中国特色社会主义文化建设的根本任务

人是文化的创造者，是文化的享有者、传承者。建设中国特色社会主义文化，归根到底是为了满足人民群众日益增长的精神文化需要，不断丰富人们的精神世界，增强人们的精神力量，促进人的全面发展。建设中国特色社会主义文化的根本任务，就是以马克思列宁主义、毛泽东思想、邓小平理论和“三个代表”重要思想为指导，全面贯彻科学发展观，着力培育有理想、有道德、有文化、有纪律的公民，切实提高全民族的思想道德素质和科学文化素质。

党的十一届三中全会后，邓小平把新时期社会主义事业接班人的基本要求概括为“四有”，即有理想、有道德、有文化、有纪律。在推进中国特色社会主义事业的实践中，结合发展了的实际，江泽

民要求着力提高全民族的思想道德素质和科学文化素质，为经济发展和社会全面进步提供强大的精神动力和智力支持，培育适应社会主义现代化要求的一代又一代有理想、有道德、有文化、有纪律的公民。在新世纪新阶段，胡锦涛强调全面建设小康社会、加快推进社会主义现代化，要求我们必须着眼于提高人的素质，促进人的全面发展，加强思想道德建设，发展教育科学文化，培育有理想、有道德、有文化、有纪律的社会主义公民。

培育有理想、有道德、有文化、有纪律的社会主义公民，是建设社会主义先进文化对公民素质提出的综合要求。其中，有理想、有道德、有纪律是对公民思想道德素质方面的要求，有文化则是对公民科学文化素质的要求。思想道德素质和科学文化素质是有机统一、相辅相成的，二者互相补充，互相促进，协调发展。这就要求我们正确认识有理想、有道德、有文化、有纪律四者的内在联系。理想是核心和精神支柱，道德是行为规范和理想的体现，纪律是实现理想、维护道德的重要保证，文化是基础，是形成理想信念、道德情操和纪律观念的重要条件。这四个方面构成了培育社会主义社会公民的整体标准。建设中国特色社会主义文化，发展社会主义先进文化，要始终按照“四有”这样一个整体标准去培养人才，提高人的综合素质，为现代化建设提供智力支持和人才支撑。

三、中国特色社会主义文化建设的基本方针

我们党在领导文化建设的长期实践中，积累了宝贵的经验，不断深化对文化发展规律的认识，形成了指导文化建设的一系列重要方针和原则。

第一，坚持马克思主义为指导，为人民服务，为社会主义服务。坚持以什么为指导、为什么人服务的问题，是文化建设的根本问题，不仅决定着文化建设的目标和方向，也决定着文化的性质。建设中国特色社会主义文化，必须坚持以马克思列宁主义、毛泽东思想、邓小平理论和“三个代表”重要思想为指导，全面落实科学发展观，牢牢把握社会主义先进文化的前进方向；坚持为人民服务，为社会主义服务，把满足人民群众的精神文化需要作为文化建设的出发点和落脚点，不断促进人们思想道德素质和科学文化素质的提高，努

力实现最广大人民的文化利益，为全面建设小康社会提供强大的精神动力，创造良好的文化氛围。

第二，坚持百花齐放、百家争鸣的方针。“双百”方针是对文化建设经验的深刻总结，反映了文化发展的内在规律。要在宪法规定的范围内，努力营造生动活泼、求真务实的良好氛围，充分发扬学术民主和艺术民主，在学术问题上提倡不同观点和党派的自由讨论，在艺术创作上提倡不同艺术风格和学派的争鸣和切磋，提倡健康说理的批评和反批评。尊重文化发展规律，尊重文化工作者的创造性劳动，弘扬主旋律，提倡多样化，充分调动广大文化工作者的积极性和创造性，促进学术研究和艺术创作的繁荣发展。注意区分学术问题、思想认识问题、政治问题的界限。对政治问题，要旗帜鲜明，立场坚定。对学术问题，要提倡学术民主、平等讨论、相互切磋。对思想认识问题，要加强有针对性的引导，努力析事明理、解疑释惑。

第三，坚持贴近实际、贴近生活、贴近群众，不断推进文化创新。只有坚持贴近实际、贴近生活、贴近群众，文化建设才能回答和解决现实问题，反映生活本质，满足群众的文化需求。要立足社会主义初级阶段的实际，深入改革开放和现代化建设的实践，在时代的高起点上，不断推动文化观念、内容、形式和手段的创新。要始终坚持把人民群众拥护不拥护、赞成不赞成、高兴不高兴、满意不满意作为检验文化建设成效的根本标准，不断增强中国特色社会主义文化的吸引力和感召力。

第四，坚持立足当代又继承民族优秀文化传统，立足本国又充分吸收世界优秀文化成果。文化承接着过去又昭示着未来，既是民族的又是世界的。要结合时代特点对中华民族传统文化加以继承和发扬，做到古为今用，推陈出新；要从中国实际出发，对人类文明优秀成果加以积极借鉴，做到洋为中用，博采众长。

第五，坚持一手抓繁荣，一手抓管理。繁荣是文化建设的永恒主题，管理是文化繁荣发展的有力保障，两者紧密联系，相互促进。要坚持重在建设，把文化作为一个持续推进的过程，通过长期坚持不懈的努力，推进中国特色社会主义文化的繁荣发展。要坚持科学管理，依法管理，综合运用法律、行政、经济、行业自律等手段，推进文化领域管理工作的法制化、规范化、制度化建设。要树立新的文化发展观，积极推进文化体制改革，解放和发展文化生产力，不断增强我国文化的总体实力和国际竞争力。始终坚持把社会效益放在首位，努力实现经济效益与社会效益的统一。

第二节　建设社会主义核心价值体系

一、社会主义核心价值体系是社会主义意识形态的本质体现

一个国家、一个民族在长期的实践过程中，必然形成自己的核心价值体系，这是社会系统得以运转、社会秩序得以维持的基本精神寄托。建设社会主义核心价值体系，是党在思想文化建设上的一个重大理论创新，是在我国经济体制深刻变革、社会结构深刻变动、利益格局深刻调整、思想观念深刻变化的新形势下，凝聚和统一社会各阶层、各利益群体思想的有力武器，是社会主义制度的精神之魂，是社会主义意识形态大厦的基石。

社会主义核心价值体系的基本内容包括马克思主义指导思想、中国特色社会主义共同理想、以爱国主义为核心的民族精神和以改革创新为核心的时代精神、社会主义荣辱观。这四个方面的内容，相互促进，是一个有机统一的整体，都是社会主义意识形态最重要的组成部分，是从我们党领导人民在长期实践中形成的丰富思想文化成果中提炼和概括出来的精华，是对社会主义核心价值体系深刻内涵的科学提示。坚持马克思主义的指导地位，抓住了社会主义核心价值体系的灵魂；树立共同理想，掌握了社会主义核心价值体系的精髓；树立和践行社会主义荣辱观，打牢了社会主义核心价值体系的基础。

二、社会主义核心价值体系的基本内容

（一）坚持马克思主义的指导思想

马克思主义指导思想作为社会主义核心价值体系的灵魂，解决的是举什么旗的问题，决定了社会主义核心价值体系的性质和方向，是社会主义核心价值体系的理论基础，居于统领地位。树立中国特

色社会主义共同理想、弘扬培育民族精神和时代精神、树立社会主义荣辱观，都必须以马克思主义为指导。

一种理论要不要坚持，不在于它产生时间的长短，而在于它正确与否。马克思主义尽管产生于100多年前，但马克思主义鲜明的阶级立场、严密的科学体系和巨大的实践指导作用决定了21世纪的今天，我们必须坚持马克思主义的指导地位。

马克思主义深刻提示了人类历史发展的客观规律，为人类的进步、社会发展指明了正确方向。马克思主义产生于工人运动中，是指导工人阶级实现自身解放的强大思想武器。历史上，从来没有一种理论像马克思主义那样，与工人阶级和劳动人民的命运如此紧密地联系在一起。过去曾有种种同情人民群众的思潮和学说，但只有马克思主义才真正为工人阶级和劳动人民说话，反映和代表他们的根本利益和要求。

马克思主义虽然诞生于19世纪，但没有停留于19世纪。作为一个开放的理论体系，一百多年来始终与时代同行、与实践同步。一个半世纪以来，马克思主义总是不断吸收、借鉴、融合各种优秀的思想文化成果，在继承中前进，在创新中发展。中国共产党坚持把马克思主义基本原理同中国革命、建设和改革的具体实践相结合，形成了马克思主义中国化的一系列成果，生动而具体地坚持和发展了马克思主义。特别是改革开放30多来，我们党坚持以马克思主义为指导，开创了中国特色社会主义道路，把一个贫穷落后的中国，变为一个初步繁荣昌盛、欣欣向荣的中国，向世界展示了马克思主义的强大生命力。

（二）树立中国特色社会主义的共同理想

中国特色社会主义共同理想作为社会主义核心价值体系的主题，解决的是走什么路、实现什么样目标的问题。坚持马克思主义指导思想，弘扬培育民族精神和时代精神，树立社会主义荣辱观，都是为了引导和激励全体人民努力实现中国特色社会主义共同理想。

理想体现了人们对美好生活的向往和追求，是一个国家和民族奋勇前进的精神动力。理想决定行动，有共同理想，才能有共同步调。随着我国经济社会发生的深刻变化，不可避免会出现社会意识的多样化。这就更加需要一个能够代表广大人民根本利益、为社会各个阶层广泛认可和接受的共同理想，才能有效凝聚各方面的智慧和力量，打牢全党全国各族人民团结奋斗的思想基础。这个共同理想，就是中国共产党领导下，走中国特色社会主义道路，实现中华民族的伟大复兴。

理想是有层次的，对中国共产党人来说，最高理想是实现共产主义。这个理想并没有随着时代的改变而改变，共产主义的最高理想同现阶段建设中国特色社会主义共同理想是统一的。我们现在为建设中国特色社会主义而努力，就是为将来实现共产主义最高理想而奋斗。

共同的理想需要每个社会成员共同为之奋斗。共同理想是个人理想的凝聚和升华，代表和反映着人们的共同愿望，要靠全体社会成员的共同努力来实现。要把个人的命运与国家和人民的命运联系在一起，胸怀祖国，服务人民，立志为祖国和人民的利益而奋斗，在为共同理想而努力的过程中体现自己的人生价值，实现自己的理想追求。

（三）弘扬民族精神和时代精神

民族精神和时代精神作为社会主义核心价值体系的精髓，解决的是应当具备什么样的精神状态和精神风貌的问题。它是坚持马克思主义指导思想、树立中国特色社会主义共同理想、树立社会主义荣辱观的精神条件。

民族精神是一个民族在长期共同实践中形成的民族意识、民族心理、民族品格、民族气质的总和，是民族文化中固有的并且延绵不断的历史传统，是民族文化最本质、最集中的体现。在五千多年的发展中，中华民族形成了以爱国主义为核心的团结统一、爱好和平、勤劳勇敢、自强不息的伟大的民族精神。

时代精神是马克思主义与时俱进的理论品格、中华民族富于进取的思想品格与改革开放和社会主义现代化建设实践相结合的伟大成果，已经深深融入我国经济、政治、文化、社会建设的各个方面，成为各族人民不断开创中国特色社会主义事业新局面的强大精神力量。时代精神反映了当代中国社会进步的发展方向，引领时代进步的潮流，是被全社会成员普遍认同和接受的思想观念、价值取向和行为方式，反映了当代中国社会崭新的风貌。

民族精神和时代精神相互交融，深深熔铸在民族的生命力、创造力和凝聚力之中，共同构成中华民族自立自强的精神品格，成为推动中华民族伟大复兴的精神动力。在新的历史条件下，要实现中华民族的振兴发展，就必须把弘扬民族精神和时代精神结合起来，统一起来。这个民族精神和时代精神，包括了天下兴亡、匹夫有责、富贵不能淫、贫贱不能移、威武不能屈，先天下之忧而忧、后天下之乐而乐等民族优良传统；包括了党领导人民在长期革命斗争中形成的井冈山精神、长征精神、延安精神、西柏坡精神等传统；包括了在社会主义建设时期形成的大庆精神、雷锋精神、“两弹一星”精神等优良传统；包括了在改革开放新时期形成的创业精神、抗洪精神、抗击非典精神、青藏铁路精神等优良传统。这个民族精神动力，也是中国人民在未来的岁月薪火相传、继往开来的强大精神动力。

今天，全面建成小康社会，加快推进社会主义现代化，实现中华民族伟大复兴的百年梦想，必须进一步大力弘扬这一民族精神和时代精神，使全体人民始终保持昂扬向上的精神状态，使全民族的创造精神和创造活力充分迸发。

（四）树立社会主义荣辱观

社会主义荣辱观作为社会主义核心价值体系的基础，解决的是人们行为规范的问题。它以基本行为规范的方式涵盖了社会主义核心价值体系其他三个方面的内容并使之具体化，从而让社会主义核心价值体系落到实处有了依托，人们践行有了遵循。

荣辱观，是人们对荣誉和耻辱的根本看法和态度。树立正确的荣辱观，是形成良好社会风气的重要基础。只有分清是非荣辱，明辨善恶美丑，一个人才能形成正确的价值判断，一个社会才能形成良好的道德风尚。

胡锦涛指出，要教育广大干部群众特别是青少年树立以“八荣八耻”为主要内容的社会主义荣辱观：以崇尚科学为荣，以愚昧无知为耻；以辛勤劳动为荣，以好逸恶劳为耻；以团结互助为荣，以违法乱纪为耻；以艰苦奋斗为荣，以骄奢淫逸为耻。以“八荣八耻”为主要内容的社会主义荣辱观，是对马克思主义道德观的精辟概括，是对新时期社会主义道德的系统总结，是科学发展观的重要组成部分。

社会主义荣辱观是对社会主义思想道德体系全面系统、准确通俗的表达。它继承了中华民族传统美德，又发扬了我们党优秀革命道德传统，概括了社会主义思想道德建设的新鲜经验，集中体现了改革开放以来形成的时代精神和时代风尚。“八荣八耻”涵盖了个人、集体、国家三者之间的关系，涉及了人生态度、社会风尚等方方面面，体现了爱国主义、集体主义、社会主义思想，体现了依法治国同以德治国的结合，标志着我们党对社会主义思想道德建设规律认识的深化，对新形势下加强社会主义思想道德建设将产生积极而深远的影响。

树立社会主义荣辱观，形成褒荣贬辱的新风尚，是一个长期的过程。不仅要靠广泛的宣传教育，更需要各方面的共同努力。要坚持以制度建设为根本，按照重在实际行动、重在持之以恒、重在形成机制的要求，建立和完善与社会主义荣辱观基本要求相适应的道德评价、奖惩和监督机制，形成践行社会主义荣辱观的长效机制。

第三节　加强思想道德建设和教育科学文化建设

一、加强思想道德建设

思想道德建设，解决的是整个中华民族的精神支柱和精神动力问题。加强思想道德建设，是建设社会主义核心价值体系的必然要求，是中国特色社会主义文化建设的重要内容和中心环节。

加强思想道德建设，是发展社会主义先进文化、建设和谐文化的重要内容。要紧紧围绕建设社会主义核心价值体系，按照发展先进文化、建设和谐文化的要求，坚持不懈地用马克思主义中国化的最新成果武装全党、教育人民，引导全社会牢固树立建设中国特色社会主义共同理想，坚持以爱国主义为核心的民族精神和以改革创新为核心的时代精神，倡导爱国主义、集体主义、社会主义思想，倡导以“八荣八耻”为主要内容的社会主义荣辱观，不断巩固全党全国人民团结奋斗的共同思想道德基础。

要加快建立和完善社会主义思想道德体系。按照与社会主义市场经济相适应的要求，进一步培养社会主义思想道德观念，逐步建立日益完善、反映不同层次和不同职业要求、具有很强引导力和规范力的道德体系，促进社会主义市场经济的健康发展；按照与社会主义法律规范协调的要求，进一步把依法治国和以德治国结合起来，使法律和道德相辅相成、相互促进；按照与中华民族传统相承接的要求，进一步把中华民族的优良传统发扬光大，使社会主义思想道德既具有民族特色，又具有鲜明的时代特征。

要着力培育文明道德风尚。积极倡导爱国、敬业、诚信、友善等道德规范，开展社会公德、职业道德、家庭美德教育，促进人际和谐。注重人文关怀和心理疏导，加强心理健康教育，促进人的心理和谐。引导人们牢固树立节约资源、保护环境、科学发展的意识，促进人与自然的和谐。广泛开展和谐创建活动，引导人们用和谐的思维认识事物，用和谐的态度对待事物，用和谐的方式处理矛盾，塑造自尊自信、理性平和、积极向上的社会心态，推动形成知荣辱、讲正气、促和谐的良好社会风尚。

要把先进性要求同广泛性要求结合起来。要坚持从实际出发，区分层次，着眼多数，鼓励先进，循序渐进，引导人们在遵守基本思想道德规范的基础上，不断追求更高层次的思想道德，一切有利于国家统一、民族团结、社会进步的思想道德，一切有利于追求真善美、抵制假恶丑、弘扬正气的思想道德，一切有利于履行公民权利与义务，用诚实劳动争取美好生活的思想道德。

二、发展教育和科学

教育和科学是中国特色社会主义文化建设的重要内容，对于提高民族素质、提高社会文明程度、促进经济发展和社会全面进步具有重要作用。发展教育和科学，营造良好的文化环境，是加强文化建设、推进改革开放和现代化建设的重要条件。改革开放以来，我国教育科学事业的发展与现代化进程相适应，取得了巨大成就。新世纪新阶段，全面建设小康社会，对教育科学事业的发展提出了新的更高的要求。

科学技术作为第一生产力，对一个国家、一个民族现在和未来的发展具有决定性意义。进入21世纪，科技进步日益成为经济社会发展的决定性因素，科技竞争成为国际综合国力竞争的焦点。与现代化建设的需要相比，与世界先进水平相比，我国科技发展的水平还相对落后。当前，要全面建设小康社会，就必须大力推进科技进步和创新，进一步发挥科学技术对经济社会发展的关键性作用，把经济建设转到依靠科技进步和提高劳动者素质的轨道上来。

哲学社会科学是现代国家的一种战略性资源，哲学社会科学的研究能力和成果是综合国力的重要组成部分。建设中国特色社会主义离不开以马克思主义为指导的哲学社会科学的繁荣发展。在改革开放和社会主义现代化建设进程中，哲学社会科学与自然科学同样重要，培养高水平的哲学社会科学家与培养高水平的自然科学家同样重要，任用好哲学社会科学人才并充分发挥他们的作用与任用好自然科学人才并发挥他们的作用同样重要。因此，我们要研究回答关系党和国家发展的全局性、战略性、前瞻性问题，研究回答全面建设小康社会的紧迫问题，研究回答干部群众普遍关心的深层次思想认识问题，充分发挥认识世界、传承文明、创新理论、咨政育人、服务社会的重要作用，努力形成充分体现马克思主义中国化最新成果的，具有中国特色、中国风格、中国气派的哲学社会科学学科体系和教材体系。

教育是提高人民科学文化素质和思想道德素质的基本途径，是发展科学技术和培养人才的基础，在现代化建设中具有基础性、先导性、全局性的地位和作用。要坚持把教育摆在优先发展的战略地位，并作为我们党和国家长期坚持的一项重大方针，推动我国教育事业全面协调可持续发展，培养数以亿计的高素质的劳动者、数以千计的专门人才和一大批拔尖型人才，建设人力资源强国，为全面建成小康社会、实现民族的伟大复兴提供有力的人才和人力资源保证。

教育涉及千家万户，惠及子孙后代。要坚持教育的社会主义性质，坚持教育公益性原则，努力促进教育公平，办好让人民群众满意的教育。要把全面实施素质教育作为教育工作的主题，摆在教育工作的最核心的位置。

坚持育人为本、德育为先，把立德树人作为教育的根本任务。强化政府对义务教育的保障责任，积极构建农村义务教育经费保障机制，推进城乡、区域义务教育均衡发展，保障农民工子女接受义务教育。坚持以就业为导向、以服务为宗旨，加快发展城乡职业教育和培训网络，努力使劳动者人人有知识、个个有技能。密切高等教育与经济社会发展的联系，保持高等院校招生合理增长，注重增强学生的实践能力、创造能力和就业能力、创业能力。要把教育体制改革和创新作为推动教育资源向农村、中西部地区、贫困地区、边疆地区、民族地区倾斜，健全教育资助制度和助考体系，推进依法治教、依法治校，建设和谐校园。积极发展继续教育，努力建设终身教育体系和学习型社会。

三、深化文化体制改革，大力发展文化事业和文化产业

发展社会主义先进文化，建设和谐文化，推动社会主义文化大发展大繁荣，必须适应社会主义市场经济的要求，遵循社会主义精神文明建设的规律，不断深化文化体制改革。

改革开放以来，我国文化建设打开了蓬勃发展的广阔空间，文化基础设施不断完善，文化市场日趋繁荣，群众文化生活越来越丰富多彩。但也要看到，随着社会主义市场经济的发展和对外开放的扩大，文化赖以生存和发展的经济基础、体制环境和社会条件都发生了深刻变化。我国文化建设还远远不能适应时代发展的要求。深化文化体制改革，进一步解放和发展文化生产力，是我们面临的一项重大而紧迫的任务。

深化文化体制改革，要坚持以发展为主题，以改革为动力，以体制机制创新为重点，以创造生产更多更好适应人民群众需求的精神文化产品为目标，促进文化事业全面繁荣和文化产业快速发展。要牢固树立新的文化发展观，进一步增强深化改革的自觉性和坚定性，坚决冲破一切妨碍文化发展的思想观念，坚决改变一切束缚文化发展的做法和规定，坚决革除一切影响文化发展的体制弊端。

深化文化体制改革，要坚持一手抓公益性文化事业，一手抓经营性文化产业。公益性文化事业和经营性文化产业要协调发展，公益性文化事业是保障人民文化权益的主要途径，是政府主导的公共文化服务体系。公益性文化事业的根本任务是为人民群众提供基本的公共文化服务，要加大投入力度，加强社区和乡村文化设施建设，

努力构建覆盖全社会的比较完备的公共文化服务体系，普及文化知识，传播先进文化，提供精神食粮，体现人文关怀，不断满足人民群众最基本的文化需求。发展公益性文化事业，要坚持以政府为主导，鼓励社会参与，在改革中贯彻“增加投入、转换机制、增强活力、改善服务”的方针，切实提高服务群众的能力和水平，最大限度地发挥公益性文化事业的社会效益。发展经营性文化产业，推动形成以公有制为主体、多种所有制共同发展的文化产业格局和民族文化为主体、吸收外来有益文化的文化市场格局，是社会主义市场经济条件下繁荣社会主义文化的重要途径。经营性文化产业的根本任务是繁荣文化市场，满足人民群众多方面、多层次、多样性的精神文化需求。发展经营性文化产业，要充分发挥市场配置资源的基础性作用，要大力发展文化产业，实施重大文化产业项目带动战略，加快文化产业基地和区域性特色文化产业群建设，培育文化产业骨干企业和战略投资者，繁荣文化市场，增强国际竞争力。运用高新技术创新文化生活方式，培育新的文化业态，加快构建传输快捷、覆盖广泛的文化传播体系。坚持以市场为导向，在改革中贯彻“创新主体、转换机制、面向市场、壮大实力”的方针，调动社会力量发展文化产业，在市场竞争中发展壮大。

深化文化体制改革，要坚持以体制机制创新为重点，在关键环节上实现新突破。围绕解决主要矛盾，破解难点问题，着力在重塑市场主体、完善市场体系、改善宏观管理、健全政策法规、转变政府职能等关键环节上取得新的突破。加快推进国有经营性文化单位的转企改制，在完善法人治理结构、盘活国有文化资源上拿出新办法；打破传统的文化资源和产品分配体制，在建立健全现代文化市场体系上推出新成果；加快转变政府职能，完善各种配套政策，在加强宏观管理上获得新进展。要把文化体制改革和文化创新结合起来，以改革促创新、促发展，推动文化观念、文化内容、文化形式、文化科技的全面进步。

我国经济社会发展不平衡，文化领域的行业、单位的特性也不一样。推进文化体制改革，既要积极又要稳妥。要坚持区别对待、分类指导，循序渐进、逐步推开的原则，加强组织领导，从实际出发，因地制宜，统筹兼顾。坚持试点先行，以点带面，分阶段、分步骤地推进。

总之，中华民族伟大复兴必然伴随中华文化繁荣兴盛。要充分发挥人民在文化建设中的主体作用，调动广大文化工作者的积极性，更加自觉、更加主动地推进文化大发展大繁荣，在中国特色社会主义的伟大实践中进行文化创造，让人民共享文化发展的成果。

思考题

1. 如何理解中国特色社会主义文化的地位？
2. 为什么必须坚持中国先进文化的前进方向？
3. 如何理解社会主义核心价值体系的主要内容及其相互关系？
4. 如何理解树立社会主义荣辱观的重要意义？
5. 怎样理解中国特色社会主义文化建设的根本任务和主要内容？

第十二章 构建社会主义和谐社会

随着我国经济社会的不断发展，中国特色社会主义建设的总体布局，逐渐由社会主义经济、政治、文化建设三位一体发展为社会主义经济、政治、文化、社会、生态建设五位一体。为适应这一变化，中共中央提出了构建社会主义和谐社会的目标和任务。为什么要构建社会主义和谐社会？如何全面把握社会主义和谐社会的科学内涵和主要特征？如何构建社会主义和谐社会？正确回答这些问题，对于构建社会主义和谐社会具有重要的意义。

第一节 构建社会主义和谐社会的重要性和紧迫性

一、构建社会主义和谐社会的提出

构建社会主义和谐社会的提出，首先源于中国悠久的传统思想和文化。孔子说过“和为贵”，墨子提出过“兼相爱”“爱无差”，孟子描绘了“老吾老以及人之老，幼吾幼以及人之幼”的社会状态。两千多年来，人们从不同角度提出过“大同”社会的理想，反映了我国人民对和谐社会的向往和追求。但是在存在阶级压迫和阶级剥削的旧制度下，这些设想是根本无法实现的。

在西方，自近代以来，有不少学者也先后提出过一些加强社会建设、社会管理的思想和理论，蕴涵着许多有关社会和谐的思想。一些西方国家还提出和实施了加强社会建设和管理的政策。但在资本主义制度下，存在着严重的阶级矛盾和阶级对立，不可能建立真正意义上的和谐社会。

马克思主义产生之前的空想社会主义，也曾提出过建立和谐社会的构想。1803 年，法国空想社会主义者傅立叶发表了《全世界和谐》一文，指出现存资本主义制度是不合理的，必将为“和谐制度”所代替。1824年，英国空想社会主义者欧文在美国印第安纳州进行的共产主义试验，也以“新和谐”命名。1842年，德国空想共产主义者魏特林在《和谐与自由的保证》一书中把社会主义社会称为“和谐与自由”的社会，并指出新社会的“和谐”是“全体和谐”。由于空想社会主义者没有认识到资本主义社会的本质，也没有找到实现社会变革的正确途径，结果只能陷于空想。

马克思、恩格斯在继承前人思想成果的基础上，创立了科学社会主义理论，指明了实现美好社会理想的正确途径。他们在《共产党宣言》中明确提出“代替那存在着阶级和阶级对立的资产阶级旧社会的，将是这样一个联合体，在那里，每个人的自由发展是一切人的自由发展的条件。”① 按照马克思、恩格斯的设想，未来社会将在打碎旧的国家机器、消灭私有制的基础上，消除阶级之间、城乡之间、脑力劳动和体力劳动之间的对立与差别，极大地调动全体劳动者的积极性，使社会物质财富极大丰富、人民精神境界极大提高，实行各尽所能、按需分配，实现每个人自由而全面的发展，在人与人之间、人与自然之间都形成和谐的关系。

社会和谐是中国共产党不懈奋斗的目标。在长期实践中，党不断探索和发展具有中国特色社会主义的社会建设理论。毛泽东在《论十大关系》《关于正确处理人民内部矛盾的问题》等著作中，明确提出要学会用民主的方法解决人民内部矛盾，包括坚持百花齐放、百家争鸣的方针以解决科学文化领域里的矛盾，坚持长期共存、互相监督的方针以解决共产党与民主党派的矛盾，坚持统筹兼顾、适当安排的方针以解决全国城乡各阶层以及国家、集体、个人三者之间的矛盾，等等。

党的十一届三中全会后，邓小平重申了毛泽东关于社会主义社会建设的一系列重要思想。同时结合改革开放的实际科学地阐述了建设中国特色社会主义的一系列重大理论观点，对社会主义社会建设作出了一系列重要论断。邓小平强调，社会主义的本质，是解放生产力，发展生产力，消灭剥削，消除两极分化，最终达到共同富

① 马克思恩格斯选集：第1卷［M］．北京：人民出版社，1995：294．

裕；贫穷不是社会主义，社会主义要消灭贫穷，提高人民的生活水平；社会主义发展生产力，成果是属于人民的；物质文明和精神文明，两手抓、两手都要硬；没有安定团结的政治环境，没有稳定的社会秩序，什么事也干不成。这些思想奠定了我们党关于社会主义社会建设理论的重要基础。

党的十三届四中全会后，江泽民根据国内外形势的发展变化，强调实现经济社会协调发展是我国社会主义现代化建设的一个重要指导方针，必须推进各项社会事业健康发展，使社会更加和谐；要充分调动各个方面的积极性，努力形成全体人民各尽其能、各得其所而又和谐相处的局面；要正确处理改革发展稳定的关系，把不断改善人民生活作为处理改革发展稳定关系的重要结合点；要正确处理新形势下的人民内部矛盾，正确反映和兼顾不同方面群众的利益，使全体人民朝着共同富裕的方向稳步前进等，进一步丰富和发展了我们党关于社会主义社会建设的理论。

党的十六大报告明确把社会更加和谐列为全面建设小康社会的一个重要目标。党的十六大以来，党对社会和谐的认识不断深化，明确了构建社会主义和谐社会在中国特色社会主义事业总体布局中的地位。党的十六届四中全会进一步提出了构建社会主义和谐社会的任务，强调形成全体人民各尽其能、各得其所而又和谐相处的社会是巩固党执政的社会基础、实现党执政的历史任务的必然要求，要适应我国社会的深刻变化，把和谐社会建设摆在重要位置，并明确了构建社会主义和谐社会的主要内容。2006 年 10 月，党的十六届六中全会审议通过的《中共中央关于构建社会主义和谐社会若干重大问题的决定》，全面、深刻地阐明了社会主义和谐社会的性质和定位，指明了构建社会主义和谐社会的指导思想、目标任务、工作原则和重大部署。2007 年 10 月，党的十七大再次强调了构建社会主义和谐社会的重要性，并对以改善民生为重点的社会建设作了全面部署。

党的十六大以来，党中央反复强调要把推进社会主义和谐社会建设作为全面建设小康社会和中国未来发展的重要任务，其现实依据在于以下几点。

第一，这是我们抓住和用好重要战略机遇期、实现全面建设小康社会宏伟目标的必然要求。改革开放以来，中国所取得的成就举世瞩目。但我国仍处于并将长期处于社会主义初级阶段，人民日益增长的物质文化需要同落后的社会生产之间的矛盾仍然是我国社会的主要矛盾。尤其是现在，我国已进入改革发展的关键时期，经济体制深刻变革，社会结构深刻变动，利益格局深刻调整，思想观念深刻变化。这种空前的社会变革，给我国发展进步带来了巨大活力，也必然带来这样那样的矛盾和问题，例如：城乡、区域、经济社会发展很不平衡，就业、社会保障等关系群众切身利益的问题比较突出，一些领域的腐败现象仍然比较严重等，这些问题如果处理不好，就会严重影响社会和谐稳定和全面建设小康社会的大局。

第二，这是我们把握复杂多变的国际形势、有力应对来自国际环境的各种挑战和风险的必然要求。新世纪新阶段，我们面临的发展机遇前所未有，面对的挑战也前所未有。和平、发展、合作成为时代潮流，世界多极化和经济全球化的趋势深入发展，科技进步日新月异。同时，国际环境复杂多变，综合国力竞争日趋激烈，影响和平与发展的不稳定不确定因素增多，我们仍将长期面对发达国家在经济科技等方面占优势的压力。在复杂多变的国际形势下，我们要有力应对来自外部的各种挑战和风险，就必须首先把国内的事情办好，通过和谐社会建设，始终保持国家统一、民族团结、社会稳定的局面。

第三，这是巩固党执政地位的社会基础，实现党执政历史任务的必然要求。构建社会主义和谐社会，是党坚持立党为公、执政为民的必然要求，是实现好、维护好、发展好最广大人民的根本利益的重要体现，也是党实现执政历史任务的重要条件。只有社会主义社会建设搞好了，党才能不断增强执政的社会基础，才能更好地实现继续推进现代化建设、完成祖国统一、维护世界和平与促进共同发展这三大历史任务。因此，在新的历史条件下，我们要按照党的十六届六中全会和十七大的要求，切实把构建社会主义和谐社会作为贯穿中国特色社会主义事业全过程的长期历史任务和全面建设小康社会的重大现实课题抓紧抓好。

二、构建社会主义和谐社会的科学含义

和谐社会是对人类社会发展理想状态的一种描绘，是古今中外

人们梦寐以求的理想。一般地讲，和谐社会就是人与自然、人与社会、人与人之间和谐统一与协调发展的社会；就是生产力和生产关系、经济基础和上层建筑之间和谐统一与协调发展的社会。人类社会是在生产力和生产关系、经济基础和上层建筑的矛盾统一中发展的，也是在和谐与不和谐的矛盾统一中发展的。

2005 年 2 月，胡锦涛在中央党校省部级主要领导干部提高建设社会主义和谐社会能力专题研讨班上发表的重要讲话中指出，我们所要建设的社会主义和谐社会，应该是民主法治、公平正义、诚信友爱、充满活力、安定有序、人与自然和谐相处的社会。

民主法治，就是社会主义民主得到充分发扬，依法治国基本方略得到切实落实，各方面积极因素得到广泛调动。

公平正义，就是社会各方面的利益关系得到妥善协调，人民内部矛盾和其他社会矛盾得到正确处理，社会公平和正义得到切实维护和实现。

诚信友爱，就是全社会互帮互助、诚实守信，全体人民平等友爱、融洽相处。

充满活力，就是能够使一切有利于社会进步的创造愿望得到尊重，创造活动得到支持，创造才能得到发挥，创造成果得到肯定。

安定有序，就是社会组织机制健全，社会管理完善，社会秩序良好，人民群众安居乐业，社会保持安定团结。

人与自然和谐相处，就是生产发展，生活富裕，生态良好。

社会主义和谐社会的上述六个方面是相互联系、相互作用的。这六个方面既包括社会关系的和谐，也包括人与自然关系的和谐，体现了民主与法治的统一、公平与效率的统一、活力与秩序的统一、科学与人文的统一、人与自然的统一。这六个方面，内容十分丰富，既是社会主义和谐社会的科学内涵和总体特征，也是我们构建社会主义和谐社会的总体要求。

三、构建社会主义和谐社会的重要意义

构建社会主义和谐社会，是我们党以马克思列宁主义、毛泽东思想、邓小平理论和“三个代表”重要思想为指导，全面贯彻落实科学发展观，从中国特色社会主义事业总体布局和全面建设小康社

会全局出发提出的重大战略任务，反映了建设富强民主文明和谐的社会主义现代化国家的内在要求，体现了全党全国各族人民的共同愿望。

构建社会主义和谐社会，具有重要的理论意义。

第一，提出构建社会主义和谐社会，是对人类社会发展规律认识的深化，是对马克思主义关于社会主义社会建设理论的丰富和发展。马克思主义认为，未来理想社会是社会生产力高度发达和人的精神生活高度发展的社会，是每个人自由而全面发展的社会，是人与人和谐相处、人与自然和谐共生的社会。这就是说，社会和谐是科学社会主义的题中应有之义。我们党提出“构建社会主义和谐社会”，就是从社会主义初级阶段的实际出发，把马克思主义的社会建设理论与中国实际相结合，逐步将其变成我国社会发展的现实目标和具体措施。把社会和谐明确为中国特色社会主义的本质属性，有利于更全面地坚持科学社会主义的基本原理，有利于更全面地体现党的奋斗目标和全国各族人民的共同理想，从而也有利于更好地建设中国特色社会主义，更好地实现最广大人民的根本利益。

第二，提出构建社会主义和谐社会，是对社会主义建设规律认识的深化，丰富和发展了中国特色社会主义理论。中国特色社会主义是一个全面发展、全面进步、全面现代化的社会。进入新世纪新阶段，面对错综复杂的国际形势和不断变化的国内格局，党顺应历史发展和时代变化的要求，在我国处于体制转轨、社会转型的特殊历史时期，正式提出了构建社会主义和谐社会的命题，强调“社会和谐是中国特色社会主义的本质属性”，使社会主义现代化建设的总体布局，由物质文明、政治文明、精神文明建设的“三位一体”深化拓展为包括和谐社会建设在内的“四位一体”。由此拓展深化了现代化建设的战略格局，反映了党对社会主义本质的新认识新发展，进一步充实创新了中国特色社会主义的理论体系。

第三，提出构建社会主义和谐社会，是对共产党执政规律认识的深化，是党执政理念的升华。中国共产党是中国特色社会主义事业的领导核心。作为一个掌握全国政权并长期执政的党，只有认真研究和掌握执政规律，不断完善执政方略，提高执政能力，才能有效地推进中国特色社会主义事业。构建社会主义和谐社会，进一步体现了党执政的本质要求。党的十六届四中全会把“使党始终成为立党为公、执政为民的执政党”作为强调党的执政能力建设的总体目标之一，要求坚持权为民所用、情为民所系、利为民所谋，实现好、维护好、发展好最广大人民的根本利益，保证人民群众共享改革发展的成果。提出构建社会主义和谐社会，正是立党为公、执政为民这一本质的内在要求。只有通过构建社会主义和谐社会，广泛调动各方面的积极性，妥善协调各方面的利益关系，切实维护和实现社会公平和正义，全体人民能够平等友爱、融洽相处，人与自然的关系处于和谐状态，党执政为民的目的和要求才能够得到更加充分的体现。明确提出构建社会主义和谐社会，反映了党对执政规律、执政方略的新认识，为我们紧紧抓住和用好重要战略机遇期，实现全面建设小康社会的宏伟目标提供了重要的思想指导。

构建社会主义和谐社会还具有十分重要的实践意义。

第一，构建社会主义和谐社会是中国特色社会主义事业“四位一体”总体布局的重要组成部分，及时对构建社会主义和谐社会作出部署，有利于全面推进中国特色社会主义事业。

第二，使社会更加和谐是全面建设小康社会的重要目标，切实做好构建社会主义和谐社会的各项工作，有利于充分调动社会各方面的积极性，抓住和用好我国发展的重要战略机遇期，切实维护和促进改革发展稳定的大局，确保实现全面建设小康社会的目标。

第三，促进社会和谐是中国最广大人民的根本利益所在，把构建社会主义和谐社会的各项任务落到实处，有利于进一步解决好人民群众最关心、最直接、最现实的利益问题，实现好、维护好、发展好最广大人民的根本利益。

第四，社会和谐是应对外部挑战的重要条件，保持国内安定和谐的社会政治局面，有利于增强民族凝聚力和抗风险能力，更好地维护国家主权、安全和发展利益。

总之，构建社会主义和谐社会，是中国特色社会主义事业的有机组成部分，是推进全面建设小康社会的重大战略举措。它关系到最广大人民的根本利益，关系到巩固党执政的社会基础、实现党执政的历史任务，关系到全面建设小康社会的全局，关系到党的事业兴旺发达和国家的长治久安。党要带领人民把中国特色社会主义伟大事业推向前进，必须坚持以经济建设为中心，把构建社会主义和谐社会摆在更加突出的位置。

第二节　构建社会主义和谐社会理论的总体思路

一、构建社会主义和谐社会的指导思想和基本原则

党的十六届六中全会明确提出了构建社会主义和谐社会的指导思想。这就是：必须坚持以马克思列宁主义、毛泽东思想、邓小平理论和“三个代表”重要思想为指导，坚持党的基本路线、基本纲领、基本经验，坚持以科学发展观统领经济社会发展全局，按照民主法治、公平正义、诚信友爱、充满活力、安定有序、人与自然和谐相处的总要求，以解决人民群众最关心、最直接、最现实的利益问题为重点，着力发展社会事业，促进社会公平正义，建设和谐文化，完善社会管理，增强社会创造活力，走共同富裕道路，推动社会建设与经济建设、政治建设、文化建设协调发展。

在明确构建社会主义和谐社会指导思想的同时，党中央还提出了推进和谐社会建设必须遵循的基本原则，为我们在实践中积极稳妥地推进和谐社会的建设指明了方向。

第一，必须坚持以人为本。这是构建社会主义和谐社会的根本出发点和落脚点。构建社会主义和谐社会必须把以人为本贯彻始终，把实现最广大人民的根本利益作为党和国家一切工作的最高标准，做到发展为了人民，发展依靠人民，发展成果由人民共享，促进人的全面发展。

第二，必须坚持科学发展。这是构建社会主义和谐社会的工作方针。构建社会主义和谐社会必须牢固树立和全面贯彻科学发展观，切实抓好发展这个党执政兴国的第一要务，统筹兼顾城乡、区域、经济社会和人与自然和谐发展，统筹国内发展和对外开放，实现经济社会全面协调可持续发展。

第三，必须坚持改革开放。这是构建社会主义和谐社会的主要动力。构建社会主义和谐社会必须坚持社会主义市场经济的改革方向，适应社会发展要求，推进经济、政治、文化和社会体制的改革

和创新，进一步扩大对外开放。

第四，必须坚持民主法治。这是构建社会主义和谐社会的重要保证。构建社会主义和谐社会必须加强社会主义民主政治建设，发展社会主义民主，实施依法治国基本方略，通过民主法治来促进社会公平正义。

第五，必须坚持正确处理改革发展稳定的关系。这是构建社会主义和谐社会的重要条件。构建社会主义和谐社会必须把改革的力度、发展的速度和社会可承受的程度统一起来，维护社会安定团结，以改革促进和谐，以发展巩固和谐，以稳定保障和谐，确保人民安居乐业、社会安定有序、国家长治久安。

第六，必须坚持在党的领导下全社会共同建设。这是构建社会主义和谐社会的领导核心和依靠力量。构建社会主义和谐社会必须加强和改善党的领导，发挥党的领导核心作用；同时要维护人民群众的主体地位，团结一切可以团结的力量，调动一切积极因素，形成促进和谐人人有责、和谐社会人人共享的生动局面。

上述六条重要原则，构成了一个有机的整体，深刻体现了构建社会主义和谐社会的根本要求。它们从不同的角度，回答了社会主义和谐社会为谁建、靠谁建、怎样建的问题，指明了我们应当遵照什么思想构建社会主义和谐社会、依据什么原则统筹全局、根据什么要求推进发展、运用什么方式保证和谐，形成了比较系统的构建社会主义和谐社会的指导思想和基本原则。

二、构建社会主义和谐社会的目标任务

按照党的十六大确立的全面建设小康社会的宏伟目标，根据构建社会主义和谐社会的总要求，党的十六届六中全会提出了到2020年构建社会主义和谐社会的目标和主要任务是：① 社会主义民主法制更加完善，依法治国基本方略得到全面落实，人民的权益得到切实尊重和保障；② 城乡、区域发展差距扩大的趋势逐步扭转，合理有序的收入分配格局基本形成，家庭财产普遍增加，人民过上更加富足的生活；③ 社会就业比较充分，覆盖城乡居民的社会保障体系基本建立；④ 基本公共服务体系更加完备，政府管理和服务水平有较大提高；⑤ 全民族的思想道德素质、科学文化素质和健康素质明

显提高，良好道德风尚、和谐人际关系进一步形成；⑥ 全社会创造活力显著增强，创新型国家基本建成；⑦ 社会管理体系更加完善，社会秩序良好；⑧ 资源利用效率显著提高，生态环境明显好转；⑨ 实现全面建设惠及十几亿人口的更高水平的小康社会的目标，努力形成全体人民各尽其能、各得其所而又和谐相处的局面。这九条目标和主要任务分别反映了民主法治、公平正义、诚信友爱、充满活力、安定有序、人与自然和谐相处总要求的各个方面，充实和丰富了全面建设小康社会的内容。

党的十七大在提出全面建设小康社会奋斗目标的新要求时，将上述几个方面的目标和任务进一步概括为："现代国民教育体系更加完善，终身教育体系基本形成，全民受教育程度和创新人才培养水平明显提高。社会就业更加充分。覆盖城乡居民的社会保障体系基本建立，人人享有基本生活保障。合理有序的收入分配格局基本形成，中等收入者占多数，绝对贫困现象基本消除。人人享有基本医疗卫生服务。社会管理体系更加健全。"

三、加快推进以改善民生为重点的社会建设

（一）优先发展教育，建设人力资源强国

教育是民族振兴的基石，教育公平是社会公平的重要基础，发展教育也是把我国巨大人口压力转化为人力资源优势的根本途径。必须坚持把教育放在优先发展的战略位置，办好人民满意的教育。

第一，全面贯彻党的教育方针。要坚持育人为本、德育为先，培养德智体美全面发展的社会主义建设者和接班人。提高全体国民素质，包括思想道德素质、科学文化素质、身体素质、心理素质和劳动技能素质。特别要切实加强德育工作，把思想道德素质放在首要位置，促进学生养成良好的思想品德和行为习惯，做一个全面发展的人。

第二，优化教育结构。要坚持按照教育发展规律和经济社会发展需要，优化教育资源配置，促进义务教育均衡发展，加快普及高中阶段教育，大力发展职业教育，提高高等教育质量，重视学前教育，关心特殊教育，形成各级各类教育全面协调可持续发展的良好格局。

第三，推进教育改革创新。要着眼于构建现代国民教育体系，

提高学生综合素质，大力实施素质教育。关键是更新教育观念，改进人才培养模式，深化教学内容方式、考试招生制度、质量评价制度等改革，减轻中小学生课业负担，全面提高教育质量和水平。特别要推进教育教学与生产劳动和社会实践的紧密结合，使学生得到主动的、生动活泼的发展，注重培养学生的独立思考能力、创造能力和就业能力、创业能力。

第四，坚持教育公益性质。教育是关系社会公共利益，对全体国民、对国家和民族现在和未来具有重大影响的公共事业，必须加大财政对教育的投入，规范教育收费，健全公共财政投入和保障机制，为全体国民提供接受良好教育的机会和条件。

（二）实施扩大就业的发展战略，促进以创业带动就业

就业是民生之本，是保障和改善人民生活的重要条件。我国劳动力资源十分丰富，这是促进经济持续较快发展的有利条件。同时，扩大就业的压力很大，就业形势严峻将是我国今后较长时期面临的一个重大课题。因此，必须把扩大就业放在经济社会发展的突出位置。

第一，千方百计增加就业岗位。坚持发展经济与促进就业互动，积极发展经济和调整结构，以发展促进就业，扩大就业规模，改善就业结构。大力发展劳动密集型产业、服务业和各类中小企业，发展有利于扩大就业的新行业、新产业，鼓励、支持、引导非公有制经济发展，推进小城镇建设并加快县域经济发展，尽可能多地增加就业岗位。

第二，鼓励自主创业、自谋职业。促进以创业带动就业，是解决就业问题的一个重大方针。创业不仅是创业者自己实现就业，还可以通过发展多元化创业主体和多种创业形式，创造更多的就业岗位，带动更多的人就业。要完善支持自主创业、自谋职业政策，加强就业观念教育，营造自主创业的社会环境。

第三，推进就业体制改革创新。要统筹城市就业和农村劳动力转移就业，建立统一规范的人力资源市场，形成城乡劳动者平等就业的制度，健全覆盖城乡的就业服务体系。要完善面向所有困难群众的就业援助制度，及时帮助零就业家庭解决就业困难。积极做好高校毕业生就业工作，鼓励和引导大学生面向农村、面向基层就业。

第四，规范和协调劳动关系，依法维护劳动者权益，发展和谐劳动关系。要规范企业行为，继续完善和落实国家对农民工的政策。要加强劳动执法监督，特别要解决好非法用工、超时加班、劳动条件差等问题，维护劳动者合法权益。

（三）深化收入分配制度改革，增加城乡居民收入

合理的收入分配制度是社会公平的重要体现。改革开放以来，我国收入分配制度改革不断深化，打破了平均主义、“大锅饭”制度，形成了按劳分配为主体、多种分配方式并存的分配制度，有力地促进了经济社会发展，同时也出现了城乡、地区、行业和部分居民之间收入差距持续拉大的现象。必须深化收入分配制度改革，调整国民收入分配结构，整顿和规范分配秩序，加快形成合理有序的收入分配格局。

第一，坚持和完善按劳分配为主体、多种分配方式并存的分配制度，健全劳动、资本、技术、管理等生产要素按贡献参与分配的制度，放手让一切劳动、知识、技术、管理和资本的活力竞相迸发，让一切创造社会财富的源泉充分涌流，以造福于人民。初次分配和再分配都要处理好效率和公平的关系，再分配更加注重公平。

第二，逐步提高居民收入在国民收入分配中的比重，提高劳动报酬在初次分配中的比重。提高这“两个比重”，调整国民收入分配格局，有利于理顺国家、企业和个人三者的分配关系，有利于增加广大劳动者收入，维护劳动者权益，也有利于合理调整投资与消费关系，促进经济社会协调健康发展。

第三，加大个人收入分配调节力度，合理调整收入分配格局。一要着力提高低收入者收入。要强化支农惠农政策，促进农民持续增收，建立企业职工工资正常增长机制和支付保障机制，逐步提高扶贫标准和最低工资标准。二要努力扩大中等收入者比重。要通过采取多种措施，创造条件让更多群众拥有财产性收入，使更多低收入者进入中等收入者行列。三要切实对过高收入进行有效调节。要正确运用税收手段，使过高收入者的一部分收入通过税收等形式由国家集中用于再分配。四要取缔非法收入。要严格执法，对偷税漏税、侵吞公有财产、权钱交易等各种非法收入依法取缔和惩处。五要规范垄断行业的收入，引入竞争机制，打破经营垄断；规范垄断性企业资本收益的收缴和使用办法，合理分配利润。

（四）加快建立覆盖城乡居民的社会保障体系，保障人民基本生活

健全的社会保障体系，是国家的一项重要社会制度，是维护社会稳定和国家长治久安的重要保障。改革开放以来特别是进入新世纪以来，我国社会保障体系建设取得了重要进展，但还存在着覆盖面小、保障水平低、制度不健全等问题。在新的形势下，必须加快完善社会保障体系。总的要求是：坚持广覆盖、保基本、多层次、可持续的指导方针，以社会保险、社会救助、社会福利为基础，以基本养老、基本医疗、最低生活保障制度为重点，以慈善事业、商业保险为补充，加快建立覆盖城乡居民的社会保障体系。

第一，完善基本养老保险制度。要促进城镇职工基本养老保险制度规范化，完善社会统筹与个人账户相结合的企业职工基本养老保险制度，促进机关、事业单位基本养老保险制度改革，探索建立农村养老保险制度。

第二，完善基本医疗保险制度。要全面推进城镇职工基本医疗保险、城镇居民基本医疗保险、新型农村合作医疗制度建设，使基本医疗保险制度覆盖城乡全体居民。

第三，完善最低生活保障制度。在城市要继续健全最低生活保障制度，做到应保尽保。在农村要将符合条件的贫困人口全部纳入最低生活保障范围，切实解决他们的基本生活问题。

第四，发展社会救助与慈善事业。社会救助与慈善事业是中国特色社会保障体系的重要组成部分，具有不可替代的促进社会和谐的特殊功能，应当支持其加快发展。

第五，积极发挥商业保险的补充作用。商业保险能够满足人们更高层次和多样化的社会保障需要，也应支持其加快发展。

第六，要采取多种方式充实社会保障基金，搞好基金投资运营，实现保值增值；加强基金监管，杜绝非法侵占、挪用，确保社保基金安全。要逐步提高社会保险统筹层次，制定全国统一的社会保险关系转续办法，这有利于发挥社会保障制度的功能，也有利于促进劳动人口在全国范围的流动就业。

第七，把解决住房问题放在重要位置。住房是重要的民生问题，也是当前人民群众十分关注的问题，应当把解决住房问题摆在重要位置，加快建立适应全体居民需要的多层次住房保障体系，特别要

健全廉租住房制度。廉租住房制度是解决城市低收入家庭住房困难的重要制度，要合理确定廉租住房保障标准，健全廉租住房保障方式，加大廉租住房建设力度。

（五）建立基本医疗卫生制度，提高全民健康水平

健康是国民素质的重要体现，是人全面发展的基础，关系千家万户的幸福。多年来，我国医疗卫生事业取得了显著成就，但与人民群众对医疗卫生的需求仍然差距较大，存在着看病难、看病贵的问题。要加快建立基本医疗卫生制度，实现人人享有基本医疗服务的目标。总的原则和要求是：坚持公共医疗卫生的公益性质，坚持预防为主、以农村为重点、中西医并重，实行政事分开、管办分开、医药分开、营利性和非营利性分开，强化政府责任和投入，完善国民健康政策，鼓励社会参与，建设覆盖城乡居民的公共卫生服务体系、医疗服务体系、医疗保障体系、药品供应保障体系，为群众提供安全、有效、方便、价廉的医疗卫生服务。

第一，要加快推进医疗卫生事业改革和发展。同时，要完善重大疾病防控体系，提高突发公共卫生事件的应急处置能力。加强农村三级卫生服务网络和城市社区卫生服务体系建设。

第二，要以深化公立医院改革为突破口，深化医疗卫生管理体制、医疗机构运行机制、卫生投入体制、医疗服务和药品价格形成机制改革。

第三，建立国家基本药物制度，保证群众基本用药。扶持中医药和民族医药事业的发展。

第四，要坚持计划生育的基本国策，稳定低生育水平，提高出生人口素质。开展爱国卫生运动，发展妇幼卫生事业。

（六）完善社会管理，维护社会安定团结

社会稳定是人民群众的共同心愿，是改革发展的重要前提。随着改革开放的不断深入和社会主义市场经济的不断发展，我国的经济体制、社会结构、利益格局和人们思想观念发生深刻变化。这种空前的社会变革，给我国经济社会发展带来巨大活力，同时也必然带来这样那样的矛盾和问题，增加了社会管理的难度和复杂性，必须把完善社会管理作为改善民生和促进社会和谐的重要任务。

第一，推进社会管理体制改革创新。要健全党委领导、政府负责、社会协同、公众参与的社会管理格局，健全基层社会管理体制。坚持以人为本，创新社会管理理念和管理方式，在服务中实施管理，在管理中实现服务，最大限度地激发社会创造活力，最大限度地增加和谐因素，最大限度地减少不和谐因素。

第二，妥善处理人民内部矛盾。要完善信访制度，健全党和政府主导的维护群众权益机制，统筹协调各方面的利益关系，有效预防和化解各类社会矛盾。

第三，重视社会组织建设和管理。社会组织具有提供服务、反映诉求、规范行为的积极作用，把它们的作用利用好、保护好、发挥好，有利于降低政府社会管理成本，有利于增强公民的社会认同感。要支持各类社会组织承担社会事务，参与社会管理和服务。

第四，强化安全生产管理和监督。要坚持安全第一、预防为主、综合治理的方针，完善安全生产体制机制，健全安全生产责任制度，维护安全生产秩序，有效遏制重特大安全事故，维护人民生命财产安全。要完善突发事件应急管理机制，提高保障公共安全和处置突发事件的能力；全面加强综合减灾能力建设，提高防范和应对自然灾害能力。

第五，健全社会治安防控体系。要加强社会治安综合治理，深入开展平安创建活动，改革和加强城乡社区警务工作，依法防范和打击违法犯罪活动。完善国家安全战略，高度警惕和坚决防范各种分裂、渗透、颠覆活动，切实维护国家安全。

和谐凝聚力量，和谐成就伟业。构建社会主义和谐社会，是一项艰巨复杂的系统工程，需要全党全社会长期坚持不懈的努力。党和政府应加强和改善对构建社会主义和谐社会各项工作的领导，把构建社会主义和谐社会摆在全局工作的重要位置，建立有效的领导机制和工作机制，把构建社会主义和谐社会的要求落到实处。广大人民群众应以积极的热情，自觉投身于社会主义和谐社会的建设之中，为使我们的社会更加和谐作出贡献。

思考题

1. 如何准确把握社会主义和谐社会的科学内涵？
2. 怎样认识社会建设以解决民生为重点的意义？

第十三章　实现祖国完全统一的构想

实现祖国的完全统一，是海内外中华儿女的共同心愿，是中华民族的根本利益，对实现国家繁荣富强和民族伟大复兴具有巨大的推动作用。为什么要实行“和平统一、一国两制”的基本方针？香港和澳门顺利回归祖国后，如何继续推进祖国统一大业，最终解决台湾问题？这些问题关系到维护国家主权和领土完整，关系到中华民族的根本利益。

第一节　“和平统一、一国两制”构想的形成与实践

一、“和平统一、一国两制”构想的形成

祖国统一是中国历史发展的主流和中华民族的根本利益所在。中华人民共和国成立以后，由于历史原因，香港、澳门仍然分别在英国和葡萄牙的殖民统治之下，台湾则被国民党当局所盘踞，国家统一大业尚未最后完成。中国共产党始终把实现国家的统一作为一项重要的历史责任和奋斗目标，坚持不懈地推进祖国统一的进程，并积极探讨和寻求实现祖国统一的方式和途径。

20 世纪 50 年代中期起，中共中央就开始了和平解放台湾问题的设想。1955 年 5 月 17 日，周恩来总理在全国人大常委会第十五次会议上汇报万隆会议情况时说，中国人民解放台湾有两种可能的方式，即战争的方式和和平的方式。

1956 年 1 月，毛泽东在最高国务会议上说，凡是能够团结的人都要团结。比如台湾，那里还有一堆人，他们如果站在爱国主义立场愿意来，不管个别的也好，部分的也好，集体的也好，我们都欢迎，为我们的共同目标奋斗。毛泽东说：“只要现在爱国，国内国外一切可以团结的人都团结起来，不咎既往。”毛泽东关于和平解放台

湾的方针概括起来有如下几点。

（1）省亲会友、来去自由。中国政府充分理解在台湾的国民党军政人员早日与家人团聚的心情和愿望，他们可以同在大陆的亲友通讯，可以回到大陆省亲会友，各级人民政府保证来去自由并提供各种方便和协助。

（2）既往不咎、立功受奖。凡是愿意走和平解放台湾道路的，不论先后，不论任何人，也不论过去犯有多大罪过，中国人民都将宽大对待，不咎既往；凡是在和平解放台湾中立了功的，中国人民都将按照立功大小，给予应得的奖励和适当的位置。台湾只要与美国断绝关系，可以派代表回来参加全国人民代表大会和政协全国委员会，但外国军事力量必须撤离台湾海峡。

（3）国共合作、爱国一家。国民党和共产党合作过两次，第一次合作有国民革命军北伐的成功，第二次合作有抗战的胜利，这都是事实。和为贵，爱国一家，爱国不分先后。台湾问题是内政问题。

（4）和平解放、互不破坏。和平解放台湾的可能性在增长。不但台湾同胞希望回到祖国怀抱，就是那些跑到台湾去的国民党军政人员，也有越来越多的人看到，只有实现统一，才是他们的唯一出路。如果台湾回归祖国，一切可以照旧，台湾可以继续实行“三民主义”，可以同大陆通商，但是不要派特务来破坏。

周恩来重申：“如果可能的话，中国政府愿意同台湾地方的负责当局协商和平解放台湾的具体步骤”；我们愿意在他们认为适当的时机，派遣代表到北京或其他适当地区，同我们开始这种谈判。

毛泽东与周恩来的这些观点，实际上是“和平统一、一国两制”的初步构想。

党的十一届三中全会前后，国际国内形势发生了重大变化。中国共产党把工作重心转移到经济建设上来，需要一个长期的和平环境。以和平方式解决港、澳、台问题，不但对国内建设有利，而且对这些地区和人民都有好处。

“一国两制”的提出是从台湾问题开始的。在党的十一届三中全会召开前夕，邓小平表示，和平统一实现后，台湾可以保持非社会主义的经济和社会制度。1979 年元旦，全国人民代表大会发表了《告台湾同胞书》，宣布了和平统一的大政方针。《告台湾同胞书》

指出，一定要考虑现实情况，采取合情合理的政策和方法，不使台湾人民蒙受损失。

1981 年 9 月 30 日，全国人民代表大会常务委员会委员长叶剑英发表了题为《关于台湾回归祖国实现和平统一的方针政策》的讲话，具体提出了实现祖国和平统一的九条方针政策，指出：国家实现和平统一后，台湾可以作为特别行政区，享有高度的自治权，并可保留军队；台湾现行社会、经济制度不变，生活方式不变，等等。叶剑英的讲话，标志着“一国两制”构想内容的明晰化。

1982 年，邓小平阐明了中国政府准备用“一国两制”的办法来解决香港问题的立场，指出香港现行的政治、经济制度不变，甚至大部分法律都可以保留至此，“一国两制”的构想明确形成。

1983 年，邓小平提出和平统一的“六项主张”：① 台湾问题的核心是祖国统一。不是我吃掉你，也不是你吃掉我。② 要实现统一，就要有一个适当的方式，建议举行平等会谈，实行第三次合作，而不提中央和地方谈判。③ 不赞成“完全自治”的提法。自治应有一定的限度，条件是不能损害统一的国家利益。④“三民主义”统一中国是不现实的。⑤ 坚持一个中国，制度可以不同，但在国际上代表中国的，只能是中华人民共和国。⑥ 统一后，台湾特别行政区可以有自己的独立性，可以实行与大陆不同的制度，可以有其他省市自治区所没有而为自己所独有的某些权力。司法独立，台湾可以保留自己的军队，台湾的党政军等系统，都由台湾自己来管。中央政府还要给台湾留出名额。

1987 年，中国共产党第十三次全国代表大会把“一国两制”概括为“建设有中国特色社会主义”理论的一项重要内容，这一理论成为我国制定祖国统一方针的理论基础。

二、“和平统一、一国两制”构想的基本内涵

“一国两制”构想的基本内容是：在一个中国的前提下，国家的主体坚持社会主义制度；香港、澳门、台湾是中华人民共和国不可分割的部分，它们作为特别行政区保持原有的资本主义制度长期不变。在国际上代表中国的，只能是中华人民共和国。

“一国两制”是中国共产党和中国政府为完成祖国统一大业而制

定的战略方针。坚持一个中国的原则，是实行“和平统一、一国两制”的前提，是发展两岸关系和实现和平统一的基础。世界上只有一个中国，大陆和台湾同属一个中国，中国的主权和领土不容分割。

“两种制度”并存，即在祖国统一的前提下，作为国家主体的大陆地区坚持社会主义制度，台湾、香港、澳门作为统一国家不可分割的组成部分则保持原有的社会制度，享有高度的自治权；台湾可以保留军队，但不能构成对大陆地区的威胁，同时承担维护中国主权和领土完整的义务。坚决反对任何分裂祖国的所谓“台湾独立”“两个中国”“一中一台”“独立分治”“完全自治”的提法。

“一国”同“两制”的关系，实质上是全局与局部的关系；“两制”之间的关系，实质上是主体与非主体的关系。贯穿于这两层关系之间的根本原则，是祖国的统一，两种制度长期共存，和平共处，共同发展，为国家的繁荣和民族的振兴作出贡献。“一国两制”是国家形态史上一种新的国家结构模式。

坚持按照“一国两制”构想实现祖国的和平统一，是中国共产党和中央政府解决台湾、香港、澳门问题的基本方针。

三、“和平统一、一国两制”构想的实践

“一国两制”构想的提出是从台湾问题开始的，实践上首先运用于解决香港和澳门问题。香港问题和澳门问题是历史上殖民主义侵略遗留下来的问题，是分别属于中国和英国之间、中国与葡萄牙之间的问题。根据“一国两制”构想，中国政府先后同英国政府和葡萄牙政府进行谈判，并分别于1984年12月和1987年4月签署了中英《关于香港问题的联合声明》和中葡《关于澳门问题的联合声明》。中华人民共和国全国人民代表大会分别于1990年4月和1993年3月通过了《中华人民共和国香港特别行政区基本法》和《中华人民共和国澳门特别行政区基本法》。

1997年7月1日，中国政府正式恢复对香港行使主权，香港顺利地回归祖国；1999年12月20日，澳门也顺利回归祖国。香港、澳门的回归，标志着“一国两制”构想的重大成功，标志着中国人民在完成祖国统一大业的道路上迈出了重要的一步。

香港、澳门的回归对祖国统一具有重要的意义。

第一，香港、澳门回归，标志着中国人民洗雪了百年国耻。

第二，香港、澳门回归，标志着“一国两制”构想获得了巨大成功，标志着中国人民在完成祖国统一大业上迈出了重要一步。香港、澳门回归将对解决台湾问题发挥示范作用。

第三，香港、澳门回归，标志着香港同胞、澳门同胞从此成为这块土地上的真正主人，开创了香港、澳门和祖国大陆共同发展的新纪元。

第四，香港、澳门回归，标志着中国人民为世界和平发展和人类进步作出了新贡献，它为国际社会以和平方式解决国家间的历史遗留问题和国际争端提供了新范例。

中共十七大强调：保持香港、澳门长期繁荣稳定是党在新形势下治国理政面临的重大课题。我们将坚定不移地贯彻“一国两制”、“港人治港”、“澳人治澳”、高度自治的方针，严格按照特别行政区基本法办事；全力支持特别行政区政府依法施政，着力发展经济、改善民生、推进民主；鼓励香港、澳门各界人士在爱国爱港、爱国爱澳旗帜下和衷共济，促进社会和睦；加强内地与香港、澳门交流合作，实现优势互补、共同发展；积极支持香港、澳门开展对外交往，坚决反对外部势力干预香港、澳门事务。香港同胞、澳门同胞完全有智慧有能力管理好、建设好香港、澳门，香港、澳门已经并将继续为国家现代化建设发挥重要作用，伟大祖国永远是香港、澳门繁荣稳定的坚强后盾。

四、“和平统一、一国两制”构想的理论意义

“和平统一、一国两制”构想作为中国化马克思主义理论的重要组成部分，具有重要的理论意义。

第一，“和平统一、一国两制”理论是对立统一规律的创造性运用。社会主义和资本主义是既对立又统一、既有区别又有联系的两种不同思想体系和社会制度。社会主义和资本主义是人类历史发展的两个相邻阶段，由于社会制度更替是一个长期的过程，因而它们将在一定历史阶段长期共存、和平共处。“和平统一、一国两制”方针允许在一个统一的社会主义国家内保留若干资本主义地区，这是科学运用对立统一规律的理论创新。

第二，“和平统一、一国两制”理论体现了社会主义的和谐兼容本质，使社会主义更具竞争力和生命力。俄国十月革命后，列宁根据当时俄国的经济状况，曾经提出过利用资产阶级资本使它成为“社会主义的助手”的设想。“一国两制”方针的制定，把列宁的这些思想加以延伸，扩展到在一个统一的社会主义国家内允许存在几个资本主义地区，从而使社会制度有了竞争性的参照系，社会主义可以在竞争中增强活力、走向完善。

第三，“和平统一、一国两制”理论丰富和发展了马克思主义的国家学说和统一战线理论。统一祖国，振兴中华，实现现代化，使中华民族兴旺发达，是中华儿女的共同心愿。实现这一目标不仅需要全体大陆人民的努力奋斗，而且需要同台、港、澳、海外同胞携手共同奋斗。改革开放的实践证明，“和平统一、一国两制”构想不仅为实现祖国统一提供了最佳的途径，而且在“和平统一、一国两制”旗帜下形成了最广泛的统一战线，充分调动了港澳台同胞和海外侨胞的积极性，为国家富强尽智尽力，为祖国统一多作贡献。“和平统一、一国两制”的构想与实践标志着中国共产党领导下的统一战线无论在广度上还是在深度上都有了一个飞跃性的发展。

第四，“和平统一、一国两制”理论使“和平共处”理论有了新的、更为丰富的内涵。邓小平说：“总结国际关系的实践，最具有强大生命力的就是和平共处五项原则。”“和平共处的原则用之于解决一个国家内部的某些问题，恐怕也是一个好办法。根据中国自己的实践，我们提出‘一个中国，两种制度’的办法来解决中国的统一问题，这也是一种和平共处。”“台湾当局提出要以‘三民主义’统一中国，至少是太缺乏现实感了。能用一千几百万人口的台湾的现行制度来统一十亿人口的大陆吗?”“不要这样想，要搞一个你不吃掉我、我也不吃掉你的办法。十亿人口的大陆坚定不移搞社会主义，台湾可以搞它的资本主义，北京不派人到台湾去。这不也是和平共处吗?所以，和平共处的原则不仅在处理国际关系问题上，而且在一个国家处理自己内政问题上，也是一个好办法。”① 这样，“一国两制”的和平共处，丰富和发展了国家与国家、国家与地区之

① 邓小平文选：第3卷［M］. 北京：人民出版社，1993：96-97.

间两种不同社会制度的和平共处原则。

“和平统一、一国两制”构想的实践虽然仅十几年的时间，但它以历史首创的面貌独树一帜，为世人瞩目。香港、澳门回归后，“一国两制”方针得到真正贯彻实施，香港、澳门更加繁荣。随着实践的不断深入，“和平统一、一国两制”的构想将得到不断完善和发展。历史正在并将进一步证明，“和平统一、一国两制”的构想和实践，是中华民族的智慧结晶和伟大创举，是中国特色社会主义理论体系为人类和平事业作出的卓越贡献。

第二节　发展“和平统一、一国两制”理论，促进祖国完全统一

一、解决台湾问题，实现祖国完全统一的基本纲领

祖国统一，民族团结，是中华民族的根本利益所在。中国历史发展充分证明，只有统一，国家才会强盛，经济才会繁荣，人民才会幸福；如果国家分裂，民族纷争，祖国就会贫弱，人民就会遭殃。中国历史虽然有分分合合、政权更替的时代，但反对分裂、追求统一、维护国家领土和主权完整，始终是历史发展的主旋律，是全国各族人民的共同心愿，代表了中华民族的根本利益，也是中国共产党、中国人民坚定不移的基本立场。

1995 年 1 月，江泽民发表了《为促进祖国统一大业的完成而继续奋斗》的重要讲话。讲话根据“和平统一、一国两制”的构想，就发展两岸关系、推进祖国和平统一进程的若干问题，提出了八项重要主张：① 必须坚持一个中国的原则，这是实现和平统一的基础和前提；② 对于台湾同外国发展民间性经济文化关系，我们不持异议；③ 进行海峡两岸和平统一谈判，是我们的一贯主张；④ 努力实现和平统一，中国人不打中国人；⑤ 大力发展两岸经济交流与合作，以利于两岸经济共同繁荣，造福整个中华民族；⑥ 两岸同胞要共同继承和发扬中华文化的优秀传统；⑦ 充分尊重台湾同胞的生活方式和当家做主的愿望，保护台湾同胞一切正当权益；⑧ 欢迎台湾当局的领导人以适当身份前来访问，我们也愿意接受台湾方面的邀请，前往台湾。江泽民提出的这八项主张，是我国推动祖国统一的

基本纲领。

2005年胡锦涛就新形势下发展两岸关系提出四点意见：第一，坚持一个中国原则决不动摇；第二，争取和平统一的努力决不放弃；第三，贯彻寄希望于台湾人民的方针决不改变；第四，反对“台独”分裂活动决不妥协。这阐明了中国政府对台湾问题的基本立场。

2005年3月14日第十届全国人民代表大会第三次会议通过《反分裂国家法》，用法律形式粉碎一切图谋分裂祖国的阴谋，保证中华民族的共同利益。《反分裂国家法》规定：“台独”势力以任何名义、任何方式造成台湾从中国分裂出去的事实，或者发生将会导致台湾从中国分裂出去的重大事变，或者和平统一的可能性完全丧失，国家得采取非和平方式及其他必要措施，捍卫国家主权和领土完整。

中共十七大指出：坚持一个中国原则，是两岸关系和平发展的政治基础。尽管两岸尚未统一，但大陆和台湾同属一个中国的事实从未改变。中国是两岸同胞的共同家园，两岸同胞理应携手维护好、建设好我们的共同家园。台湾任何政党，只要承认两岸同属一个中国，我们都愿意同他们交流对话、协商谈判，什么问题都可以谈。我们郑重呼吁，在一个中国原则的基础上，协商正式结束两岸敌对状态，达成和平协议，构建两岸关系和平发展框架，开创两岸关系和平发展新局面。

二、为实现祖国的完全统一而共同奋斗

世界上只有一个中国，既是历史事实，也是客观事实。首先，从1949年以来，尽管海峡两岸长期处于对峙隔绝状态，但双方都坚持只有一个中国的原则。正是双方的这一共同立场，才促使两岸关系从军事对峙走向缓和与交流。其次，一个中国的原则，在国际社会中也得到普遍承认。第三，“坚持一个中国的原则”，也是海峡两岸的共识。1992年1月，大陆海协会会长汪道涵和台湾海基会会长辜振甫举行会谈，达成“九二共识”。海协会表述：“海峡两岸都坚持一个中国的原则，努力谋求国家统一。但在海峡两岸事务性商谈中，不涉及一个中国的政治含义”；海基会表述：“在海峡两岸共同努力谋求国家统一的过程中，双方虽均坚持一个中国的原则，但对于一个中国的含义，认知各有不同”。双方的表述虽有不同，但共同

点十分明确：坚持一个中国原则，努力谋求国家统一。

中共十六大明确指出："台湾前途系于祖国统一。开展对话，进行和平统一谈判，是我们的一贯主张。我们再次呼吁，在一个中国原则的基础上暂时搁置某些政治争议，尽早恢复两岸对话谈判。在一个中国的前提下，什么问题都可以谈，可以谈正式结束两岸敌对状态问题，可以谈台湾地区在国际上与其身份相适应的经济文化社会活动空间问题，也可以谈台湾当局的政治地位等问题。我们愿与台湾各党派和各界人士就发展两岸关系、推进和平统一交换意见。"

2005 年，台湾国民党主席连战、亲民党主席宋楚瑜等相继访问大陆，打破两岸"坚冰"，开创两岸高层交流对话的先河。2008 年 11 月，大陆海峡两岸关系协会会长陈云林，率领海协会代表团前往台湾与海基会展开两岸两会会谈。大陆领导人终于可以应邀"登台"，两岸关系向前迈进一步，对推动两岸的和平沟通起到了重要作用。

2008 年 5 月，中共中央总书记胡锦涛在与中国国民党主席吴伯雄会谈时强调，国共两党和两岸双方应该共同努力，建立互信、搁置争议、求同存异、共创双赢。首先要建立互信，这对推动两岸关系和平发展至关重要。反对"台独"、坚持"九二共识"，是双方建立互信的基础。只要在这个核心问题上立场一致，其他的事情都好商量。其次要搁置争议。必须看到，两岸关系发展中还存在一些历史遗留问题，也还可能遇到一些新情况新问题，其中一些症结问题一时不易解决。我们应该以实事求是的态度，务实面对，妥善处理。搁置争议需要政治智慧。希望双方都能够从两岸关系和平发展大局出发，把握好这一点。有了互信，再加上搁置争议，双方就能够求同存异，也就能够通过交流和协商不断累积共识、共创双赢。

胡锦涛提出的"建立互信、搁置争议、求同存异、共创双赢"的十六字方针，是包容的、务实的，它先易后难，先经济后政治，循序渐进，奠定了两岸协商谈判的基础。2008 年 12 月 31 日，在纪念《告台湾同胞书》发表 30 周年座谈会上，胡锦涛发表重要讲话，提出开创两岸关系和平发展新局面的六项主张：第一，恪守一个中国，增进政治互信。第二，推进经济合作，促进共同发展。第三，弘扬中华文化，加强精神纽带。第四，加强人员往来，扩大各界交流。第五，维护国家主权，协商涉外事务。第六，结束敌对状态，达成和平协议。胡锦涛指出：“台湾的前途系于两岸关系和平发展，系于中华民族伟大复兴。在推动两岸关系和平发展、实现中华民族伟大复兴的道路上，台湾同胞将同大陆同胞一道，共享一个伟大国家的尊严和荣耀，以做堂堂正正的中国人而骄傲和自豪。”

“坚冰已经打破，道路已经开通”，随着两岸协商谈判的进展，祖国统一的道路会越走越宽广，中华民族统一复兴的愿望必然会实现。

思考题

1. 如何理解实现完全祖国统一是中华民族的根本利益？

2. “和平统一、一国两制”构想是如何形成和发展的？

3. “和平统一、一国两制”构想的基本内容是什么？

4. 如何理解新形势下“和平统一、一国两制”构想的重要发展？

第十四章 国际战略和外交政策

建设中国特色社会主义需要一个稳定的国内环境，也需要一个和平的国际环境。制定和实施正确的国际战略和外交政策，对于争取和平的国际环境极为重要。第二次世界大战后，国际形势的发展及其特点是什么？在世界多极化和经济全球化的背景下，如何理解和平与发展仍是当今时代的主题？我们应当坚持和实施什么样的国际战略和外交政策？走什么样的发展道路？正确认识这些问题对于建设中国特色社会主义具有特别重要的意义。

第一节 国际形势的发展及特点

一、和平与发展是当今时代的主题

所谓时代主题，是指在一定历史时期内反映世界基本特征并对世界形势的发展具有全局性影响和战略性意义的问题，就是一定历史条件下世界历史发展进程中需要解决的主要问题。随着世界矛盾和国际形势的发展变化，时代主题也会发生转换。科学认识和准确把握时代主题，是制定正确发展战略和内外政策的一个重要前提。

新中国成立后的相当长一段时间内，我们一直认为世界的时代主题是“战争与革命”，特别是在20世纪60年代中期发生了美国侵略越南的战争和中苏对抗等事件后，我们一度过分强调战争的危险和世界革命的临近，认为美苏两霸争斗孕育着世界大战的危机，战争随时都有可能爆发。基于对国际局势的这种判断，我们在决策上制定了立足于“早打、大打、打核战争”，打完了再建设的方针，在国内开展了大规模的“三线”建设，积极备战；在国际上则片面强调“反对帝国主义、支援世界革命”。尽管当时采取这样的外交政策有其客观的历史原因，在外交上也有过成功的一面，但从总体上讲，这样的结果是，在全世界许多国家经济建设取得重大发展的时候，我们自己却丧失了许多发展的良机。

20 世纪 70 年代末以后，邓小平对世界形势的发展变化进行了深入的研究和分析，在战争与和平问题上逐渐形成了新的判断。他先是提出，国际形势是好的，我们有可能争取多一点时间不打仗。同时，我们也要防备别人早打、大打。后来，随着国际形势的进一步发展，他又指出，世界政治力量对比出现重要变化，和平因素增长超出战争因素增长，世界大战打不起来，争取一个较长时期的和平环境是可能的。1985 年，邓小平进一步指出；“现在世界上真正大的问题，带全球性的战略问题，一个是和平问题，一个是经济问题或者说发展问题。和平问题是东西问题，发展问题是南北问题。概括起来，就是东西南北四个字。南北问题是核心问题。”① 1987 年党的十三大确认了和平与发展是当今世界的两大主题这一深刻论断。

邓小平对时代主题的判断，其基本点是：第一，世界大战在一个相当长的时期内可以避免，我们有可能争取较长时期的和平环境；第二，和平与发展是当今世界两大带有全球性的战略问题，是东西方之间、发达国家与发展中国家之间矛盾全局的集中体现；第三，和平与发展是相辅相成的，世界和平是促进各国共同发展的前提条件，各国的共同发展则是保持世界和平的重要基础；第四，和平与发展成为时代主题，并不意味着这两个问题已经解决。要清醒地看到，当今世界和平与发展这两大问题一个都没有得到解决，还需要各国人民长期不懈的共同努力。

和平与发展成为当今时代的主题，这是世界各种矛盾发展变化和世界抑制战争因素不断增长的合力作用的结果。从和平趋势的内在需求看，两次世界大战的浩劫给人类留下深重灾难和沉痛教训，世界各国人民对和平追求十分强烈，和平发展成为世界的潮流，民心所向，世界经济的发展加深了各国利益的相互交织和相互依赖，冷战结束后多极化进程使世界各种主要力量彼此制衡，对霸权主义战争策略的牵制力量在增强，成为制约战争的一个重要因素；核武

① 邓小平文选：第 3 卷［M］. 北京：人民出版社，1993：105.

器等毁灭世界的战争工具形成了“恐怖平衡”，也成为制约战争的一个重要因素；广大发展中国家力量的发展，尤其是中国的发展壮大，对世界和平与发展起着不可低估的作用，通过和平方式解决国际争端越来越受到国际社会的重视。生存与发展是广大发展中国家的首要任务，继续发展和保持优势则是发达国家面临的问题，对内图稳，对外思和，是多数国家的政策取向，对抑制战争起到积极作用。

世界相对和平的新历史条件，为各国尤其是广大发展中国家带来了难得的发展机遇。发展问题之所以带有战略性和全局性，是因为它不仅与第三世界各国人民的进步事业，同时也与全人类社会的文明进步紧密相连。发展不仅是每个民族、每个国家繁荣昌盛的基础，也是人类文明迈向更高阶段的基础。没有全人类协调、平衡、坚实的经济和社会发展，就没有持久的世界和平与稳定，已经实现的和平与稳定也难以巩固。邓小平强调，应当把发展问题提到全人类的高度来认识，要从这个角度去观察问题和解决问题。只有这样，才会明了发展问题既是发展中国家自己的责任，也是发达国家的责任。在和平稳定中谋求发展，是当今世界的头等大事。谋求发展，不仅成为各国关注的核心，也成为一种现实可能。日新月异的科学技术成为推动人类发展变化的最重要力量。

进入新世纪后，和平与发展仍是当今世界的主题。世界多极化在曲折中发展，经济全球化浪潮汹涌澎湃，科学技术进步异常迅猛，各种思想文化相互激荡。新的世界大战一时打不起来甚至可以避免。争取较长时期的和平国际环境和良好周边环境是可以实现的。但是不公正不合理的国际政治经济旧秩序没有根本改变。影响和平与发展的不确定因素在增加。传统安全威胁和非传统安全威胁的因素相互交织，恐怖主义危害上升。霸权主义和强权政治有新的表现。民族、宗教矛盾和边界、领土争端导致的局部冲突时起时伏。南北差距进一步扩大。世界还很不安宁，人类面临着许多严峻挑战。总体和平、局部战争，总体缓和、局部紧张，总体稳定、局部动荡，是当前和今后一个时期国际局势发展的基本态势。

时代主题的变换，为我国社会主义事业发展提供了新的机遇，也带来了新的挑战。和平的国际环境，是我国顺利进行现代化建设的必要条件和有利时机。我们要抓住机遇，加快发展，赶超世界先进水平，尽快改变中国贫穷落后的面貌，实现中华民族的伟大复兴。世界的发展，西方主导的经济全球化向各领域不断扩展深化，对我国社会主义制度的坚持和巩固，又会带来巨大的压力和严峻的挑战。如果我们没有得到应有的发展，我们与发达国家的差距还会继续扩大，在国际竞争中将处于更加不利的境地。

二、世界多极化和经济全球化趋势在曲折中发展

（一）世界多极化在曲折中发展

世界多极化是指在一定时期内对国际关系有突出影响的国家和国家集团相互作用而趋向于形成多极格局的一种发展趋势，是对主要政治力量在全球实力分布状态的一种反映。

世界格局多极化是国际关系发展的必然结果，是不以人的意志为转移的客观趋势。第二次世界大战后世界格局的演变，经历了从两大阵营对立到美苏两个超级大国争霸全球，再到两极格局终结、世界走向多极化的曲折发展过程。国际格局走向多极化，是时代进步的要求，符合各国人民的利益。多极化格局使世界各种力量逐渐形成既相互尊重又相互制约与制衡的关系，有利于避免新的世界大战的爆发，有利于遏制霸权主义和强权政治，有利于推动建立公正合理的国际政治经济新秩序，有利于实现各国人民对和平、稳定、繁荣的新世界的美好追求，也有利于广大发展中国家抓住机遇、发展自己。但也要看到，世界多极化的最终形成将经历一个漫长、曲折、复杂的演进过程。在这个过程中，单极与多极的矛盾，称霸与反霸的斗争，将成为相当长一个时期内国际斗争的焦点。合作中的竞争和竞争中的合作成为世界格局多极化趋势发展过程中的重要特征。

在世界格局多极化与单边主义的斗争中，军事力量仍然是关键因素。世界上的各大国强国，尤其是美国，都把建立强大的国防力量作为抢占新的国际格局制高点的突破口。世界上一些军事大国都在进行第二次世界大战以来最广泛、最深刻的军事调整，实质是增强军事实力，强化军事力量在维护和扩展国家利益中的职能和作用，谋求在世界格局多极化进程中占据优势地位，争夺 21 世纪国际社会中的战略主动权。

在日趋激烈的综合国力竞争中，经济技术的地位越来越重要。经济力量是国家实力的基础。强大的经济技术力量是能否成为世界一极的根本条件。因此，各国都把发展经济摆在优先地位。世界格局多极化能否成为现实，归根到底，取决于世界各大力量中心的经济能否迅速发展，取决于发展中国家的经济能否实现腾飞。中国要在世界格局多极化的趋势中发挥大国作用，必须不断增强综合国力。

（二）经济全球化趋势深入发展

世界格局演变的一个重要背景是经济全球化，经济全球化趋势和世界多极化趋势相互关联，相互影响。马克思恩格斯在《共产党宣言》中指出：资产阶级由于开拓了世界市场，使一切国家的生产和消费都成为世界性的了。20 世纪 80 年代中期，邓小平也指出，现在的世界是开放的世界，任何国家的发展都离不开世界。由于全球商品经济的发展，经济活动把世界连成一体。20 世纪 90 年代以来，随着冷战的结束，世界贸易组织的建立，信息技术的发展，加快了经济全球化发展的趋势。

经济全球化的主要特征是生产、交换、分配、消费的全球化。科技革命和生产力的发展是经济全球化的根本动力。世界经济生活日益国际化，各国之间的相互交流、相互依存日益加深。世界经济活动的不断扩大、速度加快，跨国经济联系日益紧密。经济全球化使各种生产要素在全球范围内优化组合和资源优化配置，从而促进全球经济的迅速发展。但经济全球化是一把“双刃剑”，它在推动全球生产力大发展、加速世界经济增长的同时，也带来了一些负面影响，增多了各国和全球共同面临的社会经济问题，加剧了国际竞争，增加了国际风险，并对国家主权和发展中国家的民族工业造成了严重冲击。经济全球化是在国际经济秩序仍存在不公平不合理因素的情况下发生和发展的，西方发达国家主导经济全球化。对发展中国家来说，经济全球化是一个难得的历史机遇，也是一个巨大的挑战。西方发达国家虽是经济全球化的主要受益者，但也面临着其带来的一系列新的社会经济问题的挑战。

面对经济全球化带来的机遇和挑战，发展中国家在扩大开放时应根据本国的具体条件，循序渐进，注意提高防范和抵御风险的能力。经济全球化趋势使各国经济的相互依存、相互影响日益加深。

一旦某些国家和地区发生经济危机，不仅发展中国家会受害，发达国家也难以置身其外。因此，全球化的经济需要全球化的合作。各国应本着责任与风险共担的精神，加强国际合作，共同维护国际经济稳定发展。国际社会还应共同努力，推动国际经济秩序向公正合理的方向发展，构建互惠共赢的多边经济体制，以有利于各国共同发展。我们需要的是世界各国平等、互惠、共赢、共存的经济全球化。

三、中国坚持走和平发展的道路

和平、发展、开放、合作、和谐、共赢是我们的主张、我们的理念、我们的原则、我们的追求。走和平发展道路，就是要把中国国内发展与对外开放统一起来，把中国的发展与世界的发展联系起来，把中国人民的根本利益与世界人民的共同利益结合起来。中国对内坚持和谐发展，对外坚持和平发展，这两个方面是密切联系、有机统一的整体，都有利于建设一个持久和平、共同繁荣的和谐世界。

中国和平发展的道路，是一条统筹国内发展和对外开放的发展道路。中国要发展起来、振兴起来，要实现现代化、实现全体人民的共同富裕，需要通过很多代人的努力奋斗。在这一历史进程中，我们需要稳定的国内环境，也需要和平的国际环境。为此必须高举和平、发展、合作的旗帜，坚持独立自主的和平外交政策，坚定不移地走和平发展道路，实施互利共赢的开放战略，维护国家主权、安全、发展利益，积极争取和平稳定的国际环境、睦邻友好的周边环境、平等互利的合作环境、互信协作的安全环境、客观友善的舆论环境。

中国和平发展的道路，是一条勇于参与经济全球化而又坚持广泛合作、互利共赢的发展道路。中国实行对内改革从一开始就是同对外开放联系在一起的。中国勇敢地参与国际经济技术合作和竞争，获得了在闭关锁国条件下不可能获得的资金、先进技术、管理经验和各种人才，从而极大地增强了发展的优势。

坚持走和平发展道路，是基于中国特色社会主义的必然选择。走和平发展道路，是中国实现国家富强、人民幸福的必经之路，符合中国人民和世界人民的根本利益。社会主义中国走和平发展道路，无疑为人类和平与发展的崇高事业增添了极其重要的积极因素。中国的发展不会妨碍任何人，也不会威胁任何人，只会有利于世界的和平、稳定、繁荣。走和平发展的道路，符合社会主义的基本原则。社会主义中国现在要走和平发展道路，将来强大了也要走和平发展道路。努力实现和平的发展、开放的发展、合作的发展、和谐的发展，始终是中国谋求发展的宗旨和原则。

坚持走和平发展道路，是基于中国历史文化传统的必然选择。中华文化是一种和平的文化。渴望和平始终是中国人民的精神特征。中国人民在对外交往中始终强调亲人善邻、和而不同。在近代历史上，中国屡遭外来势力入侵和奴役，中国人民深知和平弥足珍贵。新中国坚持在和平共处五项原则的基础上发展同世界各国的友好合作，始终同世界各国和睦相处，从来都是维护世界和平、促进共同发展的坚定力量。中国的发展有利于世界和平力量的增长。

坚持走和平发展道路，是基于当今世界发展潮流的必然选择。求和平、促发展、谋合作，是世界各国人民的共同心愿，也是不可阻挡的历史潮流。任何国家要实现自己的发展目标，都必须顺应世界发展大势。中国外交政策的宗旨是维护世界和平、促进共同发展。中国的发展将给各国带来更多的机会和更广阔的市场。同时，中国也清楚地看到，世界上仍存在诸多不稳定不确定的因素，人类还面临许多严峻挑战，但机遇大于挑战，世界各国应当为建设一个持久和平、共同繁荣的和谐世界而共同努力。中国将始终不渝地高举和平、发展、合作的旗帜，坚定不移地走和平发展道路，同世界各国人民一道，共同推进人类和平与发展的崇高事业。

第二节　独立自主的和平外交政策

一、独立自主和平外交政策的基本原则

独立自主和平外交政策的基本原则，是我国对外交往活动的根本准则，是在外交工作实践中探索出来的处理对外关系的根本依据。严格按照这一政策准则办事，既有利于维护世界和平，又有利于推

动我国社会主义建设事业的发展。

第一，坚持独立自主地处理一切国际事务的原则。独立自主是马克思主义的重要原则，是我国革命和建设事业取得胜利的宝贵经验之一。中国共产党人将这一基本原则运用于国际外交领域，将它发展为正确处理国家与国家之间关系的基本外交原则和方针，形成了独立自主的和平外交方针。独立自主，就是坚持从我国的实际情况出发，依靠自己的力量，同任何国家友好相处，不容许任何国家损害我国的尊严和主权。不管国际风云如何变幻，我们都始终不渝地奉行独立自主的和平外交政策。

第二，坚持和平共处五项原则为指导国家间关系的基本准则。和平共处五项原则是一个相互联系、相辅相成、不可分割的统一体。和平共处五项原则符合《联合国宪章》的宗旨和原则，高度地概括了国际关系的基本准则。半个多世纪以来，和平共处五项原则经受住了时间的考验，为维护亚洲和世界的和平与稳定，促进国际关系的健康发展，作出了不可磨灭的贡献。和平共处五项原则的精髓，就是国家主权平等。和平共处五项原则既适用于发展中国家，也适用于发达国家；既适用于国家间的政治关系，也适用于国家间的经济关系。在新的历史条件下，和平共处五项原则应该得到认真遵循和切实履行。

第三，坚持同发展中国家加强团结与合作的原则。中国是发展中国家，加强同发展中国家的团结与合作是我国对外政策的基本立足点。中国同广大发展中国家的友好合作，有着坚实的政治基础。在新形势下，中国同广大发展中国家的共同关切增多，在推动国际秩序向公正合理的方向发展方面有着共同的利益和目标。我们要同广大发展中国家一道，抓住历史机遇，巩固传统友谊，深化全面合作，促进共同发展。

第四，坚持爱国主义与履行国际义务相统一的原则。各国人民的革命和建设事业是相互依存、相互支持的，各民族的根本利益是和整个人类文明进步事业的整体相联系的；各个国家只有把本国的事情搞好了，才能更好地支持其他国家的发展，为履行国际义务作出自己的贡献。在处理国际事务和对外关系时，既要坚决维护本国人民的根本利益，在涉及我国主权、领土完整、国家利益、国家安全的问题上决不妥协退让，同时又要注意维护世界和平和世界人民的根本利益，把本国人民的根本利益和前途与世界人民的根本利益和前途紧密结合起来。

二、维护世界和平，促进共同发展

中国外交政策的宗旨是维护世界和平、促进共同发展。人类只有地球一个家园，建设一个持久和平、共同繁荣的和谐世界，是世界各国人民的共同心愿，是中国走和平发展道路的崇高目标。多年来，中国坚持和平、发展、合作的政策主张，努力同各国一道实践建立和谐世界的崇高目标。

第一，反对霸权主义和强权政治，维护世界和平与发展。霸权主义和强权政治是威胁世界和平与稳定的主要根源，历史经验和国际形势的发展都告诉我们，哪里有霸权主义，哪里就会出现不稳定、不安宁的局面。任何国家都不能以任何借口干涉他国内政，更不能恃强凌弱。中国反对霸权主义，也严格约束自己永远不称霸。中国始终是反对霸权主义、维护世界和平与地区稳定的坚定力量。

第二，维护世界多样性，促进国际关系民主化和发展模式多样化。由于各国的历史背景、社会制度、发展水平、文化传统和价值观念不同，世界上不可能也不应该只有一种文明、一种社会制度、一种发展模式、一种价值观念。各国文明的多样性，是人类社会的基本特征，也是人类文明进步的动力。世界是丰富多彩的。世界上的各种文明、不同的社会制度和发展道路应彼此尊重，在竞争比较中取长补短，在求同存异中共同发展。无论是维护世界和平，还是促进共同发展，都要在国际事务中提倡和贯彻民主原则，推进国际关系民主化。国际上的事情要由大家平等协商，集中各国人民的智慧和力量来解决。

第三，树立新的安全观念，努力营造长期稳定的国际和平环境。事实证明，以军事联盟为基础、以加强军备为手段的旧安全观，无助于保障国际安全，更不能营造世界的持久和平。只有倡导新安全观，才能应对国际安全的挑战，维护各国安全利益。新安全观的核心是互信、互利、平等和协作。和平共处五项原则以及其他公认的国际关系准则，是维护和平的政治基础；互利合作、共同繁荣，是维护和平的经济保障；平等对话、协商和谈判，是解决争端、维护和平的正确途径。

第四，推动建设持久和平与共同繁荣的和谐世界。这一新的理念是以胡锦涛为总书记的党中央对新时期我国外交政策目标的新概括，是指导我国对外工作和处理国际关系的新方针。它继承了新中国外交的传统，并结合国际形势与我国国际地位和影响的变化，进行了重大理论创新。和谐世界应该是民主的世界、和睦的世界、公正的世界、包容的世界。建设持久和平与共同繁荣的和谐世界，要坚持民主平等、实现协调合作，坚持和睦互信，实现共同安全，坚持公正互利、实现共同发展，坚持包容开放、实现文明对话。应该保障各国享有主权平等和内政不受干涉的权利，保障各国享有平等参与国际事务的权利，保障各国享有平等的发展权利特别是广大发展中国家的发展权利，保障各个民族和各种文明共同发展的权利。

各国政治上应相互尊重，共同协商，而不应把自己的意志强加于人；经济上应相互促进，共同发展，而不应造成贫富悬殊；文化上应相互借鉴，共同繁荣，而不应该排斥其他民族的文化；安全上应相互信任，共同维护，树立互信、互利、平等和协作的新安全观，通过对话和合作解决争端，而不应诉诸武力或以武力相威胁。

在处理国际关系和外交关系方面，我国坚持大国是关键、周边是首要、发展中国家是基础、多边是舞台的外交工作布局。要继续改善和发展同发达国家的关系，扩大共同利益的汇合点，妥善解决分歧；继续加强睦邻友好，坚定地奉行与邻为善、以邻为伴的周边外交方针和睦邻、安邻、富邻的周边外交政策，加强区域合作，把同周边国家的交流和合作推向新水平；继续增强同发展中国家的团结与合作，增进互相理解和信任，加强互相帮助和支持，按照平等互利、讲求实效、形式多样、共同发展的原则，拓宽合作领域，提高合作效果；积极参与多边外交活动，在联合国和其他国际及区域性组织中发挥作用；坚持在独立自主、完全平等、互相尊重、互不干涉内部事务的原则下，同各国各地区的政党和政治组织发展交流和合作；广泛开展民间外交，扩大对外文化交流，促进世界人民之间的友谊和国家关系的发展。中国将致力于同世界各国政治上和谐相处、经济上共同发展、文化上取长补短、安全上互相协作，继续为人类和平与发展的崇高事业作出贡献。

思考题

1. 如何理解和平与发展是当今时代的主题?
2. 如何正确认识世界多极化和经济全球化的时代发展趋势?
3. 中国为什么要坚持走和平发展的道路?
4. 独立自主和平外交政策的基本原则是什么?
5. 如何维护世界和平、促进共同发展?

第十五章　中国特色社会主义事业的领导核心和依靠力量

要成就中国特色社会主义建设事业，没有一个坚强的领导核心和组织保证，没有一支可靠的、强大的政治力量是不行的。这个领导核心和组织保证，就是中国共产党；这支可靠的、强大的政治力量，就是团结在中国共产党周围的广大人民群众。

第一节　中国共产党是中国特色社会主义事业的领导核心

一、坚持党的领导

中国共产党的领导地位是历史的选择、人民的选择，是中国特色社会主义成败的关键。

中华民族拥有五千多年的文明史，为人类文明作出了伟大的贡献。然而，从晚清开始，封建统治者丧权辱国，社会战乱不断，国家积贫积弱，人民饥寒交迫。为了改变中国落后挨打的命运，为了国家的复兴和民族的独立，无数仁人志士苦苦探索救国救民的道路，但终因没有先进的思想指导和先进政党的领导而归于失败。中国工人阶级的诞生，马克思列宁主义的传播，以及中国共产党在马克思列宁主义与中国工人运动相结合的基础上应运而生，终于使中国革命在经历了近代仁人志士前赴后继的探索之后，具备了崭新的意义。中国人民在中国共产党的领导下空前地团结和组织起来，冲破重重难关，不断取得胜利，从根本上改变了中国人民被剥削被奴役的地位，开创了中国历史发展的新纪元。没有中国共产党就没有新中国，就没有中华民族的伟大复兴，这是中国人民从长期奋斗历程中得出的基本结论。

中国共产党的领导地位也是由其性质、宗旨等决定的。《中国共产党章程》明确规定：中国共产党是中国工人阶级的先锋队，同时是中国人民和中华民族的先锋队，是中国特色社会主义事业的领导核心，代表中国先进生产力的发展要求，代表中国先进文化的前进方向，代表中国最广大人民的根本利益。党的最高理想和最终目标是实现共产主义。

中国共产党是工人阶级的先锋队组织。政党是有阶级性质的，中国共产党从成立之日起，就是工人阶级的政党，始终坚持工人阶级先锋队的性质。这是因为：中国共产党的产生就是马克思列宁主义与中国工人运动相结合的产物；中国共产党党员是中国工人阶级的有共产主义觉悟的先锋战士。党及其领导的事业之所以能够不断发展壮大，与党始终注意巩固自己的阶级基础，始终保持工人阶级先锋队的性质是分不开的。

中国共产党同时是中国人民和中华民族的先锋队。也就是说，党必须始终代表中国人民和中华民族的根本利益，按照中国的实际和中国人民的意愿，艰苦奋斗，造福于祖国与人民；始终不愧为中国人民和中华民族的主心骨，能够把全民族、全社会的力量高度凝聚起来，为着共同的理想和目标团结奋斗。

“两个先锋队”是不可分割的统一整体。一方面，始终成为中国工人阶级的先锋队，是党真正成为中国人民和中华民族先锋队的政治前提。党只有成为中国工人阶级的先锋队，自觉做到以马克思主义为根本指导思想，才能真正拥有当好中国人民和中华民族先锋队所必需的科学指南和政治远见。另一方面，自觉成为中国人民和中华民族的先锋队，是党真正成为中国工人阶级先锋队的必然要求。党只有始终坚持代表全体人民和整个民族的利益要求，才能使工人阶级先锋队性质得以充分体现。坚持党是中国工人阶级先锋队，同时是中国人民和中华民族的先锋队，就能不断增强党的阶级基础，扩大党的群众基础，提高党在全社会的影响力，把全国各族人民紧密地团结在党的周围，完成历史和时代赋予党的庄严使命。

中国共产党的性质决定党的宗旨是全心全意为人民服务。党除了工人阶级和最广大人民群众的利益，没有自己特殊的利益。坚持全心全意为人民服务的宗旨，是坚持马克思主义唯物史观的根本要求。为了谁、依靠谁，是否始终站在最广大人民的立场上，是区分唯物史观和唯心史观的分水岭，也是判断马克思主义政党的试金石。人民群众是历史的创造者，是推动历史进步的动力。只有为人民服务，党才有存在的意义；只有依靠人民群众，党才会有力量。

二、改善党的领导

要坚持党的领导，必须改善党的领导。坚持党的领导和改善党的领导是一个问题的两个方面，都是围绕中国共产党的领导核心展开的。坚持党的领导，需要改善党的领导；改善党的领导，是为了更好地坚持党的领导。特别是在新的历史条件下，只有改善党的领导，才能坚持和加强党的领导。

第一，从国际上看，当今世界正在发生广泛而深刻的变化，为适应国际环境的变化，必须改善党的领导。当今世界，和平与发展面临诸多难题和挑战。只有改善党的领导，党才能更好地应对日趋激烈的国际竞争带来的严峻挑战，带领中国人民实现中华民族的伟大复兴。

第二，从国内看，当今中国正在发生广泛而深刻的变革，新形势、新任务对我们党提出了新的要求。党长期以来形成了一套很好的领导制度、方法和优良工作作风，都是应该继承和发扬的，但有的要随着任务、环境和条件的变化而改进、补充和更新。如果墨守成规，不思进取，势必脱离实际、脱离群众，党的领导和战斗力必然会受到削弱，坚持党的领导也就成为空洞的、没有感召力的口号。

第三，从党的自身状况看，目前，我们党的实际状况同党肩负的领导社会主义现代化建设的光荣使命还有许多不相适应的地方。如党的执政能力同新形势新任务不完全适应；一些基层党组织软弱涣散；少数党员干部作风不正，形式主义、官僚主义问题比较突出等。所有这些，都需要通过改善党的领导加以解决。

当前改善党的领导，应注意以下几方面问题的解决。一是要正确处理党的领导和依法治国的关系。依法治国是党领导人民治理国家的基本方略，切实实施这一方略，有助于加强和改善党的领导。二是要改革、完善党和国家的领导制度。执政党对国家权力系统的领导，是通过发挥政治影响、推荐重要干部、管好权力机构中的党组织和党员、提出有关国家重大事务的主张并使之经过法定程序变成国家意志来实现的。因此，在执政过程中，党政有各自的职能，不能随意混淆或合一。三是要进一步解决提高党的领导水平和执政水平、提高拒腐防变和抵御风险能力这两大历史性课题。

三、加强党的建设

坚持党的领导，关键在于改善党的领导。改善党的领导，重点就在于加强党的建设，不断提高党的领导水平和执政水平。胡锦涛在党的十七大报告中指出："党要站在时代前列带领人民不断开创事业发展新局面，必须以改革创新精神加强自身建设，始终成为中国特色社会主义事业的坚强领导核心。"

（一）加强党的先进性建设，提高党的领导水平和执政水平

中国共产党成立至今，党始终把自身的建设摆在突出位置。革命战争年代，中国共产党以自己正确的路线纲领和英勇无畏的献身精神，赢得了人民群众的拥护，胜利完成了民主革命任务，当之无愧地确立了时代先锋地位。新中国成立后，中国共产党以无私奉献精神和模范行为，在社会主义事业特别是改革开放事业中创立了新的功绩。多年来，中国共产党虽然也经历了许多曲折，但都经受住了各种考验，始终代表着广大人民的根本利益。

在当今世界政治多极化继续发展，经济全球化不断深化，科技革命突飞猛进，中国共产党作为一个发展中大国的执政党，能否保持先进性依然是关系到党的前途命运的大问题，关系到整个国家民族前途命运的大问题。唯有始终保持先进性，才能有生命的活力，才能受到人民的拥护，才能真正跳出历史兴衰周期律的怪圈。保持党的先进性，关键是把党建设成为学习型政党。党的十七届四中全会指出：世界在变化，形势在发展，中国特色社会主义实践在深入。不断学习，善于学习，努力掌握和运用一切科学的新思想、新知识、新观念，是党始终走在时代前列，引领中国发展进步的决定因素。

加强党的先进性建设，必须在不断解放思想中坚持用马克思主义、毛泽东思想和中国特色社会主义理论体系统一全党的思想，在全面提高党的马克思主义理论水平中提高党的干部队伍素质，使广

大党员、干部坚持把党和人民的利益摆在第一位，牢记“两个务必”,① 做到权为民所用、情为民所系、利为民所谋，坚持讲党性、重品行、作表率，经受住长期执政、改革开放、市场经济的考验。胡锦涛指出：“我们要始终坚持以改革创新精神加强党的建设，把党的执政能力建设和先进性建设作为主线，坚持党要管党、从严治党，贯彻为民、务实、清廉的要求，以坚定理想信念为重点加强思想建设，以造就高素质党员、干部队伍为重点加强组织建设，以保持党同人民群众的血肉联系为重点加强作风建设，以健全民主集中制为重点加强制度建设，以完善惩治和预防腐败体系为重点加强反腐倡廉建设，使党始终成为立党为公、执政为民，求真务实、改革创新，艰苦奋斗、清正廉洁，富有活力、团结和谐的马克思主义执政党。”②

（二）坚持党的性质宗旨，坚定正确的政治方向

党的性质宗旨是党的根本。中国共产党是中国工人阶级的先锋队，同时是中国人民和中华民族的先锋队。这规定了党的阶级属性和群众基础。根据党的性质，毛泽东提出，党的宗旨是全心全意为人民服务。胡锦涛在党的十七大报告中指出：“全心全意为人民服务是党的根本宗旨，党的一切奋斗和工作都是为造福人民。”“做到发展为了人民、发展依靠人民、发展成果由人民共享。”“两个先锋队”和“以人为本”的思想，是在新的形势下，对党的性质和宗旨的新发展。始终坚持党的性质宗旨，才是坚持了坚定正确的政治方向，才是坚持了党的路线方针不动摇。

目前，党的政治方向主要是围绕着贯彻执行党在社会主义初级阶段基本路线而展开的。社会主义初级阶段基本路线的核心是以经济建设为中心，坚持四项基本原则，坚持改革开放。在这三者之中，对四项基本原则的争议始终存在，但四项基本原则是立国之本，动摇不得；只有坚持四项基本原则，才能保证改革开放的正确方向。

（三）坚持建设学习型政党，坚定党员的理想信念

对于共产党人来说，主观世界的改造至关重要。我们要用共产

---

① “两个务必”：指毛泽东在中国共产党七届二中全会报告中所讲的“务必使同志们继续地保持谦虚、谨慎、不骄、不躁的作风，务必使同志们继续地保持艰苦奋斗的作风”这两句话。

② 《在纪念党的十一届三中全会召开30周年大会上的讲话》（2008年12月18日）

主义、社会主义的理想信念来教育青年。反腐斗争的严峻事实告诉我们，一个干部或党员蜕化变质，往往是从思想上的蜕化变质开始的，即世界观、人生观上出了问题。党的十七大指出：必须“加强党员、干部理想信念教育和思想道德建设，使广大党员、干部成为实践社会主义核心价值体系的模范，做共产主义远大理想和中国特色社会主义共同理想的坚定信仰者、科学发展观的忠实执行者、社会主义荣辱观的自觉实践者、社会和谐的积极促进者”。

在改革开放和发展社会主义市场经济的历史条件下，一定要重视解决共产党员的思想入党问题，解决党员的理想信念问题，以增强党的拒腐防变能力。

（四）推进党内民主建设，增强党的团结统一

民主是社会主义的生命，民主更是中国共产党的生命，是中国共产党增强创新活力、保持团结统一的保证。推进党内民主建设，首先要尊重党员的主体地位，保障党员的民主权利，推行党务公开，营造党内民主讨论环境；其次要完善党的代表大会制度，严格实行民主集中制，反对和防止个人和少数人专断；再次是改革党内选举制度，改进候选人提名制度和选举方式，探索党内基层民主的多种实现形式。在民主的基础上保持党的团结统一。党的十七大指出：“全党同志要坚决维护党的集中统一，自觉遵守党的政治纪律，始终同党中央保持一致，坚决维护中央权威，切实保证政令畅通。”

中国共产党是一个具有铁的纪律的政党。这是由党的性质和长期革命斗争的历史形成的，现在仍然要保持这个优良传统。党的十六大强调：“一定要坚持党要管党、从严治党的方针”，严格按党章办事，按党的制度和规定办事，对党员特别是领导干部严格要求，严格管理、严格监督，弘扬正气，反对歪风，严格执行党的纪律，坚持在纪律面前人人平等。邓小平指出：“一个党如果允许它的党员完全按个人的意愿自由言论，自由行动，这个党当然就不可能有统一的意志，不可能有战斗力，党的任务就不可能顺利实现。所以，要坚持和改善党的领导，必须严格地维护党的纪律，极大地加强纪律性。个人必须服从组织，少数必须服从多数，下级必须服从上级，全党必须服从中央。必须严格执行这几条。否则，形成不了一个战斗的集体，也就没有资格当先锋队。”① 全党纪律严明，朝气蓬勃，中国共产党就能够从胜利走向新的胜利。

（五）改进党的作风，加强反腐倡廉建设

执政党的党风是关系到党的生死存亡问题。对此，邓小平非常重视，他说：“我们自从实行对外开放和对内搞活经济两个方面的政策以来，不过一两年时间，就有相当多的干部被腐蚀了。卷进经济犯罪活动的人不是小量的，而是大量的。”“要足够估计到这样的形势。这股风来得很猛。如果我们党不严重注意，不坚决刹住这股风，那么，我们的党和国家确实要发生会不会‘改变面貌’的问题。这不是危言耸听。”② 反腐败斗争要坚持不懈，作持久战的准备。

党的作风包括思想作风、工作作风和生活作风。

党风建设的主要任务是：发扬理论联系实际的思想作风，做到解放思想，实事求是，与时俱进，求真务实，改革创新，反对因循守旧、弄虚作假、形式主义；发扬密切联系群众的工作作风，做到全心全意为人民服务，坚持“相信群众、依靠群众；从群众中来，到群众中去”的工作路线，做到权为民所用、情为民所系、利为民所谋；发扬批评与自我批评的作风，做到敢于同各种不良现象、不正之风作斗争，勇于改正缺点和错误，反对不分是非、不讲原则的好人主义；发扬艰苦奋斗的作风，做到艰苦创业、勤俭节约、反对挥霍浪费，讲排场、比阔气等庸俗作风；发扬遵纪守法廉洁奉公的作风，做到立党为公，高效务实，反对以权谋私，权钱交易，违法乱纪等腐化现象。

党的十七大指出：“中国共产党的性质和宗旨，决定了党同各种消极腐败现象是水火不容的。坚决惩治和预防腐败，关系人心向背和党的生死存亡，是党必须始终抓好的重大政治任务。”反腐败要旗帜鲜明、标本兼治、综合治理、惩防并举，“形成拒腐防变教育长效机制、反腐倡廉制度体系、权力运行监控机制。”解决滋生腐败的深层问题，根本出路在于改革。在严厉惩治腐败的同时，重点是通过深化改革，铲除滋生腐败的条件，扎实推进惩治和预防腐败体系建

① 邓小平文选：第2卷［M］. 北京：人民出版社，1994：408、271.

② 邓小平文选：第2卷［M］. 北京：人民出版社，1994：402-403.

设。在新形势下，通过认真研究腐败的特点，制定相应的防范措施。坚持教育第一，防范为主，法制为本，加强监督。从体制、机制、法制的结合上推进党风廉政建设。加强对体制、法制、政策、管理等方面的研究，努力消除可能导致腐败发生的因素，拓展从源头上防治腐败工作领域。

把反腐败斗争同纯洁党的组织紧密结合，坚持从严治党，标本兼治，从体制、机制、法制的结合上全面治腐，使腐败分子在党内没有容身之地，才能纯洁党的队伍，改良社会风气。

第二节　中国特色社会主义事业的依靠力量

一、广大人民群众是建设中国特色社会主义事业的根本力量

人民群众是决定国家前途和命运的根本力量。建设中国特色社会主义，是我国各族人民创造美好生活的共同事业，是亿万人民群众广泛参与的创造性事业。邓小平在党的十二大开幕词中指出："我们党提出的各项重大任务，没有一项不是依靠广大人民的艰苦努力来完成的。"① 工人、农民、知识分子是人民群众的绝大多数，是建设中国特色社会主义的基本力量。

（一）全心全意地依靠工人阶级

工人阶级是我们国家的领导阶级，是先进生产力和生产关系的代表，是建设和改革的基本动力，是维护社会稳定的中坚力量，是中国共产党的阶级基础。中国共产党领导中国革命和建设的每一个历史时期，都紧紧地依靠工人阶级。

改革开放以来，我国工人阶级队伍发生了明显变化，呈现出许多新的特点：一是，队伍迅速壮大。二是，内部结构发生重大变化。工人阶级中知识分子的比重大大增长，科技文化素质明显提高；进城就业的农民已成为我国产业工人的重要组成部分，正在成为工业化、城镇化、现代化的重要推动力量；职工所依存的经济组织的所有制形式日益多样化，在各类非公有制经济组织中就业的职工已占

① 邓小平文选：第3卷［M］．北京：人民出版社，1993：4．

全部职工的一半左右。三是，岗位流动加快。计划经济条件下的“铁饭碗”已经被打破，职工对单位的依赖性大为减弱，自主性大为增强。

工人阶级队伍发生的这些变化，没有改变中国工人阶级作为国家主人的地位。工人阶级仍然是社会主义现代化的主要建设者、社会财富的主要创造者、先进生产力的主要代表者，仍然是人民民主专政国家的领导阶级。工人阶级先进性的最根本体现在于它是先进生产力的代表。工人阶级作为我国的领导阶级，其领导地位和主人翁地位，是由宪法规定的，工人阶级始终是推动中国社会发展的基本力量。

（二）充分调动广大农民的积极性

建设中国特色社会主义必须坚定不移地依靠广大农民群众，这是由农业、农村、农民问题的重要地位和作用决定的。没有农业的牢固基础，就不可能有我们国家的自立；没有农村的稳定和进步，就不可能有整个社会的稳定和进步；没有农民的“小康”，就不可能有全中国人民的“小康”，没有农业的现代化，就不可能有整个国家的现代化。

依靠广大农民，调动农民的积极性和创造性，关系着改革开放和社会主义现代化事业的大局。这不但是一个重大的经济问题，也是一个重大的政治问题。在全面建设小康社会和实现中华民族伟大复兴的过程中，要不断提高对农业、农村、农民问题极端重要性的认识，切实保障农民的合法权益和民主权利，切实减轻农民负担，提高农民的生活水平；同时，又要教育、引导、支持农民，提高广大农民的科学文化素质和思想道德水平，增强国家主人翁观念，培养造就一代新型农民，推动农村实现现代化，建设社会主义新农村。

（三）知识分子是先进生产力的开拓者

在当代中国，知识分子作为工人阶级中掌握科学文化知识较多的主要从事脑力劳动的一部分，是先进生产力的开拓者和发展教育科学文化事业的基本力量，在社会主义现代化建设中具有不可替代的作用，承担着重大的社会责任。

科学技术作为第一生产力，是先进生产力的集中体现和主要标志，科学技术的这一重要地位，决定了知识分子在经济发展和社会进步中的特殊重要作用。知识分子作为人类科学文化知识的重要创造者、继承者和传播者，是推动我国科技进步和经济发展的生力军，是先进生产力的开拓者，也是社会主义精神文明建设的骨干和核心力量。离开了知识分子，科技进步和知识创新、文化教育的发展、思想道德水平的提高、"四有"公民的培育，都只会是一句空话。同时，知识分子在推动社会主义民主和法制建设方面也起着重要的作用。

依靠知识分子推动科技、经济发展和社会进步，已成为我国改革开放和社会主义现代化建设事业发展的关键因素。依靠知识分子，发挥知识分子的作用，必须努力营造更加有利于知识分子施展聪明才智的良好环境，在全社会进一步形成"尊重知识，尊重人才"的良好风尚；必须制定相关的政策和措施，积极改善知识分子的工作、学习和生活条件，对有突出贡献的知识分子要给予重奖，并形成规范化的奖励制度；必须在政治上对知识分子予以充分的信任，同时积极引导，严格要求，使其发扬"热爱祖国、求实创新、拼搏奉献、团结协作"的精神，更好地承担起工人阶级的历史使命，在建设中国特色社会主义的伟大事业中发挥更大的作用。

（四）军队和国防是中国特色社会主义事业的重要保障

中国人民解放军是社会主义祖国的钢铁长城，担负着保卫国家领土、领海、领空主权，维护着国家独立和安全的神圣职责。军队和国防建设在中国特色社会主义事业总体布局中占有重要地位，必须按照"政治合格、军事过硬、作风优良、纪律严明、保障有力"的要求，不断加强军队的"革命化、现代化、正规化"建设。第一，坚持毛泽东思想和中国特色社会主义理论体系的指导，坚持党对军队的绝对领导，坚持全心全意为人民服务的宗旨，深入进行军队历史使命、理想信念、战斗精神和社会主义荣辱观教育，大力弘扬听党指挥、服务人民、英勇善战的优良传统；第二，坚持科技强军，按照建设信息化军队、打赢信息化战争的战略目标，加快军队信息化建设，切实转变战斗力生成模式；第三，坚持依法治军、从严治军，加强科学管理；第四，推进军事理论、军事技术、军事组织、军事管理创新，走出一条有中国特色的富国强军之路。

二、新的社会阶层是中国特色社会主义事业的建设者

改革开放以来，我国出现了一些新的社会阶层，这些阶层归纳起来主要有：民营科技企业的创业人员和技术人员，受聘于外资企业的管理技术人员，个体户、私营企业主、中介组织从业人员、自由职业者等。新的社会阶层是在改革开放以来社会变革中出现的，符合社会主义初级阶段社会生产力发展的要求。首先，经济领域的制度创新是新的社会阶层产生的重要条件。我国从过去单一的公有制经济转变为以公有制为主体、多种所有制经济共同发展的基本经济制度，不少人陆续脱离原来的工作岗位，转而从事非公有制经济，或自主创业，或进入私企、外企，或成为自由职业人员，成为新的社会阶层的重要成员。其次，生产力的发展和经济结构的变化，使社会的劳动分工日益精细，为新的阶层的出现提供了从业条件。再次，产业结构的变化，促成了就业结构、社会阶层结构的变化。第一产业在国民经济总产值中的比重下降，第二、三产业的比重上升。大批被分流出来的职工和农民纷纷转移到第二、三产业，其中一些人成为私营企业主或个体户。

新的社会阶层的形成是社会主义市场经济体制建立和完善的必然结果，是经济发展的体制环境发生重大变化的客观反映。随着我国经济的转轨，我国的产业结构不断调整和升级，新兴产业迅速发展，新的职业应运而生。那些具备现代产业发展所需知识和技能的人形成新的社会阶层。

这些社会阶层，尽管在财产状况、文化层次、社会地位、社会职业等方面都有所区别，但都同样为中国特色社会主义事业作出了重要贡献，主要体现在以下几个方面。

第一，推动了经济的发展，增加了国家的税收。新的社会阶层运用自己所拥有的生产要素，直接参与或服务于生产过程，是推动我国经济发展的一支重要力量，同时也为国家增加了税收。

第二，扩大了就业门路，缓解了就业压力。新的社会阶层或者自主择业，或者以自己创办企业招工的方式，吸纳了大量待业人员和公有制部门的富余人员，为社会缓解了就业压力。

第三，为社会公益事业作出了贡献。新的社会阶层中的不少人，

自己富了不忘国家，不忘社会，积极参加“希望工程”“光彩事业”等社会公益活动，以各种不同的方式来回报社会。

这些新的社会阶层拥护党的领导和社会主义制度，拥护党的方针、政策，热爱祖国，遵纪守法，他们勇于开拓，积极参与中国特色社会主义建设事业，为我国的经济发展和社会进步作出了重要贡献。“在党的路线方针政策指引下，通过诚实劳动和工作，通过合法经营，为发展社会主义社会的生产力和其他事业作出了贡献。他们与工人、农民、知识分子、干部和解放军指战员团结在一起，他们也是有中国特色社会主义事业的建设者。”①

三、尊重劳动、尊重知识、尊重人才、尊重创造

在改革开放进程中，调动一切积极因素，团结一切可以团结的力量，对于中国特色社会主义事业具有决定性意义。因此，必须全面贯彻“尊重劳动、尊重知识、尊重人才、尊重创造”的方针。在社会主义建设中，不论是体力劳动还是脑力劳动、简单劳动还是复杂劳动，一切为现代化建设作出贡献的劳动，都是光荣的，都应该得到承认和尊重。海内外各类投资者在我国的创业活动都应该得到鼓励，一切合法的劳动收入和合法的经营收入都应该得到保护。不能简单地把有没有财产、有多少财产当作判断人们政治上先进与落后的标准，而应该看他们的思想政治状态和现实表现，看他们的财产是怎样得来的，看他们以自己的劳动对中国特色社会主义事业所作的贡献。

在新的历史条件下，我们要形成有利于与社会主义初级阶段基本经济制度相适应的思想观念和创业机制，营造鼓励人们干事业、支持人们干事业的社会氛围，放手让一切劳动、知识、技术、管理和资本的活力竞相迸发，让一切创造社会财富的源泉充分涌流，以造福于人民。

四、依靠、巩固和发展爱国统一战线

（一）新时期爱国统一战线的重要地位和基本任务

中国革命和建设的历史经验证明，在中国共产党领导下，团结

---

① 江泽民：《在庆祝中国共产党成立八十周年大会上的讲话》（2001年7月1日）。

一切可以团结的力量，调动一切积极因素，组成最广泛的统一战线，是中国人民战胜困难、取得胜利的重大法宝。在改革开放和现代化建设的新时期，统一战线仍然是无产阶级政党总路线和总政策的重要组成部分，仍然是一个重要的法宝。加强全国各族人民的大团结，增强中华民族的凝聚力，最大限度地形成包括全体劳动者、爱国者的最广泛的政治联盟，是适应激烈国际竞争的需要，是维护改革、发展和稳定大局的需要，是实现中华民族伟大复兴的需要。

新时期爱国统一战线的基本任务，就是邓小平所指出的："调动一切积极因素，努力化消极因素为积极因素，团结一切可以团结的力量，同心同德，群策群力，维护和发展安定团结的政治局面，为把我国建设成为现代化的社会主义强国而奋斗。"党的十六大报告提出，必须最广泛最充分地调动一切积极因素，为中华民族的伟大复兴增添新力量。这是衡量统一战线工作成效的基本标准。

（二）巩固和发展爱国统一战线

爱国统一战线并非自然天成，它需要无产阶级政党坚持不懈的努力。

第一，必须坚持党对统一战线的领导。任何统一战线都必须有一个核心。中国革命和建设的实践证明，只有共产党才能成为统一战线的领导核心，党必须牢牢掌握统一战线的领导权。

第二，新时期的统一战线必须以工农联盟和全体社会主义劳动者为基础。建设中国特色社会主义必须依靠工农联盟，就业于私营企业、"三资企业"中的劳动者以及农村进城务工人员，他们一样拥有工人阶级的主体地位，享有工人阶级的权利。

第三，新时期的统一战线必须发展两个联盟：一个是大陆范围内的以爱国主义和社会主义为政治基础的团结全体劳动者和爱国者的联盟；一个是大陆范围外的以爱国和拥护祖国统一为政治基础的联盟。这两个联盟构成爱国统一战线的整体。只有巩固和发展这两个联盟，才能使统一战线发展壮大，蓬勃兴旺。

第四，在爱国主义的旗帜下，实现最广泛的团结。在当代中国，爱国主义和社会主义在本质上是一致的。爱国主义具有团结中华民族的强大凝聚力，是统一祖国、振兴中华的强大动力。只要有利于现代化建设、统一祖国、振兴中华，只要有利于民族团结、社会进步、人民幸福，只要有利于反对霸权主义、维护世界和平，不论哪个阶级、阶层，哪个党派、集团，哪一个人，都要团结在爱国主义的旗帜下，共同为祖国的统一、民族的复兴作出贡献。

第五，贯彻执行“长期共存，互相监督”的方针，充分发挥党派联合和政治协商会议的作用。人民政协包括中国共产党、各民主党派、无党派人士、人民团体、少数民族、社会各界和台港澳同胞、海外侨胞等 30 多个方面的代表，是我国各党派、各人民团体、各族各界人士参政议政、团结合作的重要场所。充分发挥政协的优势，牢牢把握大团结大联合的主题，团结各族人民、各界人民、海内外一切热爱祖国的中华儿女，为振兴中华的伟大理想而奋斗。

巩固和发展统一战线，还需要全面正确地贯彻执行党的宗教政策。我国是一个存在多种宗教的国家。依据马克思主义宗教理论和我国的实际情况，党确定了尊重和保护宗教信仰自由的基本政策，并载入了宪法。使全体信教不信教的群众团结起来，把意志和力量集中到建设现代化强国这个共同目标上来，这是处理一切宗教问题的基本出发点和立足点。广泛团结爱国的宗教界人士和宗教信徒，是我国新时期爱国统一战线的重要任务之一。

（三）加强中华民族的凝聚力

我国是个多民族国家，中华民族大家庭有 56 个成员。由于各民族之间相互依存的经济文化联系，特别是近代以来在抵御外来侵略和长期革命斗争中结成的休戚与共的关系，使各民族同呼吸、共命运，形成了强大的凝聚力。社会主义制度的确立，为我国各族人民的团结、进步和繁荣奠定了根本的政治基础，确立了民族平等、团结、互助的新型民族关系。加强中华民族的凝聚力，对于中国特色社会主义建设事业，对于各民族的自身发展和繁荣，都是至关重要的。首先，必须坚持和完善民族区域自治制度，不断巩固和发展平等、团结、互助的民族关系，维护祖国统一，反对民族分裂。其次，坚持以经济建设为中心，加快少数民族地区的社会经济发展，把民族地区的经济搞上去，尽快使少数民族地区脱贫致富，这样才能加强各民族的团结，才能增强中华民族的凝聚力。

总之，我们对少数民族地区的政策是着眼于把这些地区发展起来。这是一个真正体现民族平等的政策，是引导各民族走向共同繁荣的政策。

思考题

1. 为什么说中国共产党既是中国工人阶级的先锋队，同时又是中国人民和中华民族的先锋队？

2. 如何理解在新的历史条件下中国共产党领导角色的转变？

3. 新形势下如何提高党的领导水平和执政水平？

4. 在新的历史条件下，如何正确理解工人阶级是我国的领导阶级？

5. 如何正确认识社会变革中新出现的社会阶层？

6. 新时期如何巩固和发展最广泛的爱国统一战线？

第十六章　中国化的马克思主义理论成果精髓

中国化的马克思主义理论成果的精髓同中国共产党思想路线的核心是一致的，都是实事求是。毛泽东在民主革命时期领导全党确立了实事求是的思想路线，由此保证了新民主主义革命和社会主义改造的胜利。从1957年下半年开始，党的领导工作不同程度地背离了这条正确的思想路线，由此造成了社会主义建设探索中的严重失误。党的十一届三中全会以来，这条思想路线得到了重新确立，并有了进一步的丰富和发展。实事求是的思想路线是怎样形成和确立的？为什么又要重新确立？它的基本内容有哪些？搞清楚这些问题有助于我们更好地把马克思主义基本原理同中国实践相结合，坚持走自己的路，建设中国特色社会主义。

第一节　实事求是思想路线的形成和发展

一、实事求是思想路线的形成与确立

思想路线，亦称认识路线，是指人们的认识所遵循的方向、途径、原则和方法。一个政党的思想路线，是指这个政党确立自己的指导思想并支配自己行动的认识路线。坚持正确的思想路线，对于正确地制定和贯彻无产阶级政党的政治路线和各项方针政策，具有决定性的意义。

在中国共产党的历史上，正确的思想路线的形成和确立并不是一帆风顺的。20世纪20年代至30年代，中国共产党内的“左”右倾教条主义者，特别是以王明为代表的“左”倾教条主义者执行一条一切从本本出发的认识路线，脱离中国的国情和中国革命的实际，照抄照搬苏联革命的经验和共产国际的决议，靠死记硬背马克思列

宁主义的本本，来解决在半殖民地半封建的中国怎样进行革命这一极为复杂的问题，几乎使中国革命陷于绝境。以毛泽东为代表的中国共产党人遵循一切从实际出发的认识路线，把马克思列宁主义的基本原理与中国革命具体实际相结合，多次使中国革命化险为夷。在领导中国革命的斗争实践中，为了克服中国共产党内的各种错误思想，保证中国革命的顺利发展，毛泽东在20世纪40年代，用“实事求是”四个字来概括一切从实际出发这一辩证唯物主义和历史唯物主义的根本认识路线，并把它确立为中国共产党的思想路线。在这条思想路线的指引下，中国共产党克服了前进道路上的重重障碍，找到了中国自己的革命道路，取得了新民主主义革命的胜利，建立了中华人民共和国。新中国成立以后，中国共产党又在这条思想路线的指引下，快速地恢复了国民经济，成功地实现了对农业、手工业和资本主义工商业的社会主义改造，建立起了社会主义制度，开始了有计划的经济建设，发展了社会主义的政治、经济和文化。

二、实事求是思想路线的重新确立和发展

思想路线问题的解决并非一劳永逸。在大规模的经济建设开始以后，由于毛泽东和我们党对迅速到来的社会主义建设缺乏足够的思想准备，对中国进入社会主义时期后的新情况、新问题缺少深入细致的科学研究，急于求成，违背客观经济规律，由此不同程度地偏离了实事求是的思想路线，最终导致了“大跃进”、“人民公社化运动”和“文化大革命”的发生。

“文化大革命”结束后，在中国向何处去的重大历史关头，邓小平首先抓住思想路线的拨乱反正这一关键环节，大力提倡实事求是。

邓小平以马克思主义者的非凡胆略和科学态度，批评“两个凡是”①。在领导和推动关于实践是检验真理的唯一标准的大讨论中，他反复强调，实事求是是“毛泽东思想的精髓”②。1978年12月，邓小平在为党的十一届三中全会做准备的中央工作会议上的讲话中，特别强调解放思想、实事求是的重要意义。以这一讲话精神为指导

① “两个凡是”即“凡是毛主席做出决策，我们都坚决维护，凡是毛主席的指示，我们都始终不渝的遵循。”（《人民日报》、《红旗》杂志、《解放军报》社论：《学好文件抓住纲》，1977年2月7日）

② 邓小平文选：第2卷［M］. 北京：人民出版社，1994：67、126.

的党的十一届三中全会，重新确立了实事求是的思想路线。

在重新确立实事求是的思想路线和推进改革开放的进程中，邓小平还进一步丰富和发展了实事求是的思想路线。针对受林彪、“四人帮”大搞禁令和制造迷信的影响，不少人的思想在“文化大革命”结束后依然处在僵化或半僵化的状态，邓小平特别强调解放思想的极端重要性。他指出：“一个党，一个国家，一个民族，如果一切从本本出发，思想僵化，迷信盛行，那它就不能前进，它的生机就停止了，就要亡党亡国。”① 他认为，在一切工作中要真正坚持实事求是，首先必须解决解放思想，只有思想解放了，才能正确地以马克思列宁主义、毛泽东思想为指导，解决过去遗留的问题和新出现的一系列问题。他还强调：民主是解放思想的重要条件。为了保障人民民主，必须加强法制，使民主制度化、法律化，使这个制度和法律不因领导人的改变而改变，不因领导人的看法和注意力的改变而改变。经过一段思考的过程，邓小平在 1980 年召开的党的十一届三中全会第三次会议上的讲话中对党的思想路线的内容作了概括，他指出：“实事求是，一切从实际出发，理论联系实际，坚持实践是检验真理的唯一标准，这就是我们党的思想路线。”②

1992 年江泽民在党的十四大报告中指出，解放思想，实事求是，是邓小平创立的“建设有中国特色社会主义理论”的精髓，是党永葆蓬勃生机的法宝。进入 21 世纪，江泽民对新形势下坚持实事求是的思想路线又提出了新的要求。他强调，马克思主义最重要的理论品质是与时俱进。要通过理论创新推动制度创新、科技创新、文化创新以及其他各方面的创新，不断在实践中探索前进，永不自满，永不懈怠，这是我们要长期坚持的治党治国之道。在党的十六大报告中，他更明确地提出：坚持党的思想路线，解放思想、实事求是、与时俱进，是我们党坚持先进性和增强创造力的决定性因素。

2004 年 1 月，胡锦涛在一次讲话中强调：必须大力弘扬求真务实精神，大兴求真务实之风。他说：越是形势好，越是群众加快发展的积极性高，越要坚持求真务实，越要保持清醒的头脑，越要坚持好的工作作风。在这次讲话中，求真务实被提到辩证唯物主义和

① 邓小平文选：第 2 卷 [M]. 北京：人民出版社，1994：143.
② 邓小平文选：第 2 卷 [M]. 北京：人民出版社，1994：278.

历史唯物主义一以贯之的科学精神、党的优良传统和共产党人应该具备的政治品格的高度，进一步深化对实事求是思想路线的认识。

第二节　实事求是思想路线的内容和意义

一、实事求是思想路线的基本内容

党的十二大通过的《中国共产党章程》明确规定："党的思想路线是一切从实际出发，理论联系实际，实事求是，在实践中检验真理和发展真理。"

（一）一切从实际出发

毛泽东指出："我们看问题不要从抽象的定义出发，而要从客观存在的事实出发，从分析这些事实中找出方针、政策、办法来。"① 在新的历史条件下，邓小平强调，我们在每一个时期，处理各种方针政策问题时，一定要从当前的、现实的、已经发生重大变化的实际出发。如果不根据现在的条件思考问题、下决心，很多问题就提不出来、解决不了。江泽民把这个思想概括为"一个中心，三个着眼于"，即坚持以我国改革开放和现代化建设的实际问题、以我们正在做的事情为中心，着眼于马克思主义理论的运用，着眼于对实际问题的理论思考，着眼于新的实践和新的发展。

我们今天讲一切从实际出发，其中最大的实际就是中国目前正处于并将长期处于社会主义初级阶段。我们想问题，办事情，作决策，都必须从社会主义初级阶段实际出发，而不能脱离这个实际。

（二）理论联系实际

毛泽东一贯倡导理论与实际相联系的思想，他指出：只有善于应用马克思列宁主义的立场、观点和方法，"进一步地从中国的历史实际和革命实际的认真研究中，在各方面作出合乎中国需要的理论性的创造，才叫做理论和实际相联系"②。要做到理论联系实际，一要吃透理论，不仅要认识马克思主义的一般原理，更要注重把握贯

① 毛泽东选集：第3卷［M］. 北京：人民出版社，1991：853.

② 毛泽东选集：第3卷［M］. 北京：人民出版社，1991：820.

穿于马克思主义中的立场、观点和方法。二要搞清实际，不仅要有对中国实际的感性认识，更要上升到对其本质的理性把握。邓小平十分重视理论联系实际，特别强调马克思主义基本原理同中国具体实际相结合的原则。他指出："我们坚信马克思主义，但马克思主义必须与中国实际相结合。只有结合中国实际的马克思主义，才是我们所需要的真正的马克思主义。"① 江泽民把贯彻理论联系实际的原则提到重大政治问题的高度。他说：学习马克思主义，尤其要切实解决好理论联系实际的问题。马克思主义是从实践中来并被实践所证明了的科学理论，只有联系实际，才能真正学懂，也只有联系实际才能真正学好。从党的历史看，什么时候理论和实际结合得好，党的事业就蓬勃发展；反之，党的事业就遭受挫折。坚持理论联系实际是个重大的政治问题。这个问题解决好了，我们贯彻执行党的路线方针政策，就会更加自觉和全面，就能排除各种错误倾向的干扰，避免和减少在工作中出现片面性、绝对化和左右摇摆。

理论联系实际，要求我们既重视用理论指导实践，又重视实践对理论的基础作用。在改革开放的实践中，看准了的，就大胆地试，大胆地闯，在这一过程中，不断地总结经验，对的就坚持，不对的赶快改，新问题出来要抓紧解决。要看准问题和正确地总结经验，都需要有科学的理论作指导；而判断是否看准问题和正确地总结经验的标准，又是实践。

人民群众是实践的主体，尊重实践与尊重群众具有内在的统一性。尊重群众必须尊重群众的利益和愿望，要以人民群众拥护不拥护、赞成不赞成、高兴不高兴、答应不答应，作为党的全部工作的出发点和归宿；同时，人民群众在改革开放和现代化建设的实践中创造的各种新鲜经验，又为新的理论形成提供了深厚的实践基础，因此，尊重群众必须尊重群众在实践中的创造。尊重实践和尊重群众的统一，体现了党的思想路线与群众路线的一致性。

（三）实事求是

1941年，毛泽东在《改造我们的学习》中明确地界定了实事求是的科学含义："'实事'就是客观存在着的一切事物，'是'就是

① 邓小平文选：第3卷［M］. 北京：人民出版社，1993：3.

客观事物的内部联系，即规律性，'求'就是我们去研究。我们要从国内外、省内外、县内外、区内外的实际情况出发，从其中引出其固有的而不是臆造的规律性，即找出周围事物的内部联系，作为我们行动的向导。"① 在新的历史条件下，邓小平强调，坚持实事求是，就是坚持马克思主义同中国实际相结合。

实事求是内在地包含一切从实际出发、理论联系实际、在实践中检验真理和发展真理的内容。一切从实际出发，是实事求是思想路线的前提和基础；理论联系实际，是实事求是思想路线的根本途径和方法；在实践中检验真理和发展真理，是实事求是思想路线的验证条件和目的。

实事求是还内在地包含着解放思想、与时俱进、求真务实等内容。要做到实事求是，必须解放思想。邓小平指出：我们讲解放思想，是指在马克思主义的指导下打破习惯势力和主观偏见的束缚，研究新情况，解决新问题。他还说过："解放思想，就是使思想和实际相符合，使主观和客观相符合，就是实事求是。"② 做到实事求是，必然与时俱进。江泽民指出：坚持马克思主义，决不能采取教条主义、本本主义的态度，而应该采取实事求是、与时俱进的科学态度，坚持一切从发展变化着的实际出发，把马克思主义看作不断随着实践的发展而发展的科学。同样的，要做到实事求是，又必须求真务实。胡锦涛指出：认识规律，把握规律，遵循和运用规律，是坚持求真务实的根本要求。大兴求真务实之风，就是为了使我们在推进各项工作时能够更好地把握规律性、增加主动性、减少盲目性、克服片面性。党在不同时期根据不同实践环境和具体任务，针对在贯彻实事求是的思想路线中存在的突出问题，分别突出强调解放思想、与时俱进、求真务实等，其目的和归宿，都是实事求是。

由于实事求是是党的思想路线的实质和核心，我们通常把党的思想路线简明概括为"实事求是"，把党的思想路线称作"实事求是的思想路线"。

（四）在实践中检验真理和发展真理

要判断我们是不是做到了实事求是，是不是达到了真理性的认

① 毛泽东选集：第3卷［M］. 北京：人民出版社，1991：801.
② 邓小平文选：第2卷［M］. 北京：人民出版社，1994：364.

识，拿什么作标准？毛泽东坚持并发挥了马克思主义关于实践是检验真理标准的思想，强调："判定认识或理论之是否真理，不是依主观上觉得如何而定，而是依客观上社会实践的结果如何而定。真理的标准只能是社会的实践。"① 他还曾明确指出："社会实践是检验真理的唯一标准。"② 邓小平明确指出，实践是检验真理的唯一标准，实践是检验路线、方针、政策是否正确的唯一标准。在他看来，我们现在所干的事业是一项新事业，马克思没有讲过，我们的前人没有做过，其他社会主义国家也没干过，所以，没有现成的经验可学。我们只能在干中学，在实践中摸索。

在实践中检验真理和发展真理，需要弘扬与时俱进的精神。江泽民指出："马克思主义具有强大生命的奥秘，就在于它具有与时俱进的品质。"③ 马克思主义理论的一个重要特征是实践性，这一特征赋予了它根据新的实践不断丰富和发展自己的内在动力，使其在实践的基础上不断丰富和发展。当原有理论中的某些结论同新的实践产生矛盾的时候，就不能以原有理论中某些理论来裁剪新的实践，而应该由实践来赋予原有理论以新的内容，敢于抛弃不合时宜的旧观念，以实践的发展来推进理论的发展。

二、实事求是思想路线的重要意义

实事求是思想路线具有重要的理论意义和实践意义。

第一，它是马克思主义认识论在马克思主义中国化实践过程中的运用、丰富和发展。马克思以科学的实践观为基础，将思维的客观性和能动性统一起来，阐明了人类意识和社会生活的本质：人类意识是社会生活的反映，社会生活在本质上是实践的，人类思维的真理性应该由实践来证明，等等，从而实现了唯物论和辩证法的结合。实事求是思想路线在中国共产党的确立，就是以马克思主义认识论为哲学基础的。这条思想路线强调从实际出发，用全面的观点和发展的观点看问题；强调思想和实际相结合，主观和客观相结合，理论和实践相结合；强调认识是从实践到理论、再从理论到实践的

① 毛泽东选集：第1卷［M］. 北京：人民出版社，1991：284.
② 建国以来毛泽东文稿：第10册［M］. 北京：中央文献出版社，1996：414.
③ 江泽民文选：第3卷［M］. 北京：人民出版社，2006：87.

没有止境的过程；强调没有调查没有发言权、解放思想和实事求是的有机统一、民主是解放思想和实事求是的重要条件、与时俱进是马克思主义的理论品质，实践基础上的理论创新是社会发展和变革的先导等等，都充分体现并进一步丰富和发展了马克思主义认识论。

第二，它是制定并贯彻执行正确的政治路线的思想基础。政治路线是党为实现一定历史时期的奋斗目标而制定的总路线和总政策，他的正确与否直接关系到人民的根本利益。然而，正确的政治路线不是凭空产生的，它必须建立在对客观情况的深刻理解和科学分析的基础上，必须以正确的思想路线为指导。回顾党的历史，在革命、建设和改革的各个历史阶段，从根本上说，我们取得的一切胜利，都是因为坚持了实事求是的思想路线，才制定出并贯彻执行了正确的政治路线，从而推进了党的事业的发展和党本身的成熟；而所遭受的一切挫折，或者是因为违背了实事求思想路线因而没有能够制定出正确的政治路线，或者是因为在实践过程中偏离了实事求是思想路线而没有能够将原来制定的正确的政治路线坚持贯彻下去的结果。

第三，它是加强党的思想作风建设和提高领导能力的重要内容。毛泽东把理论和实践相结合的作风、和人民群众紧密联系在一起的作风，以及自我批评的作风，概括为中国共产党新的工作作风。在这三大作风中，理论和实践相结合是最根本，强调的就是实事求是的思想路线。坚持实事求是的思想路线，就是自觉地深入群众，关心群众生活，注意工作方法，而不会浮在上空、脱离群众；坚持实事求是的思想路线，就是老老实实做人和老老实实办事，严于律己，接受群众批评，勇于自我批评，而不能夸夸其谈、哗众取宠。实事求是还是党的基本领导方法和工作方法。无论是在革命、建设还是改革中，我们都必须坚持实事求是。

第三节　不断推进理论创新，坚定不移地走自己的路

一、实事求是是马克思主义中国化理论成果的精髓

所谓精髓，对于某一理论而言，指的是能使这一理论得以形成

和发展并贯穿其始终，同时又体现在这一理论体系各个基本观点中的最本质的东西。马克思主义中国化的各个理论成果，其精髓都是实事求是。一方面，正是由于把握和运用了这个精髓，才有毛泽东思想、邓小平理论、“三个代表”重要思想以及科学发展观的创立和发展；另一方面，这个精髓又体现在马克思主义中国化各个理论成果基本内容的各个方面。

以毛泽东为主要代表的中国共产党人在领导中国革命和建设的过程中，所提出的创造性理论都贯穿着实事求是的思想。改革开放以来，党和国家正是坚持解放思想和实事求是的统一，大力发扬求真务实精神，以实践为基础回答了一系列重大理论和实际问题，开辟了马克思主义新境界，逐步形成了中国特色社会主义理论体系这一马克思主义中国化的最新成果。

总之，贯穿于马克思主义中国化理论成果始终的是实事求是。把握了这个精髓，就把握了马克思主义中国化各个理论成果之间的历史联系及其统一的科学思想体系，就把握了马克思主义中国化理论成果中的最本质的东西。

二、解放思想是发展中国特色社会主义的一大法宝

胡锦涛在党的十七大报告中指出：解放思想是发展中国特色社会主义的一大法宝，在新的发展阶段必须继续解放思想。

解放思想是党的思想路线的本质要求，是实现实事求是的前提条件。如果不解放思想，就不可能做到实事求是。在党的十一届三中全会之前召开的中央工作会议上的讲话中，邓小平就曾经说过，“解放思想，开动脑筋，实事求是，团结一致向前看，首先是解放思想。只有思想解放了，我们才能正确地以马列主义、毛泽东思想为指导，解决过去遗留的问题，解决新出现的一系列问题”①。在他看来，只有解放思想，坚持实事求是，一切从实际出发，理论联系实际，我们的社会主义现代化建设才能顺利进行，马克思列宁主义、毛泽东思想的理论也才能顺利发展。

什么是解放思想？邓小平指出：“我们讲解放思想，是指在马克

① 邓小平文选：第2卷［M］. 北京：人民出版社，1994：141.

思主义指导下打破习惯势力和主观偏见的束缚，研究新情况，解决新问题。”① 解放思想必须坚持以马克思主义为指导，同时必须敢于面对新情况新问题，把实践当作最高权威。解放思想通常包括两种情况：一是对原先的认识进行再认识，这其中既有对原先认识中那些正确部分的坚持，也有对原先认识中那些错误部分的纠正；二是在研究新情况、解决新问题、总结新经验的基础上，形成新的正确认识。

解放思想是发展中国特色社会主义的思想保证。在新世纪新阶段，深入贯彻落实科学发展观，我们必须着力转变不适应不符合科学发展观的思想观念，着力解决影响和制约科学发展的突出问题，把全社会的发展积极性引导到科学发展上来，把科学发展观贯彻落实到经济社会发展各个方面。我们只有坚持解放思想，才能科学分析我国全面参与经济全球化的新机遇新挑战，全面认识工业化、信息化、城镇化、国际化深入发展的新形势新任务，深刻把握我国发展面临的新课题新矛盾，正确制定适应时代要求和人民愿望的方针政策，奋力开创中国特色社会主义事业的新局面。

三、不断推进理论创新、坚定不移地走自己的路

坚持实事求是的思想路线，就要大力弘扬与时俱进精神，不断推进理论创新，开拓马克思主义发展的新境界。

江泽民指出：“创新是一个民族进步的灵魂，是一个国家兴旺发达的不竭动力，也是一个政党永葆生机的源泉。”② 实践基础上的理论创新是社会发展和变革的先导。要使党和国家的事业不停顿，首先理论上不能停顿。如果因循守旧，停滞不前，我们就会落伍，我们党就有丧失先进性和领导资格的危险。

在理论创新问题上要坚持正确的方向和思想方法，使我们的思想和行动符合社会主义初级阶段的国情和时代发展的要求。否定马克思主义的科学性，丢掉老祖宗，是错误的、有害的；教条式地对待马克思主义，也是错误的、有害的。需要注意的是，并非任何标新立异的观点都是理论创新，有的可能是已经被实践否定的旧的理

① 邓小平文选：第2卷［M］．北京：人民出版社，1994：279.

② 江泽民文选：第3卷［M］．北京：人民出版社，2006：537.

论观点的沉渣泛起，有的可能是适合某些西方发达国家历史发展条件的理论观点的简单照抄，也有的可能仅仅是杜撰的新名词的堆砌和脱离实际的空想。我们需要批判地继承和吸收中国传统文化和外国文化的积极因素，赋予中国传统文化以时代内涵，借鉴国外文化以适合中国的国情。离开本国实际和时代发展来谈马克思主义，没有意义；孤立地静止地研究马克思主义，把马克思主义同它在现实生活中的生动发展割裂开来、对立起来，没有出路。

理论创新必须服务于、落脚于实践创新。离开了对实践过程中出现的新情况、新问题的研究，理论创新就无从谈起。脱离了人民群众的实践，理论创新就会成为无源之水，就不能对人民群众产生感召力、对实践发挥指导作用。理论创新不是为新而新，而完全是为了研究新情况、解决新问题。理论创新的成果要通过制度创新、科技创新、文化创新以及其他各方面的创新去贯彻落实，并且在贯彻落实的实践中进一步使理论创新得到检验、丰富和发展。

创新必须建立在求真务实的基础上。理论创新和一切工作的创新，都要大力弘扬求真务实精神、大兴求真务实之风。求真务实，就是不断求我国社会主义初级阶段基本国情之真，务坚持长期艰苦奋斗之实；求社会主义建设规律和人类社会发展规律之真，务抓好发展这个党执政兴国的第一要务之实；求人民群众的历史地位之真，务发展最广大人民根本利益之实；求共产党执政规律之真，务全面加强和改进党的建设之实。要把工作的着力点真正放到研究解决改革发展稳定中的重大问题上，放到研究解决群众生产生活中的紧迫问题上，放到研究解决党的建设中的突出问题上。坚持求真务实，就要一切从人民利益和实际出发，察实情，讲实话，办实事，求实效，既积极进取，又量力而行，既立足当前，又着眼长远；同时，还要切实建立健全各种制度，为坚持求真务实提供体制保证。

坚持实事求是的思想路线，最根本的就是要坚持把马克思主义同我国实际结合起来，坚定不移地走自己的路。

邓小平认为，我国社会主义建设的主要教训之一，是过去我们搬用了苏联社会主义建设的模式，其主要表现是高度集中的计划经济体制。尽管这一体制为我国奠定了社会主义工业化的初步基础，但在长期的社会主义建设过程中，这种不完全适合中国国情的体制的弊端逐步暴露出来。为此，邓小平在党的十二大开幕词中明确指出："把马克思主义的普遍真理同我国的具体实际结合起来，走自己的道路，建设有中国特色的社会主义，这就是我们总结长期历史经验得出的基本结论。"①

走自己的路，在思想方法上体现了矛盾的普遍性和特殊性的统一。马克思主义对资本主义灭亡普遍规律的揭示，是以19世纪欧洲资本主义基本矛盾的发生、发展为基础的。马克思并没有对各国如何实现未来理想社会以及理想社会的模式提供过具体蓝图。由于所处的时代条件和具体国情的不同，而具有特殊性，即在不同的时代条件下，经济、政治、文化发展状况不一样的国家，走向社会主义和建设社会主义的道路，应该具有不同的特点和表现。正如邓小平所指出的，在中国建设社会主义这样的事，马克思、列宁的本本上也找不出来；每个国家的基础不同，历史不同，所处的环境不同，左邻右舍不同，还有其他许多不同，别人的经验可以参考，但是不能照搬；离开自己国家的实际谈马克思主义，没有意义。我们要坚持马克思主义，坚持走社会主义道路，但是，马克思主义必须是同中国实际相结合的马克思主义，社会主义必须是切合中国实际的有中国特色的社会主义。

走自己的路，在基本立场上体现了独立自主和对外开放的统一。我们要"大胆吸收和借鉴人类社会创造的一切文明成果，吸收和借鉴当今世界各国包括资本主义发达国家的一切反映现代社会化生产规律的先进经营方式、管理方法"②，同时又坚决抵制各种腐朽的和反映资本主义本质属性的东西，避免照搬西方模式即走"西化"的道路，而是要将世界各国的文明成果经过消化、改造，使之适合中国的国情。根据自己的特点，自己国家的情况，走自己的路，我们既不能照搬西方资本主义国家的做法，也不能照搬其他社会主义国家的做法，更不能丢掉我们制度的优越性。

走自己的路，在理论原则上体现了理论与实践的具体的历史的统一。由于中国特色社会主义实践是不断发展的，在新的实践基础上又会产生新的主客观矛盾，这就需要根据变化了的实际不断发展

① 邓小平文选：第3卷［M］. 北京：人民出版社，1993：3.
② 邓小平文选：第3卷［M］. 北京：人民出版社，1993：373.

对社会主义的认识，使之具体化和深刻化。

无论是普遍性和特殊性的统一，独立自主和对外开放的统一，还是理论与实践具体的历史的统一，都意味着对不合时宜的传统观念和不符合客观实际的主观偏见的突破，因而走自己的路，同时意味着开拓创新。实践永无止境，创新永无止境。只要我们坚持解放思想，实事求是，与时俱进，那么，中国特色社会主义的道路就一定会越走越宽广。

思考题

1. 毛泽东是怎样确立实事求是的思想路线的？

2. 邓小平、江泽民和党的十六大以来党对实事求是的思想路线有哪些新的贡献？

3. 实事求是思想路线的基本内容有哪些？如何理解党的思想路线的核心是实事求是？

4. 为什么说实事求是是马克思主义中国化各个理论成果的精髓？

5. 如何理解解放思想、实事求是、与时俱进、求真务实之间的关系？

6. 为什么说革命、建设和改革都要走自己的路？

7. 为什么要不断地推进理论创新？怎样科学地理解理论创新？

参考文献

[1] 中共中央党史研究室. 中国共产党历史:第一、二卷[M]. 北京:中共党史出版社,2002,2011.

[2] 朱育,蔡乐苏. 毛泽东与20世纪中国[M]. 北京:清华大学出版社,2000.

[3] 胡锦涛. 高举中国特色社会主义伟大旗帜 为夺取全面建设小康社会新胜利而奋斗[M]. 北京:人民出版社,2007.

[4] 毛泽东思想和中国特色社会主义理论体系概论[M]. 北京:高等教育出版社,2010.

[5] 中国共产党新闻网,http://cpc.people.com.cn.

[6] 国家统计局网站,http://www.stats.gov.cn.

[7] 马克思主义研究网,http://mgy.cass.cn.